浙江省普通高校“十三五”新形态教材

教育部人文社科规划项目“智媒时代公共健康危机传播的舆情风险治理研究”（22YJA860006）阶段性成果

网络传播
伦理与法规

Ethtics and regulations of network communication

刘义军 何海翔 编著

上海交通大学出版社
SHANGHAI JIAO TONG UNIVERSITY PRESS

内容提要

本书主要从网络社会的视角研究网络传播伦理与法规，包括网络传播伦理与法规的重要性、理论内涵、社会效用、话语规则等，并针对虚假新闻传播、网络空间安全、网络视听传播、淫秽信息传播、著作权侵犯等几个方面进行深入研究，提出相应的治理策略。

本书既有新闻传播伦理与法规研究相关专著的共性内容，也突出适应新时代网络传播伦理与法规的教学需要，充分运用网络传播中的鲜活案例进行理论阐释和价值指引，更具针对性、指导性和创新性；既适合高校新闻传播相关专业作为教材使用，也适合想深入了解网络传播伦理与法规相关研究的企事业组织人员、政府工作人员、社会媒体从业人员等阅读参考。

图书在版编目（CIP）数据

网络传播伦理与法规/刘义军，何海翔编著. 上海：上海交通大学出版社，2024.6（2025.8 重印）. -- ISBN 978-7-313-31042-2

Ⅰ.D922.8；G206.2

中国国家版本馆 CIP 数据核字第 2024KG2596 号

网络传播伦理与法规
WANGLUO CHUANBO LUNLI YU FAGUI

编　　著：刘义军　何海翔
出版发行：上海交通大学出版社　　地　　址：上海市番禺路 951 号
邮政编码：200030　　电　　话：021-64071208
印　　制：上海万卷印刷股份有限公司　　经　　销：全国新华书店
开　　本：787mm×1092mm　1/16　　印　　张：16.5
字　　数：352 千字
版　　次：2024 年 6 月第 1 版　　印　　次：2025 年 8 月第 2 次印刷
书　　号：ISBN 978-7-313-31042-2　　电子书号：ISBN 987-7-89424-632-5
定　　价：59.00 元

前　言

我国从 1994 年接入互联网后，不但互联网用户基数在飞速增长，网络媒介生态也发生了巨大变化，呈现出传播主体多元化、传播内容多样化和舆论环境复杂化等特点，尤其是随着 5G、大数据与人工智能时代的到来，网络传播带来的新问题层出不穷。互联网既是公众获取资讯、传播信息和社会交往的主要载体，也有着生成舆论、传承文化、维护公共利益、构建和谐社会、保证意识形态安全等方面的重要功能。因此，网络既不是法外之地，也不是可以为所欲为的虚拟世界，而是人人都必须遵守伦理道德和法律法规的特殊空间。只有立足网络传播的前沿阵地，充分认识网络传播的历史变迁，认真学习并掌握网络传播伦理与法律规范方面的知识，努力探索并应对不断出现的新问题，才能共建数字技术赋能下的文明家园，营造风清气朗的网络空间，有效推动网络社会和现实社会的文明与进步。

网络社会既是数字交往的虚拟空间，也是伦理规范与法治建设的重要领域。但由于部分个体与群体缺乏正确价值观的引领，平台核查机制太弱，监管部门没有科学有效的治理手段，使得虚假信息传播、内容剽窃、网络暴力和侵犯他人人格权等行为有所抬头，既越过了伦理道德的底线，又在不断挑战法律法规的红线。面对网络传播中的这些新问题、新矛盾与新情况，有必要加强对网络传播主体的伦理道德教育与法规惩戒。只有深入探索问题背后的生成原因，再运用伦理道德教育和法律规制手段加以治理，网络传播才能进入正常的轨道。

本书属于跨学科研究领域，融合了传播学、伦理学、法学等学科的知识谱系，充分结合网络媒体发展与网络传播实践，形成了创新性的研究成果。研究内容从网络传播伦理与法规的背景意义开启，到网络传播著作权侵犯问题剖析收尾，最后附上本书主要参考文献。这些文献都是网络传播与法规研究的宝贵资源，为相关学科的研究提供了丰富素材与参照借鉴。同时，本书对网络传播伦理与法规的主题也进行了一定程度的探讨，对相关概念、专业术语、政策方针给出了最新的认知阐释，并精心选择鲜活案例进行解读，探究了网络传播与生产主体、自媒体从业人员与互联网平台需要遵循的信息传播伦理与法规准则。当然，撰写教材也会面临一些实际问题，如内容太多会讲解不全，内容偏少会显得单薄，内容陈旧会落后于时代，内容太新会拿捏不准，等等。笔者在综合思考以上问题的基础上，将本书分为12章，每章设置3个小节，使任课教师一个学期可以完成全部教学工作。本书每章首页右上角附有一个二维码，推荐相关的文字材料和视频等资源，末尾还设置了关键词与思考题，供读者借鉴参考和进一步探索研究。

在本书的写作过程中遇到了不少困难，幸运的是，笔者在学校领导和学院负责人的帮助指导下，努力解决了遇到的各种问题，加班加点完成了这部书稿。虽然我们尽心竭力对待这项任务，但回头看总有不尽如人意的地方。本书存在的不足希望再版时能弥补，以达到更高水准。

最后，真诚感谢吴飞教授、王炎龙教授、邵鹏教授、张文祥教授、王超教授、刘海明教授、陈笑春教授等人的指导帮助；感谢长期精耕于媒介伦理与法规研究的专家学者；感谢冯馨瑶等人对本书的认真校改。敬请读者对本书提出宝贵的批评建议，我们一定会虚心接受并尽力做好修订完善工作，不负读者的期待与厚爱。

目　录

第一部分　基础理论

第二部分　治理实践

第一部分

基础理论

扫一扫

拓展数字资源

第一章 网络传播伦理与法规的研究现状

人类社会从口语传播起步，经过漫长岁月的时空跨越，进入了现在的互联网时代，传播场景经历了巨大的生态变革。口语传播只是人类本能的沟通表现，而网络传播则是人类借助网络媒介发生的新型传播形式。这个传播形态既不同于口语传播和文字书写传播，也不同于现代大众报刊与广播电视传播，而是存在着网络本身的独有特征，具有即时性、匿名性、开放性、互动性与海量性等特点。网络传播是一个对立统一、矛盾性的复杂体，在展现出它优越于传统媒体的同时，也给人类社会带来了不少伦理与法规的治理问题。人们常见的制造虚假新闻、随意散布谣言、侮辱与诽谤他人、发表煽动性言论、侵犯他人隐私、窃取知识成果、网络暴力争斗、传播色情与淫秽视频、网络沉迷欺凌、泄露国家机密、危害国家安全等行为，都是网络传播中出现的新问题、新特征、新形态。当前，既需要在标准上建立网络用户的伦理道德，更需要在制度上约束和规范网民的传播行为。只有建构网络传播伦理话语体系，才能推动网络传播的健康发展，建设数字文明的传播生态，更好地造福于人类。诚如隋岩所言："大众传播时代书写域和电子图像域的大规模覆盖，打开了受众知悉社会的窗口，从理论上来说，越来越多的报纸、广播电视媒体出现，使社会表达变得更加快捷和可行。"① 从大众书写传播到电子图像的广泛覆盖，再到今天的互联网传播，传播环境和媒介生态都发生了重大改变。"网络重新定义了人类的关系，以往人类的关系更加强调空间因素，如今即时通信技术的发展使得人类关系更加强调时间因素。"② 而社交媒体则拓展了人类的组织关系和交往关系，使群体传播成为网络时代的新形态，既改变了人类的信息传播途径，也改变了人类的情感交流方式。网络传播从地理关系转向时空关系，从实体媒介转型虚拟平台，极大地改变了人类的社交与组织关系，进而改变着人的情感交流与信息传播形式。因此，网络媒介是中国法治建设的重要领域，也是依法治国的全新领域，网络传播伦理与法规的制定，既要紧跟网络社会的快速变化，也要倾听网民诉求展开全面深入的研究。

---

① 隋岩，等. 网络语言与社会表达［M］. 北京：科学出版社，2021：4.
② 隋岩，等. 网络语言与社会表达［M］. 北京：科学出版社，2021：36.

第一节 网络传播伦理与法规的研究意义

人作为万物之灵长，既有动物群体的固有特征，也就是生理需求和安全需求，也有情感需求与自我价值实现的需求。不同个体需求的满足会在碰撞中产生冲突，因此要用伦理道德与法规制度来规范管治，否则人类的传播行为极易催生更多犯罪事件，甚至还会出现迷失自身的未来走向。网络传播与其他传播行为的不同便在于需求传递的即时性、迅捷性、隐匿性、群体性，任何需求欲望的满足都会通过网络媒体快速传递至相通方或相悖方，进而在需求与交往的融合、碰撞中，将个体行为演变为群体行为，从而引发网络传播伦理行为。自网络媒介诞生以来，众多虚假信息、欺辱诈骗以及黑客攻击等传播行为深刻证明，不论是个人有意所为还是群体合谋的犯罪行为，如果没有伦理道德与法律法规来守护网络传播的红线边界，那么网络空间就会出现法治真空和规则失控，就会不断发生令人痛心的悲剧事件，并深刻影响大众的健康生活。卡西尔认为："要认识人，除了去了解人的生活与行为以外，就没有什么其他途径了。但是，要把我们在这个领域所发现的东西包括在一个单一的和简单的公式之内的任何企图，都是要失败的。人类生存的基本要素正是矛盾。"[①] 正如卡希尔的论断，我们要更加深入、全面地认识人的行为及其结构性矛盾，认真去探索网络社会中的传播行为和违法犯罪动机。当然，有些是随意散发的虚妄言语，有些是单个行为的偷盗窃取，有些是有意合谋违反法律规范，有些是平台组织的欺诈行动，有些是团伙合作的境外诈骗。归根到底，这些都是因为个体或者群体的人性问题导致的伦理失范与法治难题。面对网络传播伦理规范的困境，既不能一遇到问题就产生畏惧情绪而甩手不管，也不能采取一刀切的粗暴方法剥夺那些遵纪守法网民的媒介使用权利。诚如顾理平所言："虚假新闻却与新闻传播业的发展如影相随，成为久治不愈的顽疾。新媒体时代，传播技术的快速发展极大地增加了信息传播的开放性和流动性，所有的社会成员都能自由地进入新闻传播领域，成为网状传播格局中，彼此相连的关键节点。"[②] 无论是真实信息还是虚假信息，我们既要有效解决网络传播中的问题难点，也要直面网络媒介如影相随的顽疾病症，更要在复杂的网络传播活动中去建构网络世界的规范性。王志纲曾说："有些企业家之所以会在风云变幻的经济大潮中起起落落，无非是因为人性的三大特点：贪婪、侥幸和虚荣。当其中大多数人因种种原因或落败或退出江湖的时候，舆论无一例外都是从经营上去总结他们的失败之因，对照与他们同出于草泽而今功德圆满的

① ［德］恩斯特·卡西尔．人论［M］．甘阳，译．上海：上海译文出版社，2004：17．
② 顾理平．新媒体传播中的法规与伦理［M］．北京：中国传媒大学出版社，2021：119．

少数幸运者，他们的失败归根结底还是贪婪、侥幸、虚荣所驱使。”① 网络时代，人性的贪婪、侥幸和虚荣表现得越发明显，形形色色不同特质的传播主体在“低门槛”的实践中进入网络世界，现实生活中的矛盾借助匿名性的网络平台再次激化，而网络平台诞生的新兴力量也再次成为传播主体争夺资源的战场，随之而产生的伦理矛盾和违法问题，使网络空间的治理面临着严峻挑战。因此，很有必要对网络传播伦理与法规进行深入研究。

一、网络传播伦理与法规的研究对象

自新闻传播学科诞生以来，不同的专家学者对媒介伦理与法规的研究对象有不同的认知，这些认知差异形成了不同的观点与看法。例如，有人认为网络传播伦理与法规主要研究人的德性与行为规范；有人认为主要研究人的自由、幸福与人生目的；有人认为研究对象应当是“善”“不当”和“正义”等基本道德价值。作为一门研究道德与规则的学问，伦理与法规在中西方各有其自身的悠久历史，古希腊的苏格拉底、柏拉图、亚里士多德，中国的老子、孔子、孟子、荀子等，都有很多伦理方面的经典文献，这就需要我们用大历史观去梳理伦理与法规的演变过程。本书重点是研究网络时代的传播伦理与法规的演进规律，主要涉及三部分内容：一是网络传播伦理与法规的基本理论，包括网络传播伦理与法规的缘起和基本规律、本质结构及社会功能；二是网络传播伦理与法规的话语体系，包括网络传播伦理与法规的概念范畴、核心原则及道德规范等；三是网络传播伦理与法规的实践方法，包括伦理价值、制度建设、法规选择、宣传形态、法治修养等方面。这三个方面构成完整统一的理论体系。

二、网络传播伦理与法规的研究意义

(一) 理论意义

新闻学、传播学、网络与新媒体、编辑出版学、国际新闻与传播以及广告学等专业的青年学子，还有立志于从事网络传播伦理与法规方面研究的群体，深入学习网络传播伦理与法规理论体系与实践方法，有助于提升自己的理论水平，丰富相关的知识涵养，拓展自身的研究领域。网络传播伦理与法规作为传播学和伦理学、法学等学科知识跨界整合而形成的新文科研究领域，要求新闻传播学专业的青年学子和研究群体，既要对网络传播知识谱系有较深的理解能力，还要去拓展伦理学与法学的知识架构，进而把三门学科知识进行有机结合，这对理论学习的提升具有重要意义。依法治国、法治建设仍然是中国人文社会科学研究的重镇，作为身处网络社会的青年群体，学习

① 王志纲．王志纲论战略［M］．北京：机械工业出版社，2023：273－274．

网络传播伦理与法规不仅要认识网络社会的问题、矛盾与冲突，还要透过网络社会现象厘清背后的传播伦理规则和法规建设发展方向。中国传统伦理学从先秦孔子的儒家入世伦理到程朱理学，再到陆象山、王阳明的心学伦理，一直到近代的曾国藩、左宗棠，现代的梁启超与梁漱溟等，传统知识分子与理论探索者都在通过伦理学来认识和改造世界。因此，认真学习网络传播伦理与法规，不仅可以帮助我们认识社会，还能够改造世界，这种经世致用的价值信念在网络时代依旧管用。

（二）现实意义

网络社会虽然是虚拟的交往世界，但也要回归到现实社会的交往场景中对其进行审视。每当出现网络传播的伦理危机与治理问题，还有网络传播犯罪的法律事件时，有些人常常会抱着一种满不在乎的心态，其实这是不敢直面网络社会伦理与法规现实境况的表现。作为青年学子与网络传播研究者，我们更要明白网络传播伦理与法规的现实意义，这对保护网络社会安全具有重要作用，可以避免网民误入歧途。当一个人不把规则秩序当回事时，就会缺乏行为规范和言语约束。在人的社会化路程中，重视伦理与法规的个体以及群体，如同在高速路上开车系好安全带，又好比骑马去远方有马鞍与缰绳保护，会越走越顺利，越走越安全。在网络传播实践活动中，如果有些人没有注重自我约束，走错了道路，违背了伦理道德与法律规范，那就永远也到不了目的地。同时，网络传播在如今的社会中已经成为一股独立于现实空间又作用于现实空间的媒介力量。其以流量至上为价值观，以大 V 为中心的世界观构建了一整套新的底层逻辑，而感性至上的网络新媒介也更加容易获得青年群体的偏好，网络传播的道德观念和价值取向本身便成为能够影响现实世界的重要舆论力量之一，这也是研究网络传播伦理与法规的现实意义。

（三）专业意义

作为新闻传播学专业的大学生和其他青年群体，网络传播伦理与法规课程具有重要的专业意义。通过这门专业课程的学习，既可以汲取网络传播伦理与法规的理论知识，还能够深入探讨和解析实践中的鲜活案例，专业水平会有较大提升。网络传播伦理与法规连同其他课程方向，能共同构建新闻传播专业的理论基础，这也是新时代新文科建设和交叉学科的重要风向标和实践探索模式。

网络传播伦理与法规是传播学、法学、伦理学交叉学科专业的新形态，融合了国家政府部门关于互联网管理的政策法规与制度规范，逐一解读互联网法治管理与国家网络安全、网络伦理与法规秩序、公民权利等重要问题，同时也对网络伦理建设、网络价值建构和网络文化引导及道德选择等问题做了多向度的广泛研究。其中既有宏观的理论话语体系建构，也有微观的网络道德案例规范剖析。在网络传播中，我们要尽全力推动网络传播伦理与法规和其他专业知识的融合创新，以新闻传播专业的建设性态度、科学家的求实精神、可靠过硬的研究成果来发展这门学科。作为随着互联网一起成长起来的青年群体，不应当成为网络时代的“移民”或“难民”，而应该成为互联网时代的“原住民”。我们只有不断地为他人、为社会创造价值，才能立足当下并实现自身价值。高校作为立德树人、三全育人的重要阵地，必须适应网络社会新时代，利用网络平台精耕网络传播，坚守伦理道德，遵守法律规范，源源不断地培养中国特色社会主义事业的建设者和接班人。

案例 1-1

刘暖曦被永久禁播，“负面流量”不是牟利工具

近日，刘暖曦直播 4 次后被投诉并被永久禁播的消息引发网友热议。据媒体报道，有网友发现刘暖曦曾在视频号上直播带货，并开通商品橱窗。刘暖曦在 2023 年 7 至 9 月期间共直播了 4 次，然而，其账号因为被投诉已经遭永久禁播。

刘暖曦就是“江歌案”中的刘鑫，她曾因这起备受关注的案件而抱得“大名”，此前，江歌妈妈曾公开质疑刘暖曦以“江歌案”的热度在粉丝群里售卖茶叶。而此次刘暖曦直播被禁，围绕在她身上的“负面流量”并没有如其所愿成为变现谋财的工具。事实上，刘暖曦的直播行为引发了网友们的不满和谴责。有人认为她利用了“江歌案”的关注度来吸引流量并牟利，完全无视江歌妈妈的感受和法院的判决；也有人对她的直播活动的合法性和合规性质疑，直接称赞网友投诉这事“干得漂亮!”

大多数网友对刘暖曦的直播行为不买账，甚至有人去投诉，这恰恰说明，舆论对这种利用负面流量赚钱的行径，没那么宽容，也早已不待见。流量里也有是非，也分善恶。刘暖曦在“江歌案”中的所作所为，早已使其站在了道德的对立面。我们不提倡任何所谓的网络审判，更反对网络暴力的挞伐，只要合法合规，每个人的谋生方式都值得尊重。但是，利用自己“不光彩”的知名度吸引粉丝，卖货赚钱，无疑是对一种“恶”的鼓励和放大。正如有网友所说的，法律确实没有禁止刘暖曦直播，但是我们讲的是道德层面。法律之外还有公序良俗，还有朴素正义。刘暖曦的直播被禁，也是对类似“负面人设”和“负面流量”的一次警示。

流量本身或许只是数据的累计，没有任何道德价值，但获取流量的方式、利用流量的行为，却是一种社会现象，理应接受道德的审视。此前，一些演艺明星频繁人设“塌房”，一些网红打擦边球制造话题被禁，都是对网络空间风气的廓清，也体现网络社会向善而行的价值取向。那种视流量为工具，还在“唯流量论”者，应该清醒一下了，别以为有了流量，就万事大吉。如今的网络空间，容不下这般拿流量“割韭菜”的行径。①

---

① 迟道华. 刘暖曦被永久禁播，“负面流量”不是牟利工具［N］. 新京报，2023-10-13.

在自媒体时代，那种以网络媒介为名利牟取工具，不择手段消费粉丝流量与捞取利益的传播行为，是对社会主义核心价值观与伦理法规的公然违抗，必然会受到广大网友的道德批评，还会受到法律规范的严厉惩处。刘鑫以为改名“刘暖曦”就无人知晓，认为换个“马甲”就能自由赚钱，殊不知网络传播具有留痕功能，高估自己的违法智商不可行，低估网友的曝光决心与搜索能力亦不可行。网络世界给予了每个人平等运用网络工具的机会，但也造就了每个人的道德力量能够在网络世界发挥作用的机会。如果背道而行，最后的结果只能是被网络平台永久除名，甚至还会成为国家司法机关的执法对象。每个网民在网络社会的交往活动中，走过的路都会算数，都不会被数据储存量巨大的互联网所遗忘，所谓“人在做，天在看”的伦理箴言在网络传播世界依旧管用，潜移默化地引导着网民个体的价值取向和群体传播的社会方向。

第二节 网络传播伦理与法规的研究进展

我国自从 1994 年接入互联网以来，至今已有 30 年。互联网发展推动着中国社会的巨大变化，从万家灯火时收听央广新闻，到全家人聚集在客厅观看电视，再到如今每个人都在依赖移动网络媒体，真有点像“旧时王谢堂前燕，飞入寻常百姓家”的场景植入。梳理网络传播伦理与法规的研究过程，可以更好理解这个学科与网络社会发展相互推进和融合的历程。

一、新闻传播伦理与法规的研究历史与现状

新闻传播伦理与法规的建立是为了国家发展，原先主要是针对图书出版、大众报刊和广播电视等传统媒介开展研究，对从业者的传播伦理与合法规范进行支持和鼓励，可以有效调动媒体从业人员的工作积极性，发挥他们对媒介传播的创造性和能动性；而对那些消极、非法的新闻传播行为进行纠正与法规惩戒，使其负面影响得以消除，从而建立健康有序的新闻传播秩序。管理者对媒介功能的传播伦理与法规进行话语体系建构和科学指引，就是“通过法律对新闻传播行为进行调控，就是要对那些对社会政治、经济和文化的发展具有意义的传播行为方式予以法律上的保障，即将新闻传播的活动及事业运作和个人、组织、群体等传播行为纳入法律规范体系中，以期实现有效的管理”①。网络传播伦理与法规的研究要紧跟社会发展与媒介变革的现实趋势，而不是固守传统媒体的惯性思维，这对媒介从业者与研究者都提出了更高更新的要求。

① 陈绚. 新闻传播伦理与法规教程 [M]. 北京：中国人民大学出版社，2016：105.

对于传统媒介时代的新闻传播伦理与法规，国内专家学者进行了一系列探索与深入研究。经过新中国新闻传播 70 多年的大浪淘沙、改革开放 40 多年的社会考验、互联网传播 30 年的激烈博弈，传统媒介与网络工作的研究队伍数量与质量发生了很大变化。在新媒体时代，传统媒介并没有走向消失没落的尴尬境遇，依旧展现出它的生存能力与独特价值。在网络社会，传统媒介与网络新媒体互补共存，基本形成了迭代发展、矩阵传播的态势。现如今，传统媒介研究和实践领域依然留存着一批相对固定的研究队伍，年轻人对报刊、出版业、广播电视等保持着较大兴趣。当然，报刊、出版业、广播电视等传统媒介要紧跟网络社会的传播需要与受众诉求，就应该不断融入新媒体元素，实现创造性发展，从而彰显出融媒体的传播力、引导力、影响力与公信力。从国内新闻传播伦理与法规研究的高校以及科研机构来看，可以从三大学术版图去认识理解和简要勾勒。

（一）北京地区高校机构的研究成果

魏永征和周丽娜合著的《新闻传播法教程》、陈绚的《新闻传播伦理与法规教程》是比较典型的代表成果，专家们对新闻传播伦理与法规的研究在全国享有盛名，并且还在不断拓展新闻传播伦理与法规的研究领域，培养出的大批人才在全国高校或科研机构工作。魏永征说："传播科技发展带来传播媒介、形态及其组织不断变革，而法律制度也要随着社会发展而持续发展，所以对新闻传播法的阐释，必定要随着新闻与传播业态和法律制度的发展而不断更新。"① 陈绚说："真实、理性、建设性的表达始终是我们追求的，因此，表达权保护是新闻伦理与传媒法的核心价值。互联网时代，围绕表达的保护研究可以丰富宪法法律实施的理论。全面贯彻实施宪法是建设社会主义法治国家的首要任务和基础性工作。宪法法律的生命在于实施，宪法法律的权威也在于实施。"② 除此之外，陈汝东的《传播伦理学》、丁汉青的《传媒版权管理研究》、王军的《传媒法规与伦理》、罗斌的《传播法教程》等也对媒介伦理与法规进行了深入的探索研究。

（二）上海地区高校机构的研究成果

上海是我国经济社会最发达的区域之一，也是我国媒介传播伦理与法规的研究重地，有很多科研成果在不断涌现。黄瑚的《新闻传播伦理与法规实用教程》、陈建云的《中国当代新闻传播法制史论》、邵国松的《网络传播法导论》、戴永明的《传播法规与伦理》等著述从不同角度进行了探索研究。

（三）其他省市高校机构的研究成果

除了北京和上海，其他区域对这个领域也有一些研究成果，如吴飞的《新闻专业

---

① 魏永征，周丽娜．新闻传播法教程［M］．第 7 版．北京：中国人民大学出版社，2022：修订前言．

② 陈绚．新闻传播伦理与法规教程［M］．北京：中国人民大学出版社，2016：前言．

主义研究》、张文祥的《传播法与伦理评析》、翟真的《新闻作品版权研究》、刘行芳的《新闻法治与新闻伦理》等，从不同角度对媒介伦理与法规进行了探索与拓展研究。

二、网络传播伦理与法规的学科发展

新媒体传播出现的时间不长，只有30多年的历史进程，但自从我国接入国际互联网以来，就爆发出了巨大的发展潜力，目前网民数量已稳居世界第一。越来越多的青年学子与专家学者加入网络传播伦理与法规的研究队伍之中，从而使这门专业学科散发出了独特魅力，并且还在快速拓展自身的空间领地，不断涌现出扎实厚重的科研成果。诚如耿晓婷与喻国明所言："智能媒体伦理讨论更应该将对技术设计、使用等规范伦理的思考置于优先地位。对偏见问题、隐私问题、算法设定认知问题等具象问题的解析仍需要面向智能媒体应用场景的描述性研究。"① 在互联网时代，网络与新媒体研究迎来快速发展的变革态势，而且这个变革态势让很多人显示出不适应感。但新媒体传播的亿万个体与众多群体，不是采取完全抛弃与隔离不睬的态度，而是通过借鉴学习传统媒介伦理与法规的研究资源，进而展现出网络传播伦理与法规研究的新方向、新水平、新范式。

（一）北京高校与科研机构的学科研究

在网络社会中，传播伦理与法规因为语言的交流而起，凸显出了不少社会矛盾与治理难题。诚如隋岩所言："网络语言揭示出的社会矛盾引发大量社会共鸣，从而产生短时间迅速传播的效果。网络语言既是这种冲突和对立的体现，也是矛盾的缓解，通过大量语言的消费，抒发和发泄对社会矛盾的不满。"② 网络媒介揭示出的社会冲突和复杂问题，正是社会伦理与法规用来审视研究的矛盾对象，我们需要有效根治网络传播乱象。彭兰说："强调司法的独立性，并不是要走到另一方面，即对公众的自由表达进行约束。在尊重民众自由表达权利的基础上，坚持司法独立，提高司法的公正性，才是更为理性的方向。"③ 在网络社会，强调司法的独立性与表达的自由权利并不矛盾，而是为了在提高司法的公正性的同时，倡导理性表达，二者实际上是相互关联体。徐敬宏说："新媒体已成为人的一种重要方式的现代信息社会，新媒体伦理研究不仅要由点到面，将各种具体传媒形式的伦理统一起来，还要在统一的基础上，上升到更高的理论层次，新媒体伦理应向纵深努力，发展出具有自身特色的理论体系。"④ 这就要求我们必须注重新媒体时代传播伦理体系的构建，认清道德性与法律性两个方面的特征。当然，要有效构建网络传播伦理与法规的理论体系，对理论研究者提出了更高的

---

① 耿晓梦，喻国明．智能媒体伦理建构的基点与行动路线图：技术现实、伦理框架与价值调适［J］．现代传播，2020（01）：12－16.

② 隋岩，等．网络语言与社会表达［M］．北京：科学出版社，2021：72.

③ 彭兰．网络传播概论［M］．第5版．北京：中国人民大学出版社，2023：287.

④ 徐敬宏．新媒体传播伦理与法规［M］．北京：清华大学出版社，2023：47.

要求。这种理论体系要求我们快速适应网络社会的发展趋势，让其既成为网络社会的科学指引，也能够得到网络群体的认同响应。

（二）上海高校与科学机构的学科研究

网络媒介日益展现出它的便捷性、丰富性与多元性，但也带来了很多新问题、新挑战与新困境。正是由于网络空间已成为一个包容万象的大平台，因此也出现了一系列客观问题，如网络隐私侵犯、网络诽谤、网络诈骗、网络色情、网络盗版、网络安全等，迫切需要我们拿出实效措施，对其引发的问题进行分析，对所产生的矛盾进行化解，对网络中存在的违背公序良俗的行为甚至违法犯罪行为进行有效规制。为此，对网络伦理与法规研究还有很多探索空间，需要拿出高质量的研究成果与理论进行科学指引。

早在2005年，针对互联网接入中国以来的网络伦理与法规的现实问题，戴永明与蒋恩铭合作主编了《网络伦理与法规》[①] 一书，这是对网络传播伦理与法规的开拓性研究。面对网络传播伦理与法规的研究挑战，黄瑚说："网络空间绝非世外桃源，由网络传播而引发的诸多问题，理应予以关注、重视与治理，而网络传播伦理规范与网络传播法律规范正是治理这些弊病之良药。"[②] 这深刻表明，及时总结提炼出网络传播伦理与规范的治病良药与理论指引，既是迫在眉睫的紧急任务，也是实现中国式现代化征程的重要保障。针对数字时代的社会伦理与法规问题，邵国松认为，"如果不遵循社会规范，不确保新闻的真实性与客观性，那么新闻传播活动就失去了合法性，新闻传播业也就无法履行其'社会公器'的功能。在'人人都是记者'的自媒体时代，新闻传播伦理失范的风险之高前所未有"[③]。面对网络传播伦理与法规研究的新挑战、新任务与新价值，上海地区的研究队伍也在快速进步，特别是在网络社会的智能化数据监控与劳动者隐私方面的专业研究，姚建华说道："由智能监控所引发的人类全面监控和彻底数据化、劳动者的隐私权保护以及劳资双方之间不对等的权力关系等一系列更为广泛的社会问题值得后续研究者进一步思考与探讨。"[④] 在网络时代，劳动者的隐私权应该受到法律保护，而不是被社会平台和雇佣组织随意监控的对象。隐私权对每个人都很重要，不能被随意侵犯和剥夺，这是法治社会建设的重要内容。

（三）其他省市高校与科研机构的研究成果

其他区域的研究者也对这个问题方向进行了阐述，顾理平针对网络传播伦理与法规研究表达了自己的观点："新闻传播法学研究者的重要任务，除了从宏观上继续关注

---

① 戴永明，蒋恩铭．网络伦理与法规［M］．福州：福建人民出版社，2005：1.

② 黄瑚．网络传播法规与伦理教程［M］．上海：复旦大学出版社，2018：8.

③ 邵国松．媒体智能化发展的伦理与法律问题初窥［J］．现代传播，2018，40（11）：9-14.

④ 姚建华．作为数据流的劳动者：智能监控的溯源、现状与反思［J］．湖南师范大学学报（社会科学版），2021（05）：92-100.

新闻传播活动中权利和义务的平衡外，还要关注网络法治，探讨新媒体环境下媒体和公民的权利义务关系问题，防止新类型侵权行为的发生。”① 吴飞还在对新媒体环境下公共传播的伦理与法规等问题进行研究时说：“公共伦理本质上是一系列被公众广泛接受的用以自律的价值规范，公共伦理的形成是一个责任伦理被认知、内化，进而共识化的演进过程。”② 方兴东在针对中国网络社会的法规治理进行研究时说：“中国网络治理是中国社会治理的重要创新源泉，为未来制度与实践发挥了先导性和奠基性的作用，其创新意义远超互联网发展本身。”③ 牛静在针对网络传播中的隐私问题进行研究时说：“隐私问题涉及个人、群体和社会关系，影响社会的良性运转，保护隐私需要突破传统单一的个体化视角，应将其置于整体社会之中寻求新的阐释框架。”④ 陈笑春在针对网络版权侵权的法规问题研究时说，“‘新闻有版权’的观念作为版权新秩序建构的基本逻辑，还必须通过包括示范案例在内的各种方式才能成为周知的观念。恰当适用惩罚性赔偿，通过法律的制裁和惩罚，显示侵权后果的严重性，从而使公众认识到尊重包括新闻作品在内的智力成果的现实意义”⑤ 张文祥在针对网络平台传播伦理与法规问题研究时说：“我们不能为了保护隐私而忽视算法所带来的个人便利和社会福利，平台发展同样建立在尊重用户隐私合理期待、维护隐私权益基础上。用户在‘用隐私换便利’的同时，企业也需要用安全换取信任和发展。”⑥ 这些专家学者对网络传播伦理与法规的深入研究，正是专业引领的思考方向。另外，牛静的《网络传播法制与伦理》、陈笑春的《网络视听版权规制论》、王迁的《网络著作权专有权利研究》、赵锐的《互联网环境下版权许可制度研究》、吴登华的《音乐版权》、史辉等人的《网络版权交易商事规则研究》、徐兴祥等人的《我国文化产业知识产权保护研究》等，都值得我们学习借鉴，也值得我们继续去深入地拓展。

案例 1-2

缅北“部长县长”被中国警方通缉，这份通缉令非同寻常

2023 年暑期档电影《孤注一掷》的热映，揭开了电信诈骗集团的神秘面纱，也让公众对打击治理电信网络诈骗的呼声更加强烈。对于群众深恶痛绝的电信网络诈骗，

① 顾理平. 新媒体传播中的法规与伦理［M］. 北京：中国传媒大学出版社，2021：229.

② 吴飞. 公共传播与公共伦理问题［J］. 当代传播，2019（06）：卷首语.

③ 方兴东，何可，钟祥铭，等. 中国网络治理 30 年：“一体多元模式”的演进历程与规律启示［J］. 传媒观察，2023（09）：54-65.

④ 牛静，莎木央金. 智能时代个人隐私的保护困境与社会性视角转向［J］. 社会科学辑刊，2023（01）：229-236.

⑤ 陈笑春，秦赛一. 惩罚性赔偿对新闻版权侵权的治理意义：基于 350 份新闻版权侵权诉讼判决书的分析［J］. 新闻界，2023（10）：64-73.

⑥ 张文祥，杨林. 新闻聚合平台的算法规制与隐私保护［J］. 现代传播，2020（04）：140-144.

近年来，中国警方一直不遗余力地进行打击。比如大家在反诈宣传中经常听到的以“断卡”“断流”等为代号的专项行动，就是中国警方为遏制电信网络诈骗案件高发态势所采取的反制措施。然而，打击电信网络诈骗既要治标，也要治本。只要诈骗集团生存的“温床”一日不除，反诈战争就难以取得决定性胜利。

通缉令中提到的“缅北”（缅甸北部）正是诈骗“温床”的所在地之一。缅北，原本是一个异国他乡的偏远地区，边境线长达2000多公里，由于历史、民族、政治等多重复杂因素，缅北地区各方势力割据，地区局势错综复杂。和国内坚决打击的强势态度不同，在缅北，电信网络诈骗俨然已成为一种新兴产业。一方面，诈骗集团向缅北地方势力缴纳各种税费；另一方面，缅北地方势力凭借自身的影响力和武力，为诈骗集团提供武装保护，双方形成了利益捆绑关系。在此背景下，缅北逐步沦为电信网络诈骗犯罪分子藏身的“天堂”。据统计，缅北电信网络诈骗窝点作案量已占我国境外电诈案件的68.5%，而缅北网络诈骗窝点则占缅甸电诈窝点总数九成。为了从根源上铲除电诈“毒瘤”，2023年以来，中国警方动作频频。就在这份通缉令发布前，10月10日，公安部在京召开新闻发布会，会议透露在夏季治安打击整治行动中，公安部部署云南等地公安机关持续推进打击行动，与缅甸相关执法部门开展边境警务合作，目前已有2317名涉诈犯罪嫌疑人移交中方。

在这批落网的嫌犯中，既有幕后“金主”，也有组织头目，还有“业务”骨干，表明中国警方“‘大鱼小鱼’一起抓，一个都不放过”的坚决打击电信网络诈骗的信心和决心。作为缅北电信网络诈骗犯罪集团重要头目的陈岩板、肖岩块等人，在当地长期组织开设诈骗窝点，自然成为中国警方打击的重点目标。陈岩板，户籍地在云南省普洱市思茅区明礼巷，现任缅甸掸邦第二特区建设部部长；肖岩块，户籍地在广东省河源市源城区富景西苑，现任缅甸掸邦第二特区勐能县县长。随着警方悬赏通缉令的发布，很多人不禁疑惑，两人为何会出任缅甸掸邦第二特区“要职”？这不得不提他们所在“特区”的独特之处。

公开资料显示，缅甸掸邦第二特区，位于阿佤山区，是缅甸联邦的一个自治区，实际上独立于缅甸中央政府的控制，拥有自己的政治制度、行政区域和军队。该地东北面与我国云南省临沧市、普洱市、西双版纳州接壤，北面与缅甸第一特区（果敢）相连。由于缅甸中央政府无法实际控制这些地盘，因此地方势力成为特区“掌局者”，不仅纵容包庇电诈园区内的人员，甚至由电诈头目出任重要岗位，发展电诈“产业”，深度参与组织电诈等犯罪活动。中国人民公安大学侦查学院院长助理、全国新型犯罪研究中心公安大学分中心执行主任、副教授王晓伟曾在接受媒体采访时指出，打击境外电信诈骗的难点在于跨境，诈骗团伙藏身境外，调查取证、落地抓捕等工作都存在较大难度，需要跟相关国家开展国际执法合作才能有效打击跨境电诈犯罪。而像缅甸掸邦第二特区这样的“独特”情况，无疑让跨境打击更加困难重重。

不过，2023 年以来，公众也看到了许多积极信号，特别是 8 月 15 日至 16 日，中国公安部、泰国警察总署、缅甸警察总部、老挝公安部在泰国清迈联合举行针对本区域赌诈及衍生的人口贩运、绑架、非法拘禁等犯罪的专项合作打击行动启动会，决定设立联合行动点，严厉打击本区域电信网络诈骗和网络赌博犯罪，坚决扭转人口贩运及绑架、拘禁等犯罪高发态势。有专家指出，中国与各方联手出击，共同斗争缅北电信诈骗犯罪行为的行动，体现了政府对网络安全的高度重视与合作打击跨国犯罪方面的坚定立场，这将为更广泛的国际社会打击电信诈骗提供有力的范例和经验。可以说，此次悬赏通缉令的发布，正是各方合作的成果之一。①

这则新闻告诉我们，距离不是问题，网络空间不是法外之地，不法分子即使隐身潜藏在国内外也都会被揪出来接受法律审判。互联网技术的发明创造是为了服务每个网民的健康生活，方便亿万网民的社会交往，提升网民成才的技能素养，不是用来欺骗他人或巧取豪夺的违法工具。纵观网络传播的历史变迁与博弈斗争，再狡猾的猎物也斗不过好猎手，正所谓“天网恢恢、疏而不漏”，这句古训在网络时代也必须牢记奉行。

第三节 网络传播伦理与法规的研究方法

网络传播伦理与法规是人类伦理道德与法律规范在网络时代的新发展、新应用、新使命，是人类在网络社会交往中不断制定出来的行为规范，也是学科理论研究的智慧结晶，所以有它自身的遵循规律与使命担当。

一、网络传播伦理与法规的学科使命

一方面，网络传播伦理与法规为新闻传播学的学科设计和教学实践提供了理论支持，为建设公正合理与健康向善的网络传播秩序提供了价值指引。网络传播伦理与法规正是对传播伦理与法规基本问题的探究，为网络社会各种伦理关系与法规准则的设计、确立提供理论上的启发和多元化选择的思路。在推进中国式现代化进程中，网络传播伦理与法规肩负着践行社会主义核心价值观、落实社会主义法治精神的重任，对中国特色的传播伦理与法规的理论建构具有重要意义。

另一方面，网络传播与伦理为个体网络生活提供思想启发，为个体素质与精神世界的提升发挥理论指导作用。不论是个体还是群体的网络生活，如果要提升安全保障与幸福系数，传播学、伦理学与法学的融合影响至关重要。第一，网络传播伦理与法

---

① 李攀. 缅北“部长县长”被中国警方通缉，这份通缉令非同寻常！[N]. 浙江日报，2023－10－12.

规能让个体或者群体理解伦理道德的功能、意义、依据和内涵，理解制定各种网络伦理法规的重要意义，以解决在网络社会中成为什么样网民的核心问题。第二，网络传播伦理与法规能为每个人的私人生活和参与公共事务、职业工作提供伦理准则边界，科学论证并提供优良的伦理道德与职业法规，以解决他们在网络生活中如何扮演不同角色的自我行为问题。第三，网络传播伦理与法规还能为个体和群体网络生活排忧解难，帮助个人和群体走出各种心理挫折和价值偏离困境。总之，网络传播伦理与法规通过专业化的理性思考，为公众的网络生活提供可借鉴的正反方面典型案例，推动实现人的全面自由与健康成长，也有助于实现法治社会、和谐社会的价值构建。

二、网络传播伦理与法规的研究方法

理论学习有其自身的客观规律和科学方法，自觉运用这些客观规律和科学方法可达到事半功倍的学习效果。对理论学习要保持浓厚兴趣，持久领悟，不断内省反思，网络传播伦理与法规的研究路径也是如此。

（一）坚持理论与实践相统一

理论联系实际的研究方法，是一切哲学社会科学的基本方法，理论能够指导实践，实践又可以丰富理论。网络传播中不断出现的矛盾问题甚至犯罪现象，就是因为某些网民不学习理论，没有把科学理论与社会实践结合起来。对于网络传播伦理与法规的学习需要从两个方面对待。

其一，要注意从历史和现实的伦理法规关系出发。这是指网络传播伦理与法规要同传统媒介伦理与法规一脉相承，而不是标新立异或独辟蹊径。在原始社会的口语传播中，一些掌权者试图防民之口，结果是被人民群众埋葬推翻；在封建社会的文字传播中，大多数民众认识文字依旧是很困难的事情，特别是女性群体读书权利被限制，导致她们面对文字符号只能是两眼一抹黑；进入大众报刊与广播电视的现代社会后，由于广大群众的文化水平和综合素养不断提升，从而可以辨别媒介传播的虚假信息与价值导向，有知识有能力去质疑其中的真实性和正确性，及时揭穿一些新闻信息的虚假性与险恶性，敢于发出自己独立思考的真实声音，并拿起法律武器维护自身的合法权益，这是伟大的历史进步。当然，在大众报刊与广播电视时代，还是有部分民众不能充分接受新闻信息。由于大众报刊与广播电视采用单向传播方式，广大民众的选择权与平台的互动性还受到较多限制。而网络传播的自主性与互动形式则弥补了传统媒介的缺陷，每个传播者都可以自主选择并拥有传播信息或者筛选、阐释信息的权利，这是传统媒介不能具备的新功能。在理论学习过程中，需要科学把握伦理与法规在社会生活中的重要地位，不能孤立地就事论事，抽象地就理论谈理论。同时，还要深刻理解政治导向、经济发展、科技进步与社会转型对网络传播伦理道德与法律规范带来的深刻冲击和广泛影响。

其二，研究网络传播伦理与法规要密切关注现实社会发生的新闻事件和矛盾问题。网络传播伦理与法规是网络社会的投射反映、科学概括与理论升华，不能局限于自我空间和狭隘视野中展开研究，而要开动脑筋去体验感悟网络社会的丰富生活。针对网络社会不断出现的新问题、新现象、新矛盾开展深入调查研究，从众多群体的实际境遇和客观需要中去追问、分析背后的真相；从网络社会的人际关系、群体传播中去考察探究伦理道德与法规实践活动。只有把理论与实践有效结合起来，理论研究才不会枯燥乏味，研究成果也更能符合现实网络传播实践。

（二）坚持历史与逻辑相统一

网络社会尽管是虚拟社会，但终归是广大个体或者群体使用媒介操控行为的场域，这就决定了网络传播既要遵循社会历史逻辑，也要遵循人与人之间的交往原则。人类不同于其他物种的原因就是拥有社会性，在社会运行中就要遵循伦理道德。人类从刀耕火种到农业社会，从农业社会到工业社会，又从工业社会到今天的信息社会，有很多因素在推动着社会进步，其中历史逻辑发挥了重要作用，而有些不合适的伦理法规也阻碍了社会发展。为了追求历史与逻辑的统一，我们在研究网络传播伦理与法律法规时，既要从历史的发展进程去梳理，又要根据现实的变化进行符合逻辑的理论升华。一方面要从人类传播发展的过程和具体历史条件中进行分析和研究。伦理道德与法律法规随着社会发展而不断变化，尤其是网络社会的伦理法规与传统社会的伦理法规有巨大差异。认识网络社会的伦理法规，应当以历史的、客观的、具体的态度来对待，把伦理法规与网络社会的发展阶段紧密联系起来进行考察，不能无视伦理法规变革进步的必然性，但也不能刻意拔高广大网民群体的社会认识水平，苛求广大网民群体的社会实践能力；另一方面，要运用逻辑思维对网络传播伦理法规进行理论提升，即以概念、命题、推理、模型、阐释等方式理解网络传播伦理与法规体系，在揭示网络传播伦理与法规的规律性、科学性中去把握伦理道德与法规变革的必然性，从而紧随网络社会伦理实践的发展进程，最终找出网络传播伦理与法规的特殊规定性，归纳演绎出网络传播伦理与法规的普遍规律性和实践操作性。这种网络伦理道德的实践方法，就是历史与逻辑相统一。

（三）坚持事实与价值相统一

事实判断与价值判断的关系是哲学社会科学的重要方法。网络传播既要研究客观的事实案例，针对具体案例进行分析解读，又要研究伦理与法规的价值判断，从众多案例中得出相应的是非判断与价值观念，尤其是要用社会主义核心价值观去引导网络舆论导向。“价值观是人们基于社会生存和发展的需要，对事物做出的关于好与坏、对与错、善与恶、美与丑的稳定而持久的主观心理倾向”[①]。从人类社会进化的历程看，

---

① 隋岩，等. 网络语言与社会表达［M］. 北京：科学出版社，2021：182.

伦理与法规都是社会生产力发展的产物，也就是说，伦理与法规都要服务于经济基础和上层建筑的特殊关系，主要从经济关系的利益表现中引申出来。离开了利益调节，也就无从认识伦理法规的产生与发展、本质特征与功效作用。重视利益、分析利益与调节利益是网络传播伦理与法规必须面对的核心问题，而不是空谈伦理与法规的概念条框。面对网络传播新介质、新载体，我们不能因为遇到伦理矛盾与法规问题就急忙否定，更不能对此因噎废食，而要理性思考和深入探索，既要守护与发扬网络媒介的传播优势，也要预防与规制网络传播带来的不足，让网络媒介更好地服务于人类本身与社会的发展。这就需要深入网络伦理与法规研究，并提出网络治理的科学对策，防范网络传播带来的伦理风险，增强法规的社会治理效用，建设一个清朗干净的网络空间。

（四）坚持质性研究与量化研究相统一

研究网络传播伦理与法规，要想达到更高水平的理论升华，那就需要做定性研究与量化研究。

首先，既要学习伦理学与法学等学科的知识架构，还要通过实地访谈、用心观察、搜集数据、整理资料、精读文献等方式，通过对材料进行细心阅读与深入思考，逐步消化资料和进行质性研究来提升能力，进而对网络社会事件的性质、特征、规律作出理论概括，探索其细微、复杂的过程与原因。

其次，要通过文献中的关键词、词语计数、重复频率等内容分析，得出描述性与阐释性的研究结果。要想对网络传播伦理与法规进行定量研究，就要多使用问卷调查、实验调查等方法搜集数据资料，主要是采用经验测量、统计分析和数理模型等手段，探索网络社会现象的数量特征、数量关系，特别是涉及较大规模的调查对象，标准化操作有利于形成具有普遍性、规律性和高质量的研究成果。

最后，要借助自然科学的研究成果与研究方法，不断提升网络传播伦理与法规的研究水平。科学数据和定量研究在新闻传播中的实践运用，有助于提升网络传播伦理与法规研究的成果质量，有助于提升我们对网络社会的认知深度和精准判断，这需要传播者下更大功夫、付出更多精力去深入网络生活和现实生活中采集数据，在网络传播文献中搜集资料，并对这些数据资料进行推理计算，建构科学可靠的量化模型，再进行定量描述与定量解释，从而得出科学简洁、令人信服的研究成果。

案例 1－3

遏制电信网络诈骗不能松劲

打击治理电信网络诈骗犯罪工作正持续推进，2023 年以来，全国公安机关侦办相关案件 68.9 万起。8 月份以来全国电诈案件的发案数、造成财产损失数同比分别下降 24％和 20.5％，电诈高发态势得到有效遏制。

电信网络诈骗给受害者造成经济损失和精神伤害，与网络黑灰产、盗取和滥用个人信息、侵犯隐私等违法行为交织渗透，破坏社会信任，扰乱社会秩序，对电子商务等行业的健康发展产生负面影响。尽管打击治理工作持续推进，但不法分子也在利用语音合成等技术不断升级诈骗手法，愈发复杂隐蔽，整体犯罪形势依然严峻。

打击电诈事关人民群众的安全感和获得感，事关新兴产业和技术的发展，绝不能松劲。严打方针不能动摇，公安机关开展的“云剑”“断卡”“断流”“拔钉”等专项行动成绩明显，还要持续强化打击力度，加强反制技术开发建设，依法从严惩处犯罪分子，曝光典型案例，形成强大震慑。

打击电诈涉及金融、电信、互联网、市场监管等多个领域，各部门在建立好本行业反诈机制的同时，更需通力合作、齐抓共管，针对电诈发生的信息链、资金链、技术链、人员链等各环节，实现跨行业、跨地域监管，严厉打击引流推广、转账洗钱、技术开发等犯罪团伙，坚决切断电诈犯罪关键链条。

快破案不如不发案，多追赃不如不受骗，打击电诈应坚持关口前移、防范为先。分级分类预警劝阻机制正在各地加快推进，还应充分发挥涉诈预警劝阻短信系统、国家反诈中心 App 等新技术的拦截、监测、劝阻作用，缩减诈骗活动影响范围。与此同时，加强对诈骗信息的收集和分析，掌握其规律、趋势，优化防范治理手段，持续织密筑牢防护网。

打击电诈还需要从宣传普法层面入手。结合易受害群体的分布特征，深入开展反诈宣传，增强反诈教育的针对性、精准性，推广网络安全防护技能，提高公众对各类电诈方式的防骗意识和识骗能力，从源头铲除滋生犯罪的土壤。

对于电信网络诈骗，“打、防、管、控、宣”各环节都不可或缺，只有综合治理、久久为功，才能让电诈无处遁形、无计可施。①

近年来，最高人民法院每年都要发布网络诈骗案例，揭露部分个人或群体在网络传播中的伦理失范和违法犯罪行为。这些行为有专业分工与组织严密的平台架构，话术微妙，财色合用，情感融合，软硬兼施，归根到底或者是谋取非法钱财，或者是侵犯女性身体，或者是剥夺他人自由，或者是榨取技术人员，造成了极恶劣的社会影响。综观网络传播中的诈骗现象，可以从以下五个方面去分析：

第一，网络语言的话术性与欺骗本质。在网络社会，某些话术一改传统媒介话语的朴实风格，不是教你用勤劳的双手去创造财富，也不是教你用信息技术去提升素质实现合作共赢，而是采取传授你快速发财与轻易暴富的神话战术，在短时间内迅速吸引注意力资源或其他实际资源。在网络社会中，效率是最终的目的。从本质上看，这

① 曾诗阳．遏制电信网络诈骗不能松劲［N］．经济日报，2023－11－1．

套话术既违背了社会伦理与法规，也违背了经济规律。在网络社会，不少缺乏社会经验的网络个体与群体的脑子里塞满“要成功，先发疯；要想富、下大注”“赌一赌，摩托变路虎”“人无横财不富，马无夜草不肥”等话术口号。这些话术背后首先是激发人体产生多巴胺，通过短时间的关键词突出，引发网民注意，进而追求情感共鸣，让人沉醉其中难以自拔，最终失去理性的认知力、判断力和控制力。诚如隋岩所言：“互联网群体传播时代正在经历一场‘语言技术化’运动，各种网络语言被具有强大创造力与创作热情的网络用户生产出来，并在网络空间中进行系统的设计、生产和传播，网络语言的商业化和技术化趋势得到加强。”① 某些网络话术的商业化、技术化与精美化趋势在数字社会中得以加强巩固，其背后无论是虚假信息还是诈骗阴谋，不论是网络暴力还是隐私侵犯等行为，都是以网络语言为传播中介。这就要求个体能辨识网络语言背后的传播目的与险恶用意，避免被话术误导与上当受骗，从而增强对网络话术的防范性、判断力与控制力。

第二，网络利益的诱惑性与神话建构。在网络社会，每个人本质上都应该通过诚实劳动与公平交易来获得合法收益，但网络神话传播让人忘记了诚实守信与安居乐业，而是借助网络媒介的文字故事与视频分享让你想入非非。通过制造各种实际上概率极低的成功事件，很快让受众陷入快速暴富与美好假象的虚设场景，等到最后迷局揭晓才发现已上当受骗，这只是一个发财诱饵或者羊毛出在羊身上的陷阱套路。令人震惊痛心的是，直到被对方诈骗榨取钱财后，受害者都还未必完全认清诈骗真相，还在为自己的过错行为进行申辩，甚至还对诈骗机构的非法行为深信不疑。鲍德里亚认为：“有一种二流神话学，能够让人把那些只属于魔幻的东西当成现实。它利用虚假的象征，可以使无数的个体陷入无意识的神话中，从而进行投资或者完成消费。”② 网络话术通过放大神话元素导致人们产生一种无意识的行为，神话故事与利益诱惑让人如痴如醉，不少个体由此陷入飞蛾扑火的忘我情境。

第三，网络情感的虚拟性与沉入迷思。人首先是动物，是有七情六欲的，是天然带有缺陷与不足的。网络平台正是充分利用人类天然缺陷的动物本性，以及其他认知局限与性格缺点，从而一步步将个体或者群体诱惑进情色迷局的虚拟场景。网络平台善于主打情感牌，采取情感色诱的迷恋程序，其目的是让个体或者群体遭受巨额财富的惨痛损失，而不是商业交换上的平等互利。诚如鲍德里亚所说：“身体被出售，美丽被出售，色情被出售，而这并不是那些在最后关头为整个‘身体解放’历史进程指明了方向的原因中最小的一个，把身体当成了劳动力。”③ 在网络社会中，有的青春少女

① 隋岩，等. 网络语言与社会表达［M］. 北京：科学出版社，2021：100.
② ［法］让・鲍德里亚. 消费社会［M］. 刘成富，全志钢，译. 南京：南京大学出版社，2014：142.
③ ［法］让・鲍德里亚. 消费社会［M］. 刘成富，全志钢，译. 南京：南京大学出版社，2014：127.

成为网络平台的赚钱工具，有的无知人员成为源源不断的劳动力，有的涉世未深的年轻人深陷其中难以自拔。网络上的感情具有很强的欺骗性，也常常造成伦理上的缺失。

网络社会的情感关系不同于农业社会的血缘、地缘关系，也不同于工业社会的单调枯燥和同一空间维度，而是建构不同空间、多样场景的虚拟社会。人们利用网络技术，可以与不同空间的陌生人交往。好奇心、探知欲与信任感不断牵引着你去认识和了解对方，进而培养感情，开始依赖对方。施害者会不断引诱受害者去加大情感投资，逐渐用情感战术与受害者产生共情陷阱，比如让男人沉陷其中疯狂打赏，最终发现对方不是美少女，而是男扮女装的诈骗者；或者是女方发现对方并不是高富帅，而是妥妥的欺诈者，女方经历财色两空与情感虚设的凄苦场面。

第四，网络平台的组织性与技术陷阱。互联网传播不仅只有个体行为，还有平台社会的组织性，其中的犯罪组织与诈骗集团的专业分工和精密配合，形成了一个个产业链和利益共同体。个体在面对网络平台与团伙组织的精密欺骗时，常会表现出无力感，最终成为网络平台的受害者和收割对象。这些年不断发生的网络欺骗与杀猪盘事件，背后都有专业组织的合作分工，其犯罪形式的多样性、精准性与阴险性就是网络平台的有意合谋，让辨识能力不强的众多个体与群体遭受损害，其惨痛教训可谓深刻。

网络社会的传播者利用自己掌握的先进技术和话术套路，让其他个体踏入技术设置的迷惑陷阱，受害者遭受损失还没察觉，直到深陷其中不能自由抽身离开。由于互联网技术平台具有迷惑性与不平等性，犯罪分子会特别针对青少年与老年群体对网络技术的陌生感，引诱他们陷入诈骗迷局。这也是网络传播中的伦理失范与违法犯罪的易发问题，而且还难以破案追讨，只给受害者留下花钱买教训的惨痛记忆。这就是网络法治管理的薄弱环节，需要我们直面对待并予以解决。

第五，网络空间的移动性与病症形态。传统媒介空间是个体能相互认识和感受触摸到的实体空间，而互联网传播跨越地理空间交往的固定设限，个体交往传播的对象即使在物理空间上具有接近性，但在现实空间中却存在匿名性。网络交往关系和现实交往关系的割裂，让网络上的“人”只能称其为“一部分的人”，即想要呈现在网络世界的“一部分”。有些与你相隔千里从未谋面的人，当你与他经过交往取得信任后，对方会以能够获取巨额利润为由引诱你去投资，最后你才发现这个人或者团伙居然在境外远方。由于网络的匿名性和网络支付的即时性，破案成本高与追责难度大而被搁置悬挂，这都是因为网络空间的不确定性而诱发的违法犯罪。在网络空间的互动交往中，不论是就在近处的网络好友，还是相隔很远的陌生人，在涉及情感交往与财富投资时，都不要轻易去相信对方，因为人性的丑恶本质在金钱面前会原形毕露，情感交往在利益分割面前不堪一击，这是网络传播给每个人的智慧考验。

人类社会是伴随着传播技术的不断进步，才从口语传播发展到人人拥有麦克风的时代，网络传播者的身心体质与健康指数也在发生变化。人应该做网络社会的自由主人，而不是被网络技术所牢牢控制的驯化奴隶。但网络传播常会伴随着表现出虚假性、欺骗性、懒惰性以及其他的病症形态，导致网络成为一个极为动荡不安的存在。在网络社会，不少个体与群体不再崇尚诚实劳动以及健康生活，显得浮躁不安与急于求成，总想在短时间内赚取更多流量和名利，还想用欺诈手段获得巨额财富，这既违背了社会公序良俗，更违反经济规律。如果在网络空间从事违法犯罪活动，其不义之财既会被政府悉数收回缴公，还会被国家司法机关审判与监狱改造多年。诚如李董平所说："在人类生活越来越离不开互联网的今天，只有全社会协同起来，针对青少年网络成瘾的多种风险因素和保护因素构成协同的多层次、多系统、多模块预防干预体系，才能使青少年在享用互联网带来便利的同时却不沉迷网络。"① 所以，打击网络诈骗还要与普法教育结合起来，根据受害者的心理特征，在加强反诈宣传的基础上，突出反诈教育的针对性、精准性与实效性，提高广大网民对各类网络诈骗的防范意识与识别能力。面对网络传播中的伦理失范与违法犯罪现象，要从青少年时代起就加强教育，让网络传播伦理与法律法规落地开花，让传播者接受向上向善的伦理道德，让各类网络个体与群体遵守法律规范，同时也要预防网络传播的冲突风险与诈骗行为。要将"打、防、管、控、宣"等各个环节结合起来，综合施策才能让网络诈骗无处遁形，为建设风清气朗的网络空间而久久为功。这条道路虽然充满艰辛和挑战，但也要坚定不移地走下去，因为基于社会主义核心价值观的网络传播伦理和法规制度才是维护风清气朗网络文明生态的重要保证。

关键词

网络传播；伦理道德；法律规范；历史变迁；逻辑遵循

思考题

1. 如何理解学习网络传播伦理与法规的重要性？
2. 如何理解网络传播与法规的历史变迁？
3. 如何理解网络传播与法规的使命以及研究方法？
4. 如何理解网络社会违背伦理与法规的诸多问题？

---

① 李董平．青少年网络成瘾风险因素与作用机制研究［M］．北京：中国社会出版社，2020：444．

扫一扫

拓展数字资源

第二章　网络传播伦理与法规的理论内涵

从学科归属来看，网络传播伦理与法规其实涉及传播学、伦理学和法学三个领域，网络传播属于传播学，伦理道德属于德治教育，法律规范属于法治范畴，网络传播伦理与法规研究需要把德治与法治融合起来，研究其中的传播机制与伦理制约。从广义上看，网络传播伦理与法规的内涵丰富，研究视野也很宏阔，专家学者不断拓展其研究领域和价值意义，主要研究个人信息保护与网络隐私、网络谣言与虚假新闻、网络情绪与网络暴力、网络版权保护与侵权、网络空间表达与治理、网络诽谤、网络舆论、网络安全与司法审判等问题。顾理平认为，“遵守媒介伦理规范长期以来一直被当作是新闻工作者的事，这是由于在传统媒体时代，非新闻工作者很难以参与新闻等信息的生产。但进入全员媒体时代后，人人都是记者和评论员，许多自媒体人能够借助移动互联网和智能手机，不受时空条件限制地传播事实性信息和意见性信息。这样，如何对待媒介伦理规范的问题就变成全民的事”①。从传统媒体时代的专业信息生产转向公共传播社会的大众信息生产，每个传播者都涉及伦理道德与法规的现实问题。网络时代的传播伦理与法规比起传统媒介来说更加广泛丰富，更为复杂多变，挑战性更强，因而值得去深入探索研究。

第一节　网络传播伦理与法规的概念解析

一、伦理学

中国传统文化非常重视伦理道德，特别讲究伦理道德与规范在社会生活中的实践运用。“伦”指人伦，本义是指人的血缘辈分关系，体现中国农业社会的家族血缘和生活秩序。许慎在《说文解字》中说：“伦，辈也。从人仑声。”后来从“辈”中引申出群、类、比、序等丰富含义。黄建中说：“曰类、曰比、曰序、曰等，皆由辈之一义直

---

① 顾理平. 媒介伦理与美好世界的想象［J］. 视听界，2021（03）：126.

接引申而得；人群类而相比，等而相序，其相待相倚之生活关系已可概见。”[①] 伦理学是中华文明的重要内容，儒家思想是中华文明的重要组成部分，儒家思想说到底就是伦理学思想。客观来说，伦理学是一门古老的研究学科，主要研究人如何做人、怎样安身立命、如何实现人自己发展和追求美好生活等，在人类社会中有重要地位，发挥着重要的引导作用。中国先秦诸子的伦理思想源远流长、精深厚重，儒家、道家、法家与墨家等先秦哲人都留下了经典伦理著作，包括《论语》《道德经》《墨子》《韩非子》等，这些经典著作成为中国传统伦理文化的思想基础和智慧源泉。

伦理学在西方也是一门历史悠久的研究学科。“伦理学”在古希腊文中的原意是“家”“场所”与“住所”等，不断演变为现代英语的“伦理学”（ethics），进而引申为“风俗”“习惯”“性格”与“气质”等丰富含义。古希腊的哲人对伦理进行了广泛研讨，亚里士多德学派把哲学分为理论科学、实践科学以及艺术三大部分，伦理学属于实践科学的内容范畴，正是人类社会实践的重要目标，并留下《尼各马可伦理学》《欧台谟伦理学》等经典著作。他在《尼各马可伦理学》中说：“伦理德性则是由风俗习惯熏陶出来的，因此把‘习惯’（ethos）的拼写方法略加改变，就形成了‘伦理’（ethike）这个名称。”[②] 当然，这些经典著作都是对传统农业社会的伦理研究。网络社会的历史时空虽然短暂，但较之传统社会发生了巨大变化，因而网络传播伦理也要紧跟时代变革开展深入研究。

不管是伦理道德还是伦理现象、伦理生活，都决定了伦理学是一门永远与个体或者群体有着最为紧密关系的学科，起着探究人伦之理、求人之大道和育人之德以及构建安身立命的精神空间的重要作用。伦理学是一种精神价值观层面的自我约束和社会认同体系，在社会个体与群体交往之间建构具有通约性的规则制度。由此而论，有学者给伦理学的定义为：“一门研究人的个体与类所形成并不断发展的伦理道德生活及与伦理道德生活密切相关的伦理道德问题和现象及其发展规律的学问，一门研究伦理道德生活及其所需要的道德原则规范和道德品质或德性的学问，一门通过伦理道德问题、伦理道德现象、伦理道德生活等的研究更好地使人成为人和实现人的价值的学问。”[③] 也就是说，伦理学是指人与人之间、人与社会之间、人与自然之间用道德手段加以调节的各种关系，以及处理人伦关系中应当遵循的基本道理和公共规范，进而引申出自律性的伦理道德和强制性的法律规范，对人类各种行为举止进行自律约束和他律规定。

---

① 黄建中．比较伦理学［M］．济南：山东人民出版社，1998：21－22.

② 亚里士多德．尼各马可伦理学［M］．苗力田，译．北京：中国社会科学出版社，1990：25.

③ 王泽应．伦理学原理［M］．北京：中国人民大学出版社，2021：3.

二、法学

法学在中国也是一个古老的研究领域。法学在人类社会中占据特殊地位，并发挥着重要的社会作用。“法”字在古代汉语中写成“灋”，《说文解字》中解释道：“灋，刑也，平之如水，从水；廌，所以触不直者；去之，从去。”儒家、法家等先秦哲人流传下《论语》《道德经》《商君书》和《韩非子》等经典著作，成为中国传统法律文化的思想基础和智慧源泉。儒家强调伦理道德在修身齐家治国理政中的重要地位，凸显道德感化的人文作用，主张“德主刑辅”。法家强调法律的强制作用，主张依法治国、严刑峻法，以商鞅、韩非的“明法审令”“事皆决于法”等观念为官方思想，法学作为刑名法术之学的传统得以确立。道德与法律，一个是精神行为层面的约束，一个是身体行为层面的规定。两者相结合，一内一外，内外兼用，使社会秩序得到稳定发展。在中国封建社会的历史长河中，一边是用儒家文化的伦理道德在教化民众遵守行为规范，一边是用法家的法律条文在规训群体和惩戒犯人，法家的法律规范更是历代君主乐此不疲的管制手段。历史上很多刑法往事，像“株连九族”“谋反罪”“五马分尸”等刑名，其问责之重、牵涉之广、诛杀之严厉，让人触目惊心。因此，“法学是具有明显阶级性和政治性的社会科学，从中能反映出社会各阶层和不同利益群体的价值观及其多方面的需求”①。

法学在西方也具有悠久历史，古希腊的哲人对法理学也进行过深刻思考，对自然法、政体、法律正义等法律问题展开了深入论述。在古希腊苏格拉底、柏拉图、亚里士多德等思想家的著作中，包含了许多对法律问题的重要理性思考。在西方象征法律精神的是正义女神，其左手拿着天秤（Libra），以象征公正与平等，右手拿着宝剑，以象征裁决和正义力量，蒙蔽两眼以象征公正无私、不受外界干扰。因为“在法的各种价值目标体系中，正义是一种综合性的、整体性的价值。可以说，正义是法的最高价值目标，在这个价值目标之下，综合衡量协调诸如秩序、自由、平等、效率等具体价值目标”②。公元426年，罗马皇帝颁布《引证法》，正式承认五大权威法学的法律解答具有法律效力，从而提高了法律的神圣地位，实现了法学从理论思考到社会生活中的实践应用。恩格斯还从社会发展的进程视角解释了法律规则产生的科学原因：“在社会发展的某个很早的阶段，产生了这样一种需要：把每天重复着的产生生产、分配和交换用一个共同规则约束起来，借以使个人服从生产和交换的共同条件。这个规则首先表现为习惯，不久便成了法律。随着法律的产生，就必然产生出以维护法律为职

---

① 孙国华，朱景文．法理学［M］．第五版．北京：中国人民大学出版社，2021：2.
② 孙国华，朱景文．法理学［M］．第五版．北京：中国人民大学出版社，2021：67.

责的机关——公共权力，即国家。”[①] 西方从文艺复兴和启蒙运动以来，在社会生活运行中不断实施法律规范，特别重视、研究法律和传播法律理念，这是西方文明给人类社会的重要贡献和价值引导。当然，我们也要认清西方法律规范产生于西方文明社会的土壤和历史空间，借鉴学习其有益部分，合理参照西方法律思想，但不能照搬照抄和机械化套用，以免产生“南橘北枳”的效果。

三、传播伦理

从传统媒介的角度看，有学者对新闻传播中的伦理问题做过理论定义：“新闻伦理就是指在新闻传播机构中从事采写、编辑、信息交流沟通、宣传策划、出版发行、经营管理等方面工作的新闻从业人员在长期的职业实践中形成的调整他们之间及其与社会组织、公众之间相互关系的行为规范，亦即规范道德。”[②] 网络传播伦理与法规作为一种调整个体或群体行为的特殊行为规范，是网络社会各种关系的客观反映，同时也要根据网络社会变化来不断修改完善。从新媒体视角看，也有学者对网络传播伦理与法规做过定义：“传播伦理是指在传播活动中，贯穿传播主体、传播过程、传播行为、传播媒介整个过程所涉及的社会关系以及社会性行为的规则、秩序和道德规范，并且它会随着时间和社会的发展不断地变化和更新。”[③] 所以，随着网络社会的快速变化与网络传播伦理问题的不断出现，对网络传播伦理与法规还会有新颖的科学解释，这也是网络研究的客观需要，而不是用僵化不变的态度来对待网络世界。

为了有效指引新闻传播的实践工作高质量发展，1991 年，中华全国新闻工作者协会制定了《中国新闻工作者职业道德准则》（以下简称“准则”）。《准则》出台以来，先后经历了 1994 年、1997 年、2009 年、2019 年的四次修改。同时，我国网络社会的法律规范也在不断修订完善，特别是《中华人民共和国网络安全法》（以下简称《网络安全法》）、《中华人民共和国数据安全法》（以下简称《数据安全法》）、《中华人民共和国个人信息保护法》（以下简称《个人信息保护法》）和《中华人民共和国英雄烈士保护法》（以下简称《英雄烈士保护法》）等法律的出台，为各级司法机关开展网络层面的执法指明了正确方向。如今，网络传播伦理与规范已渗透于整个网络社会的不同生活层面，以善恶是非、真实虚假等概念评价人的性格行为或者群体的风俗习惯，自觉或不自觉地调整着人与人之间、个体与群体之间的各种关系，并通过宣传教育和舆论引导直接影响着网民群体的价值取向、信念感召和社会行为。深入研究网络社会的伦理道德和法律规范，及时回应网络时代的热点关切和治理难点，科学指导网络个体

① 中共中央马克思恩格斯列宁斯大林著作编译局. 马克思恩格斯文集［M］. 第 3 卷. 北京：人民出版社，2009：322.

② 陈绚. 新闻传播伦理与法规教程［M］. 北京：中国人民大学出版社，2016：3.

③ 徐敬宏，侯彤童，胡世明. 新媒体传播伦理与法规［M］. 北京：清华大学出版社，2023：25.

和群体的传播行为，需要从以下四个方面来理解它的内涵。

（一）网络传播伦理与法规具有社会伦理价值规范特征

网络社会和现实社会一样，同样需要对伦理价值进行约束。网络社会研究主要以广大网民与群体生活的基本规律和经验总结为己任，深入了解网络社会个体或群体生活运行的伦理规则，论述网民与群体的何种生活和行为动作才符合网络社会的伦理规范。探讨网络个体或群体为何要在信息传播中遵守伦理道德与法律规范，并对网民个体和群体在信息传播中的伦理矛盾和违法行为予以理论思考，进而对网络传播中的伦理失范和冲突现象进行公开批评和科学阐释，最终使网络传播这一虚拟于现实世界的独立传播行为更加符合现实社会伦理和法律规范。诚如吴飞所言："新一轮信息革命浪潮带来更为复杂的数据世界，如何掌控信息时代的数据运用，建立起合理的数据治理秩序，事关人的'在世存有'与'栖居'的根本。"① 网络传播伦理与法规研究是为了适应网络社会的特殊性，针对网络文明理性、价值前瞻与法规准则展开的理论思索，它对网络时代身份认同、生活行为、法律准则以及社会规范等方面的深度研究以及带来的伦理智慧，对网络传播中的隐私侵犯、造谣欺骗、合谋犯罪等方面的深度研究以及带来的法规思考，都是网络传播伦理与法规的理论研究表征。

（二）网络传播伦理与法规具有社会主义核心价值观特征

网络传播伦理与法规，无论如何多元化，具有什么特征，都必须坚持中国共产党的领导，必须以习近平新时代中国特色社会主义思想为指导，必须弘扬社会主义核心价值观，这是根本准则和应该把握好的方向。在网络社会，亿万网民与群体传播的多样化内容和多元化行为，本质上是他们内心世界和行为价值的生动表现，因而要积极倡导网络传播中真善美的行为规范，对那些传播正能量、说真话、讲实情、正义善举以及追求真理的行为给予正面肯定表扬；对那些制造谣言、虚假信息、侵犯隐私、窃取、诈骗以及组织犯罪的传播行为及时进行公开曝光和法律惩戒。诚如杜骏飞所言："社会治理的本质内涵在于：以多元治理取代传统的行政管理模式，以法治化、智能化、专业化、社会化代替官僚化、科层制的传统管理。"② 伦理价值是一种生活中实际践行的真善美，伦理价值可以分为感情价值、生命价值、精神价值等。真诚交往的感情价值能够让人在网络空间中不觉得那么冷漠无情，互助共赢的生命价值体现为网络社会的温暖源泉，崇德向善的精神价值指引着人们在网络社会的幸福追求，其主体就是众多鲜活的网络个体或者网络群体。网络伦理与传播行为、话语认同、情感表现紧密相连，网络传播伦理与规范就是要用这些价值来指引广大网民的社会行为，以真善美的行为共建共享网络社会。

---

① 吴飞．数据规则建立与完善之要义［J］．人民论坛，2023（07）：89－96.

② 杜骏飞．数字巴别塔：网络社会治理共同体刍议［J］．当代传播，2020（01）：卷首语.

(三) 网络传播伦理与法规具有法治思想特征

网络传播伦理与法规本质上具有规制性，这种规制是刚性的，不是伦理学层面的道德感召，因而网络传播伦理与法规主要是探讨规范人的行为的科学。要根据网络社会的生动实践来不断变革伦理与法规的内容意义，从新闻传播者的生活实践中去提炼伦理道德，从国家治理体系和治理能力现代化的规范角度去科学提炼符合网络群体生活的法律条款。这种带有自律性的伦理道德与强制性的法律规范共同组成网络社会的行为价值指向。《网络安全法》《数据安全法》《个人信息保护法》《英雄烈士保护法》《中华人民共和国反电信网络诈骗法》(以下简称《反电信网络诈骗法》)、《中华人民共和国未成年人保护法》(以下简称《未成年人保护法》)和《中华人民共和国民法典》(以下简称《民法典》)等法律法规的出台说明，网络传播伦理与法规不仅是理论科学和价值科学，更是一门实实在在的行为规范科学，与亿万网民生活和社会群体实践紧密相关。诚如王利明所言："互联网立法应当重点规范当前迫切需要立法解决的重大问题，将其纳入专门立法的议事日程。在进行操作时，应以问题为导向，梳理既有法律规则无法有效解决的问题，总结网络技术的自身规律，斟酌市场的发展需要，制定具有实际可操作性的规则。"[①] 因此，网络传播伦理与法规的研究内容需要不断探索线上网络空间与线下现实社会的新问题、新现象与新变化，进一步在道德价值和法律价值的基础上找到网络传播的基本规律，从而科学提炼出适合网络社会的、符合大多数网民利益的行为规范，并且实施相应的法律规范。

(四) 网络传播伦理与法规具有实践指引特征

网络传播伦理与法规最终呈现为网络行为的规范操守，具有实践指引特征。在网络社会，网络传播伦理与法规虽然是理论科学，但理论的总结提炼更需要深入现实生活和社会实践，不能只是从概念到概念的坐而论道，也不能从理论空谈理论。伦理道德与法律规范的重要价值和生命力在于能够指导社会实践，伦理法规只有融入网络社会运行才有现实意义，只有在指引广大网民与群体的行为规范中才会产生影响力。德国伦理学家包尔生说："伦理学属于实践的科学，它的职能就是展示人生必须以何种方式度过，以实现它的目标或目的。因此，它是处于实践科学之首，在某种意义上囊括了它们。因为所有的技艺根本上都服务于一个共同的目的——人生的完善。"[②] 网络传播伦理与法规是为了让人在网络交往中能够完善自身，让人在网络社会的信息互动中更加美满幸福，既指引广大网民与群体借助网络媒介愉悦生活，又规制广大网民与群体的违规违法行为。这不是为了制约传播者自由造成僵化暮气的封闭局面，而是为了营造风清气朗的网络空间。因此，网络传播伦理与法规是理论科学、价值科学、规范

---

① 王利明. 论互联网立法的重点问题 [J]. 法律科学(西北政法大学学报)，2016 (05)：110-117.

② [德] 包尔生. 伦理学体系 [M]. 何怀宏，廖申白，译. 北京：中国社会科学出版社，1989：7.

科学与实践科学的有机统一。

案例 2-1

演员孙红雷诉游戏公司声音侵权案一审宣判：被告赔礼道歉并赔偿 3 万元

2023 年 10 月 13 日，记者从成都铁路运输第一法院（成都互联网法庭）获悉，成都互联网法庭对其审理的全国首例影视剧台词声音权纠纷案进行宣判。

该案因二被告游戏公司分别在其运营上架的网络游戏中使用原告演员孙红雷影视剧声音片段而起。原告诉称，二被告未经其授权，以营利为目的开发并设计案涉游戏，客观上构成对其声音权益的侵害，并且此款游戏中使用原告的人格元素塑造坏人形象，同时侵害了原告的一般人格权，遂请求法院判令二被告公开赔礼道歉并赔偿原告经济损失及精神损害抚慰金。

成都铁路运输第一法院（成都互联网法庭）经审理认为，自然人的声音和肖像作为自然人的人格标志，具有人格权属性。二被告未经孙红雷本人同意，也未取得孙红雷许可使用的影视作品著作权人授权同意，在开发、制作、运营的游戏中使用其声音，构成声音权益侵权。但游戏中人物形象设计来源于影视作品角色设定，在游戏制作中未明显偏离原剧设定。在客观表现上案涉游戏角色指向的是影视剧人物，一般公众的理性认知并未将反派形象的游戏角色识别为孙红雷本人的社会认识和评价，基于识别指向关系的中断，不构成一般人格权侵权。法院一审判决二被告向原告赔礼道歉并赔偿原告经济损失 3 万元。

此前的 9 月 25 日，成都互联网法庭开庭审理了全国首例影视剧台词声音权纠纷案。

因演员孙红雷认为《西瓜摊主大战买瓜人》游戏软件中使用了自己参演的影视剧《征服》经典桥段中的台词声音，所以将该游戏的开发商成都睡神飞科技有限公司和供应商北京睡神飞科技有限公司起诉至法院。

演员孙红雷认为，成都睡神飞科技有限公司、北京睡神飞科技有限公司未经其授权，以营利为目的开发、设计该款游戏，客观上构成对其声音权益的侵犯。另外，该款游戏设置了并非属于孙红雷的“人设”。游戏中，孙红雷的人格元素被塑造成了在社会上打架、寻衅滋事的坏人形象，其人格尊严未被尊重，客观上构成对其一般人格权的侵犯。①

在网络社会，每个人的身份形象都要受到保护，不管是平民百姓还是官员、明

① 张庭铭．演员孙红雷诉游戏公司声音侵权案一审宣判：被告赔礼道歉并赔偿 3 万元［N］．环球时报，2023-10-13.

星或企业家，他们的身份形象和隐私信息保护权都不能随意被侵犯。在网络传播中，任何公司的法人或者技术人员都要遵守伦理道德和法律规范，这是生活常识和基本规则，但社会上总有些个体或者平台公司，为了获取利益对网络伦理道德随意践踏，甚至是明目张胆地违法犯罪，丧失法律意识和敬畏之心，这是必须让我们引以为鉴的网络传播生态。

第二节　网络传播伦理与法规的研究内容

网络传播伦理与法规，顾名思义就是研究网络传播行为中的伦理道德与法律规范。互联网传播的雏形是1969年诞生于美国的阿帕网（Advanced Research Project Agency network，简称ARPAnet），这一设计目标是为了应付战争，即使它受到外来突然袭击，网络平台也还能正常运行工作，因为计算机可以通过任一路由而不是固定路由发送信息。1974年，科学家文顿·瑟夫和鲍勃·坎提出了TCP和IP协议，进而成为互联网的标准协议，这是网络技术史上质的快速飞跃。从人类传播史上看，先进技术在推动新闻传播方面发挥着重要作用，中国宋代毕昇的活字印刷术、德国古登堡的金属活字排版技术、当代王选的激光照排技术、现代广播影视方面的通信技术，有效促进了新闻传播事业的发展，而互联网更是信息传播技术的先进代表。早期网络传播主要仅限于国防、教育以及科研等专业特殊领域，随着信息技术的各种潜力被充分挖掘和释放，逐渐从专业领域应用到寻常百姓家。互联网进入大众领域与1989年科学家伯纳斯·李创造构建的万维网（world wide web）紧密相连，万维网从根本上为互联网成为一种大众媒介奠定了坚实基础，因而伯纳斯·李又被称为“互联网之父”，2012年伦敦奥运会开幕式上专门安排了向他致敬的精彩节目。万维网浏览器是一种图形化的网络操作界面，打破了必须使用指令才能执行网络操作的专业使用局限，使互联网的操作走向简单化、大众化、便捷化，进而使得互联网的所有信息能够相互连接，变成了一个统一的网络世界和信息海洋。

中国在1994年4月20日接入国际互联网，这是一个既普通又特殊的日子，标志着世界上人口最多的国家进入了新媒介领域。“特别是海量性、时效性、互动性等优势，更使互联网逐渐成为大众传播的重要媒介，互联网在政治、经济、文化等领域的影响力也在日益增长，而这背后，也有商业力量的推动。”① 2004年，互联网又开始新一轮技术变革，特别是调动亿万用户参与的Web2.0时代，让每个用户都可以从博客、维基、SNS、微博、微信、短视频等社交平台中找到自己的职业乐趣，或者加入不同

① 彭兰．网络传播概论［M］．第5版．北京：中国人民大学出版社，2023：5．

的血缘、地缘、业缘与趣缘群体，并通过各种应用方式把网民与互联网之间的关系建立得更加牢固和密切。在社交媒体时代，“社会化媒体不仅为普通人提供了社交的平台，带来了丰富的内容资源，它也在改变人们获取信息的路径，社交网络成了公共信息传播的主要渠道之一。”① 我们一方面欣喜地看到了亿万网民传播的海量信息和丰富内容；另一方面也发现了不同传播者在动机行为、价值诉求、素质情况、年龄区间、区域空间等诸多影响因素下，极易造成互联网信息鱼龙混杂、泥沙俱下的客观场景。

一、网络传播伦理与法规的基本准则

在大众报刊时代，人们的信息消费是私人化的空间，报刊上的信息传播可以只让读者翻看；在广播电视时代，新闻信息走向公共传播空间，既有丰富的视听内容，也会夹杂无法选择的广告。广播电视的广告要经过审核才能播放，因而会在最初的准入门槛上守住伦理道德，遵守法律法规；而网络传播平台则在不断突破媒介伦理与法规边界，信息发布很便捷，监管不到位，导致有些人越发大胆地肆意妄为，蒙欺拐骗现象让人触目惊心。彭兰认为：“在认知层面，现实空间与‘拟态空间’的冲突，会影响人们对社会环境、生存环境的认知。进一步，空间带来的冲突，也可能体现为人们的社会角色、自我认知、身份认同、生存实践等方面的冲突或纠结。”② 这些伦理冲突与法规矛盾，正是网络传播伦理与法规的研究方向，也是必须解决的现实问题和突出矛盾。由于网络社会生活关系到亿万网民的隐私权利与健康生活，关涉网络安全与社会稳定发展，因此，国家也要根据网络社会的发展变化，适时出台符合网络社会发展的法律法规，进而引导与促进网络社会的健康有序发展。

《中国新闻工作者职业道德准则》1991 年出台后，分别于 1994 年、1997 年和 2009 年进行了三次修订。2019 年 11 月 7 日，中华全国新闻工作者协会第九届全国理事会第五次常务理事会对《准则》又进行了修订，首段内容如下：“中国新闻事业是中国共产党领导的中国特色社会主义事业的重要组成部分。新闻工作者坚持以马克思列宁主义、毛泽东思想、邓小平理论、‘三个代表’重要思想、科学发展观、习近平新时代中国特色社会主义思想为指导，增强‘四个意识’，坚定‘四个自信’，做到‘两个维护’，牢记党的新闻舆论工作职责使命，继承和发扬党的新闻舆论工作优良传统，坚持正确政治方向、舆论导向、新闻志向、工作取向，不断增强脚力、眼力、脑力、笔力，积极传播社会主义核心价值观，自觉遵守国家法律法规，恪守新闻职业道德，自觉承担社会责任，做政治坚定、引领时代、业务精湛、作风优良、党和人民信赖的新

---

① 彭兰. 网络传播概论［M］. 第 5 版. 北京：中国人民大学出版社，2023：6.
② 彭兰. 网络传播概论［M］. 第 5 版. 北京：中国人民大学出版社，2023：41.

闻工作者。”①

二、网络传播伦理与法规的理论阐释

《准则》是网络传播伦理与法规的基本规则，其中一共有 7 个大方面 31 条小准则，这些内容逻辑严密、环环相扣，与时代同步发展。

（一）对“全心全意为人民服务”的理论阐释

这主要是对网络传播从业者的伦理与法规要求，要求新闻采编和信息传播从业者，必须以人民为中心的服务精神来对待新闻传播工作，体现了网络传播工作的严格性、高度性与神圣性。要做全心全意而不是马虎大意的信息传播者，就应该以人民为中心去做网络传播者，做忠诚爱国、面向基层、直面现实、反映群众呼声的新闻采编者。体制内的媒介工作者要认真理解党和国家新闻传播事业的重要性，发扬全心全意为人民服务的职业操守精神；体制外的广大自媒体人也要深刻理解为粉丝群体优质服务的朴实道理，并真正去坚持践行这种精神，把这种精神具象化与可感知化。

（二）对“坚持正确舆论导向”的理论阐释

网络传播伦理与法规必须坚持中国特色社会主义发展方向，必须铸牢中华民族共同体意识，确保国家政治安全和意识形态阵地安全。这要求网络传播者对自己的传播内容负责，认真把握新闻采编与信息传播中的政治方向、舆论导向、价值取向。在新闻信息传播中常会遇到“有心栽花花不开，无心插柳柳成荫”的舆论效应，由于传统媒介有着科学成熟、程序完善的信息把关机制，因而舆论错误和负面效应相对较少。但在新媒体时代，由于自媒体人的政治认知、媒介素养、法治意识与文化水平参差不齐，部分人轻视政治思想、法律规范、历史文化以及科学常识等方面的学习，再加上缺乏健全的“三审三校”信息审核制度，导致一些自媒体人为了吸引粉丝和抢占流量而丧失原则，给社会带来了恶劣影响。他们抱着娱乐搞笑和调侃戏谑的态度对待新闻事件，甚至极力消解新闻事件的正面宣传效果，通过丑化英雄形象、挑起网络争端引发舆情。在网络环境中，其传播极易在自身的名人效应之下引发更多无知网民的跟随，对主流文化产生侵袭。

（三）对“坚持新闻真实性原则”的理论阐释

真实性既是新闻信息的生命线，也是网络传播伦理与法规的规范要求，更是每个新闻采编人员与网络传播者不能越过的底线。要杜绝虚假新闻和不良信息，时刻遵守新闻真实性原则，可以看这些报道是否具备“5W”要素，即何时（when）、何地

---

① 新修订的《中国新闻工作者职业道德准则》公布［EB/OL］.（2019－12－15）［2024－03－28］http：//www.xinhuanet.com/politics/2019-12/15/c_1125348514.htm.

(where)、何事(what)、何因(why)和何人(who)。信息传播者应该有较高的文化修养、科学常识和其他领域的知识本领，既要做到不造谣、不信谣、不传谣，也要努力成为信息传播的辨识者、核实者和智慧者，让“谣言止于智者”。在网络传播世界中，一方面无门槛的传播主体在发布网络信息时并不具备对新闻真实性的核实过程，往往容易混淆新闻和观点，甚至出现以观点取代新闻的形式，使网络信息的真实性受到冲击；另一方面，网络多节点传播的同时也是瞬时传播，任何一则网络信息都可以通过点赞、转发、评论等随手而为的行为被赞同、被扩散，假信息也会因获得部分人群的注意而在短时间内以高点击率的形式被曝光，甚至被赋予“多数人赞同”的假新闻外衣为他人所相信。因此，当网民拥有更多知识素养和生活智慧时，一旦发现假消息和假新闻，就应该去合法举报或者据理驳斥，让虚假消息及时停止传播，这是网络社会每个人都应该践行的新闻精神。为了构建一个真实可靠、可亲可信的网络传播环境，任何传播者都不能为了追求流量而忘记新闻真实性的基本原则。

(四) 对“发扬优良作风”的理论阐释

网络传播伦理与法规同样也有职业道德、职业操守和优良作风等方面的要求。优良作风就是要求每个传播者应该向先辈新闻工作者看齐，发扬见贤思齐的新闻从业者精神，实事求是，开拓创新。中国共产党成立100多年来，涌现出邹韬奋、邓拓、范长江、范敬宜等一批批优秀的新闻工作者。他们在新闻传播中坚守理想信念与践行优良作风，并倾情培养媒介后人，不断提升我国新闻媒体的传播力、引导力、影响力、公信力，这离不开优良作风的传承发扬与价值引导。在新媒体时代，同样需要弘扬“铁肩担道义，妙手著文章”的新闻职业精神，做好“耳目喉舌”，坚持“三贴近”，发扬“走转改”的工作作风，不断增强新闻工作者的脚力、眼力、脑力、笔力。在“乱花渐欲迷人眼”的网络时代中，新闻工作者要能大浪淘沙，将更多符合多数人价值取向和利益连接点的信息择取出来，维护好每个网络用户的知情权、参与权、表达权和监督权。

(五) 对“坚持改进创新”的理论阐释

要繁荣网络文化，就应该注重网络传播的理论创新和实践创新。创新永无止境，这要求每个新闻采编人员和网络传播者以精益求精的态度对待信息传播活动，不断改进提升和创新工作。诚如彭兰所言：“在一个边界消融的时代，专业媒体需要有更多的自我变革的勇气，但也需要坚实自己的专业角色。而专业性的重塑，是多种力量参与的协作过程，每一种力量都需要承担对未来的责任。”① 新闻传播工作者只有不断守正创新，既坚守传统媒体的精品理念，也积极拥抱新媒体的技术创新精神，不断适应新

① 彭兰. 网络传播概论 [M]. 第5版. 北京：中国人民大学出版社，2023：298.

时代网络场景之下的媒介使用规则，不断学习和自我革新，才能摆脱新闻从业危机，担当好网络社会的新闻传播责任，这也是网络传播的基本伦理精神。

（六）对“遵守法律纪律”的理论阐释

网络传播伦理与法规具有双重性指向：一方面要遵守《中华人民共和国宪法》（以下简称《宪法》）这个根本大法；另一方面要遵循《网络安全法》等专门的法律法规。新闻工作者虽然不是专门从事法律工作的，但作为媒介从业者，也要认真学习了解法律规范。对于我国的《宪法》《网络安全法》《数据安全法》《个人信息保护法》《反电信网络诈骗法》和《民法典》等法律规范，新闻工作者都要深入理解并以此来规范传播实践。近年来，信息传播人员中违反社会伦理道德甚至触犯党纪国法者有所增多，党的十八大以来被抓捕审判的一些媒介贪腐者和网红达人说明，他们有可能成为道德伪君子和违纪犯法者，例如网红人物也可能成为偷税漏税的违法犯罪者。不管是在传统媒体平台工作，还是在新媒体平台工作，传播者都不能违背社会伦理道德和国家法律规范，而是要做到遵纪守法和表里如一，否则也会受到道德谴责和法规惩戒。法律面前人人平等，没有特殊公民。

（七）“对外展示良好形象”的理论阐释

网络媒体是数字时代的一种传播平台，网络传播伦理与法规的基本准则，也要求必须弘扬正能量，展示良好形象，网络媒体不能成为恶意攻击他人的武器。新媒介不仅在国内网络空间传播，当媒介传播主体传播的信息有重要价值，或者传播主体成为网红人物后，还有可能扩展传播到海外去。在互联网时代，信息传播早已超越网络诞生之初的场景，线上网络空间与线下现实社会正在交融。网络空间作为和现实社会的互动延伸，具备现实社会活动中的所有要素，是真实社会人际交往和互动空间的拓展。这要求每个信息从业者在对外传播中必须注意自己的言行举止，遵循伦理规范。传播者既可能是这个城市或部门的网红形象，也可能给这个地区或单位带来负面影响。从国家形象的传播角度来看，互联网早已超越国界，因而如何把中国可亲近、可信任的立体化形象传播到海外去，讲好中国故事，传播好中国声音，也是新时代赋予网民的崇高使命和责任担当。

《准则》有 7 个大方面 31 个小准则，既是中国新闻工作者工作实践中的行为规范，也是网络传播人员必须遵守的基本准则；既适用于传统媒体工作者，也可以约束网络社会的传播行为。每一个网络传播者，都应该把遵守这些准则内化于心、外化于行，共同推动中国新闻传播事业的健康有序发展，展示新闻传播者的良好风尚。这是网络时代每个传播者的责任担当，也是我们对共建共享美好社会的共同追求。

案例 2-2

“网红校长”郑强婚内出轨？警方：造谣者已被抓

2023年10月10日，有网友发文称举报太原理工大学党委书记郑强婚内出轨，引发广泛关注。11月30日晚10时许，晋中市公安局高校分局就此案发布警情通报，通报显示，10月12日，晋中市公安局高校分局接到辖区太原理工大学郑某报案，称其被他人在网上造谣诽谤。经公安机关查明，甘肃籍人员吕某某在10月10日为达到个人不法目的，捏造郑某虚假信息在互联网平台发布，引发大量转载、评论，严重损害了郑某的名誉，造成恶劣社会影响。目前，警方已对吕某某依法采取刑事强制措施。

此前媒体报道，10月10日晚，一位昵称为“华趣”的网民在社交平台发文，举报称郑强教授婚内出轨、包养情妇。该网民称，2015年，他发现教授郑强婚内出轨，包养其女友。他和女友本打算结婚，然而郑强的出现破坏了两人的关系。

10月12日，“郑强教授”微信公众号发布声明称，近期在网络上进行发布和传播虚假信息的账号“华趣”，现已证实其发布人实名认证为吕某，系刑满释放人员，所发布的全部文字与图片内容均为恶意编造、虚构的不实信息。

郑强在声明中讲述事情经过：2023年3月，吕某开始以“粉丝”名义联系他，后来提出希望获得他的支持，实际是想让他出面担保借款1000万元。他拒绝后，吕某开始不断编造各种不实信息和证据，对他进行诽谤。他已收集和整理全部证据，交相关部门处理，并向警方报案。

公开资料显示，郑强为知名教授、博士生导师，教育部“长江学者奖励计划”特聘教授、国家杰出青年科学基金获得者、“新世纪百千万人才工程”国家级人选，发表出版过众多重量级的论文与专著，享受政府特殊津贴，是高分子合成与功能构造教育部重点实验室主任。郑强2012年6月任贵州大学校长、党委副书记，2016年12月任浙江大学党委副书记，2020年4月任太原理工大学党委书记。

在贵州大学任内，郑强被网友称为“最牛校长”“网红校长”，被评为“最受大学生喜爱的校长”。央广网评价郑强“不为名不为利，郑强为教育而‘红’，绝对是网红界的清流、网红天空颜色不一样的烟火。”①

在网络社会，面对郑强的突发新闻事件，网络传播平台上引起了激烈争论与流量喷发。作为一名高校管理者与科研达人，郑强的网络形象一直是饱满的正能量标识，因而长期在社会传播中得到青少年群体的热情追捧，也在网络平台上受到广大网民的

① 刘宜昕. “网红校长”郑强婚内出轨？警方：造谣者已被抓［EB/OL］.（2023-12-01）［2024-04-20］https://baijiahao.baidu.com/s?id=1784047150110824559&wfr=spider&for=pc.

热议。这次突然被一个叫“吕某”的网民泼脏水，与以往的人设形象构成鲜明对比，有人力挺与维护郑强的美好形象，认为人非圣贤孰能无过；有人觉得应该让子弹飞一会后再去查找真相。俗话说，人正不怕影子歪，随着公安机关的深入调查，相信事实的真相会水落石出。面对这样的网络突发事件，我们需要耐心等待，不要急于下定论，要以事实为依据，以法律为准绳去评判。山西省委的宣传部门不能打太极拳，实施鸵鸟行为，而是要及时召开新闻发布会澄清事实，阐述“强哥”事件的来龙去脉，进而提升省委与省政府的舆论引导力和社会公信力，给广大网民上一堂生动活泼的危机公关课与法治教育课。2023 年 11 月 30 日，山西晋中市公安局高校分局发布警情通报，“经公安机关查明，甘肃籍人员吕某某，2018 年因非法吸收公众存款罪被依法判处有期徒刑五年，2022 年 11 月 30 日刑满释放。2023 年 10 月 10 日，吕某某为达到个人不法目的，捏造郑某虚假信息在互联网平台发布，引发大量转载、评论，严重损害了郑某的名誉，造成恶劣社会影响。日前，吕某某因涉嫌犯罪已被公安机关依法采取刑事强制措施，案件正在进一步侦办中”①。“强哥”新闻事件告诉我们，在网络传播中需要担负法律责任，广大网民的眼睛是雪亮的。网络媒介在传播中会留下痕迹，尽管时间会悄然流逝，但传播技术会还原事件的真实面目。正义也许会迟到，但它不会缺席。

第三节　网络传播伦理与法规的社会影响

网络新闻与信息传播活动是一项具有广泛影响力的社会行为，网络新闻与信息传播者在采写、编辑、播报与共享等过程中体现出的伦理道德，具有重要倾向性与社会引导性，必须坚持社会主义核心价值观。我们要去认知网络社会交往的伦理与法规，进而探索与“解释社会的规则系统、正义的根据与社会合法性的支撑”②。凡是符合社会存在的伦理道德与法律规范的网络新闻采集与信息传播行为，即传播者在采写、编辑、转发新闻信息的过程中，其行为有利于他人或社会群体，能够给接收者带来积极正向的影响作用，这样的传播即是善意行为，即符合伦理道德的传播行为；另一方面，凡是不符合社会主义核心价值观与法律规范的新闻采集与信息传播行为，即传播者的行为有害于他人与社会大众，比如在采访或者信息传播中接受他人馈赠乃至贿赂，为了扩大负面影响而制造虚假新闻和谣言信息，这样的行为不仅有害于他人，还会

---

① 郎麒．山西警方：捏造太原理工大学郑某虚假信息的吕某某，被采取刑事强制措施［EB/OL］．（2023-12-01）［2024-01-01］https：//www.sohu．com/a/740572985＿362042?scm=1102．xchannel：325：100002.0.6.0.

② 吴兴明，邱晓林，卢迎伏，等．意义论、物感论、交往论：“新三论”重新解释世界——“新三论”会谈录［J］．中外文化与文论，2020（03）：1-12.

给他人与社会造成伤害和影响，这就是网络传播者不道德与违纪犯法的社会行为，会引发社会纠纷和法律追责。

一、网络传播伦理与法规的重要影响

网络传播事业不仅是一项传播新闻、单纯采集信息为主要任务的活动，它同时凸显出强大的舆论导向、宣传教化、价值功能以及社会影响力，因而决定了它在社会生活中所处的重要地位。习近平总书记指出："党的新闻舆论工作是党的一项重要工作，是治国理政、定国安邦的大事；做好党的新闻舆论工作，事关旗帜和道路，事关贯彻落实党的理论和路线方针政策，事关顺利推进党和国家各项事业，事关全党全国各族人民凝聚力和向心力，事关党和国家前途命运。"① 这些重要论述深刻阐明了新闻传播事业在网络社会中的重要地位。因此，新闻传播伦理与法规的社会影响也全面扩展到整个社会，从而对整个社会生活产生积极作用。

在网络社会，各类主体既在传播信息，又在扮演"把关人"的角色。他们面对纷繁复杂的海量信息，有着筛选与取舍大权。不管是网络平台还是广大自媒体，在信息传播扩散过程中都会把自己对信息的观点与态度用不同的方式传给他人，受众通过新闻媒介或者自媒体所获取的信息实际上是被加工过滤后的信息，而不是客观的原生态新闻或信息传播。网络新闻与信息传播者不是简单地复制事实或者被动地传播新闻信息，网络从业者在信息传播中的主观加工和价值嵌入是不可否认的行为。因此，新闻采编者与信息传播者在新闻传播中表现出的道德风貌与价值取向，都对整个社会的伦理道德发挥着重要的指向作用，所谓"铁肩担道义，妙手著文章"正是新闻传播人的价值追求。我们无法想象，在网络社会的信息传播过程中，一个道德败坏、利欲熏心、充满铜臭的人能采写出优秀的新闻稿件，他们的网络传播行为必定会突破伦理道德的良知底线，突破法律规范的红线规制。这些年来的网络虚假信息与网络诈骗团伙，特别是境外缅北地区的诈骗公司，害苦了许多个体，摧毁了许多美好家庭。2023 年暑假上映的电影作品《孤注一掷》引发了网络热议和观众追捧，其中的情节内容正是网络社会中众多诈骗与虚假信息事件的生动反映。因此，从网络传播意义上说，网络工作者的传播行为关系到亿万个体与千万家庭，与现实生活密切相关。如果网络媒介起到真善美的正向引导作用，那就会带动更多个体通过诚实守信的方式进行网络传播；如果网络媒介起到假恶丑的负面扩散效应，则有更多人盲目跟风走向歧途深渊。

二、网络传播伦理与法规的社会调节

网络传播伦理与法规是网络新闻与信息传播者的行为准则，它的调适作用需要依

① 习近平. 习近平谈治国理政（第二卷）[M]. 北京：外文出版社，2017：331 - 332.

靠沟通、教育、引导、激励和惩戒等手段才能发挥出来。通过调适，能够对网络传播者中个体和群体的不良行为进行纠偏，并对各方面的社会关系进行综合协调。在网络传播中的现实问题与复杂矛盾，除按照国家和政府部门颁布的法律规范来约束处理外，还要依靠伦理道德加以调适和解决。如果说伦理道德是治标，那么法律规范则是治本。两者结合才可以标本兼治。王利明认为："传统民法主要用来调整现实中的社会关系；进入数字化的网络时代后，现实世界与虚拟世界正在不断走向融合，从中所产生的虚拟世界的社会关系也成了法律必须予以调整的对象。"① 然而，无论是在体制内还是体制外从事媒体工作的人，在传播信息时都已经离不开互联网，都会经常遇到艰难与容易、顺利与逆境、辛苦与欢乐、现实与理想以及经济上的高收入与不稳定等现实矛盾。无论是个体还是群体，遇到这些矛盾时，都容易产生精神困苦和心理错位，造成思想上的苦闷、彷徨和空虚，难以感受网络传播的愉悦。这个时候，如果用强制性的方式往往起不到有效作用，还是需要用社会伦理道德对个体或群体在网络传播中的复杂现象进行回应。

在网络社会，网络传播的法规是以"必须怎样"的刚性尺度，通过评价与调适网络传播行为的现状，尽可能使网络传播现状符合应当状态；社会伦理则是软尺度，通过伦理规则来约束个体与群体行为。从调节方式上看，网络传播的调适作用通过诉诸新闻舆论、褒贬时事、互动沟通、教育感化等方式来实现，尤其是要唤起网络工作者的专业精神、客观求实、社会责任感和历史主动性，从而促使他们的传播行为更加符合法律规范。网络传播伦理与法规的存在既是辅正，也是纠偏。辅正是通过在网络传播伦理与法规的规则控制之下诞生的网络新闻或者网络信息，本身就具有符合社会主义核心价值观的色彩，能够起到功能性的示范作用，对网络中的环境予以正向弘扬；纠偏则是通过对部分违反网络传播伦理与法规的行为进行纠正，让更多的网民认识到互联网正确的使用方式，获知社会价值调节的科学方向。

三、网络传播伦理与法规的社会价值

许多优秀新闻工作者都经历过艰难的实践考验，并在磨炼中成就自己的人生价值。他们始终保持旺盛饱满的工作热情、振奋向上的精神状态和愉悦活力的工作心境，坚持采写、编辑与传播优秀的新闻作品，坚持传播有思想、有温度、有格局的优质信息，从而得到广大受众的同频共振与精神赞誉。顾理平认为："无论是传统媒体时代还是新兴媒体时代，文化艺术和体育领域都出现了大批'德艺双馨'的明星，他们用才华和人格魅力，吸引了大量的粉丝与追随者，为社会的文明与进步起到了积极的推动作用，网络语境下的传播者要从这些明星的身上获得启迪。媒介形象需要传播者共同来塑造，

① 王利明. 迈进数字时代的民法［J］. 比较法研究，2022（04）：17－32.

因为其是传播者整体素养、内在品德的外化呈现。”① 在网络社会，要想做一名“网红”人物，同样需要接受广大粉丝的质量考验和时空检阅，不能因为突然爆红就忘记初心，更不能背离为人民服务的核心宗旨。如果在伦理法规上做两面人，终归有翻车倒霉的一天。这些年的薇娅、郑爽就是典型案例，她们曾经是千万粉丝的追捧对象，但因为偷税漏税的侥幸心理，一味追逐网络世界的虚假流量，而忽视流量背后的道德品质，这既违背了网络传播的伦理诚信，还涉及违法犯罪，从而失去了粉丝的追求和信任，被社会所淘汰。

纵观古今中外新闻传播事业的进步发展，都需要新闻传播工作者的精湛技能、社会责任感和对社会生活的敏锐感悟力，这些优秀素养正需要新闻传播伦理与法规的指引作用。诚如杜骏飞所言：“人类正在发生的数字化历史，预示着人被数字科技所支配的危机；当实在的人类走向虚实相生、人机并存的数字化新人类时，不要只问数字科技何以可为，还要追问自然的人何以可能。”② 不管是在体制内从事新闻传播工作，还是在体制外经营自媒体，都需要严谨求实的工作作风、大公无私的敬业精神、认真执着的专业态度。网络传播伦理与法规具有一种形象化、共情化与价值化的指引力量，真切召唤着每个网络传播工作者的价值方向，引导网络传播事业沿着正确道路前进，对网络传播高质量发展具有重要作用，对于以精神力量推动实现中国式现代化也有积极作用。

案例 2-3

退休不是护身符　反腐没有休止符

廉洁深圳网 2023 年 10 月 10 日通报，深圳市纪委监委日前对深圳市原交通局货运管理分局局长钟庚赐严重违纪违法问题进行了立案审查调查，决定给予钟庚赐开除党籍处分并降低退休待遇、收缴违纪违法所得。

此前，网名为“北极鲶鱼”的女子炫富言论引起社会舆论持续关注。在 6 个多月的查处过程中，广大群众特别是不少网民对案情调查进程高度关切。记者向深圳市有关部门核实确认，钟庚赐为网民“北极鲶鱼”的爷爷。深圳市纪检部门最终查明，钟庚赐严重违反党的政治纪律、廉洁纪律，并构成严重职务违法，应予严肃处理。

钟庚赐于 2007 年 11 月退休，16 年后依然受到党纪国法的严惩。腐败分子不管埋多深、藏多久，终究躲不过群众的眼睛，逃不过党纪国法的惩罚。党员干部必须时时自省自警自励，严防思想蜕变，方能善始善终。反之，放松对自身的要求，触碰党纪国法红线，难免晚节不保，身败名裂。

贪欲难遏，往往导致家风不正；家风败坏，又必然助长领导干部在腐败的泥

① 顾理平. 从明星人设崩塌看个人媒介形象的建构［J］. 视听界，2022（01）：126.
② 杜骏飞. 数字交往论［M］. 南京：江苏人民出版社，2023：192.

潭里愈陷愈深。在“北极鲶鱼”网上炫富的种种荒谬言论中，其严重的家风问题可见一斑。党的十八大以来，党中央把领导干部家风建设纳入作风建设范畴，并通过党内法规的形式予以制度化。严家教、正家风不仅是道德规范，也是纪法要求，更应成为广大党员干部的自觉。无论是党员干部还是其家属，都要注重家庭家教家风建设，清白做人、勤俭治家、干净做事、廉洁从政，把好权力关、亲情关，守好家庭这道拒腐防变的重要防线。

揪住社会关切的腐败线索一追到底、一查到底，事关党和政府公信力，不仅是群众期盼，也是深入开展反腐败斗争的关键一环，还是检验反腐成效的重要试金石。钟庚赐被依纪依法惩处，传递出一个鲜明信号——退休不是护身符，反腐没有休止符。当前，反腐利剑持续高悬、监督手段不断丰富、监督精度不断提高、查处力度不断加大。广大党员干部要对党纪国法常怀敬畏之心，自觉弘扬清廉之风，当好良好政治生态和社会风气的引领者、营造者、维护者。①

“北极鲶鱼”的炫富新闻事件告诉我们，在社会主义法治中国，每个个体无论家庭背景、文化素养、成长之路如何，都能够被赋予平等的权利在网络世界之中进行讨论。每个网民背后都代表着一个群体，而专业化、高知性群体，更应承担起属于自身的社会责任，以高度的伦理道德感、清晰的法律规范性，发挥好优良的家风家教，成为风清气正网络社会氛围的贡献者。否则，闹出网络公共传播事件后，轻则会受到广大网民的伦理批评与道德谴责，重则会受到党纪国法的公开审判和严厉惩戒。

关键词

概念意义；基本内容；影响作用

思考题

1. 如何理解网络传播伦理与法规的概念意义？
2. 如何理解网络传播伦理与法规的基本内容？
3. 如何理解网络传播伦理与法规的影响作用？

---

① 新华社记者．退休不是护身符 反腐没有休止符［EB/OL］．（2023-10-10）［2024-02-05］https://baijiahao.baidu.com/s?id=1779373816296065810&wfr=spider&for=pc.

扫一扫

拓展数字资源

第三章　网络传播伦理与法规的治理体系

随着信息技术的发展，网络传播逐步走向移动化、平台化和智能化，信息传播的渠道越发多样化、创新化，每个人都是网络传播中的生产者或接受者，也是网络传播的享有者或可能的受害者，这就给网络传播带来伦理冲突和安全风险，需要我们坚定地走伦理法规大道，如此才能建设健康有序的网络空间。习近平总书记指出："要依法严厉打击网络黑客、电信网络诈骗、侵犯公民个人隐私等违法犯罪行为，切断网络犯罪利益链条，持续形成高压态势，维护人民群众合法权益。要深入开展网络安全知识技能宣传普及，提高广大人民群众网络安全意识和防护技能。"[①] 在网络社会的运行中，由于传播动机、文化素质、技术掌控、年龄趣味等不同因素，以及传播主体的多元化，导致传播行为也具有不可控性，传播风险的系数在不断增大，包括消解传统社会伦理道德的风险，弱化社会人的主体意识的风险等，这进一步带来了网络传播中的伦理冲突与法治挑战。

第一节　网络传播伦理与法规的风险冲突

在互联网时代，网络传播虽然是在虚拟社会空间完成的个体或群体传播行为，但任何微小的传播行为都会在链条式的网络传播之中引发蝴蝶效应，依旧要遵循现实社会的传播伦理和法律规范，不能任由个体肆意放纵。尽管网民在传播中采用匿名性、隐蔽性的行为方式，但每个人背后都有真实的身份标识和 IP 地址，还有众多针对现实公民的法律条款规制，以及大数据信息在默默统计，更有广大粉丝的雪亮眼睛在关注，以及社会市场的调节手段和平台背后的审查机制。因而网络传播仍然需要坚守社会伦理与法规，不能随意去谩骂、侮辱甚至欺诈他人。个体或群体在隐匿传播中的肆意谩骂和欺骗行为会在网络社会中留下痕迹，会增加冲突风险系数，甚至引发网络暴力现象，这是需要预防的社会问题。

① 习近平．论党的宣传思想工作［M］．北京：中央文献出版社，2020：302.

一、客观真实与符号虚拟的冲突

网络平台每天都会产生海量信息，这些鱼龙混杂的信息一起涌入传播场域，让人眼花缭乱、目不暇接。如何判断这些网络信息的客观性、真实性、正向性，如何辨识网络信息的虚假性、隐瞒性与欺骗性，已成为网络传播时代必须解决的迫切问题。

网络新闻传播的客观性要求每个网络新闻传播者对事件本身进行客观描述，不能添油加醋，更不能随意加工。当然，也不存在绝对客观的描述，一切叙述都是主体的单向度描绘。此外，真实性是网络新闻的生命线和灵魂底线，但不少自媒体传播者为了达到哗众取宠和快速涨粉的传播效果，不惜违背真实性原则，采用虚张虚势的叙事手法和张冠李戴的腾挪手段对待新闻信息，这严重违背了网络新闻传播的真实性原则。网络新闻传播中的模糊性则是违背了“5W”原则，即对网络新闻事件中的何时（when）、何地（where）、何事（what）、何因（why）、何人（who）要素采取模棱两可的混接方式。网络新闻传播中的虚假性、隐瞒性行为的社会影响尤为恶劣，这是有意违背传播伦理与法律规范的行为，既存在传播者刻意传播虚假信息的行为动机，还有网络平台审核机制不健全等问题。有些新闻工作者为了追求传播速度，博取流量，违背了新闻传播中的“三审三校”原则，造成“欲速则不达”的负面效果。而网络新闻传播中的欺骗性问题，则是传播主体既没有伦理道德的意识导向，也没有法律规范的边界底线，在利益面前心存侥幸以身试法，产生恶劣社会影响的行为。由于在网络社会中，网络自由和网络犯罪的边界线存在一定的模糊性，导致违背伦理道德和违法犯罪的成本偏低。网络社会治理难以对人肉暴力中的每一个环节链条进行量罪定性，导致网络传播往往在“自由”外衣的假意下造成更多的社会“暴力”，与广大人民向往的美好社会还有较大差距，因而还需持续推进伦理教育和法规宣传，使之入脑入心。习近平总书记指出：“办网站的不能一味追求点击率，开网店的要防范假冒伪劣，做社交平台的不能成为谣言扩散器，做搜索的不能仅以给钱的多少作为排位的标准。希望广大互联网企业坚持经济效益和社会效益统一，在自身发展的同时，饮水思源，回报社会，造福人民。”① 这些年来，“凉山”网红事件和“缅北”网络诈骗案件深刻告诫我们，网络传播的伦理冲突与风险治理是网络社会必须直面的重要问题，尤其是针对网络信息客观性的真实要求与网络符号的虚拟性之间存在的结构性矛盾，必须进一步完善网络传播伦理和法规治理体系，才能有效协调这个矛盾冲突，建立风清气正的网络空间。

二、经济效益与社会效益的冲突

经济效益与社会效益往往容易形成冲突，这既是网络传播需要直面的困难，也是

① 中共中央党史和文献研究院．习近平关于网络强国论述摘编［G］．北京：中央文献出版社，2021：20.

我们必须应对和解决的问题。在网络传播中，从经济学的动机视角看，任何人都存有私心杂念，这是人作为动物的天然本性。特别是当个体或者群体受到利益诱惑时，常会把道德责任抛之脑后，甚至突破法律法规的红线边界。新媒体时代的信息传播不是单纯的精神产品，而是人在物质社会的第一需求和群体利益的客观诉求，这就要求网络传播者把握好经济效益与社会效益的平衡关系，不能为了经济利益忽略社会效益。如果单就奉行唯利是图、流量至上的价值取向，早晚会走向翻车落马的凄楚境地，最终被粉丝群体抛弃。在中国式现代化背景下，"新闻事业作为一种公益性社会文化事业和宣传舆论阵地，要承担相应的社会文化和政治功能，同时，传媒业作为一种文化产业，要实行企业化管理和市场化经营，讲求市场占有率和经济效益，必须处理好事业同产业双重属性的关系"①。在传统体制内的新闻传播者，受到政府的管制约束较多，大多数能较好地把握传播伦理与法规准则，但也要坚持学习伦理道德，提升文化修养，增强政治判断力和传播公信力，更要深入学习钻研法律并带头遵守规范，做个知行合一的网络传播者和管理者。党的十八大以来，有不少媒介管理者和"网红"官员落马。习近平总书记指出："有的修身不真修、信仰不真信，很会伪装，喜欢表演作秀，表里不一、欺上瞒下，说一套、做一套，台上一套、台下一套，当面一套、背后一套，手腕高得很；有的公开场合要党员、干部坚定理想信念，背地里自己不敬苍生敬鬼神，笃信风水、迷信'大师'；有的口头上表态坚定不移反腐败，背地里对涉及领导干部的问题线索不追问、不报告；有的张口'廉洁'、闭口'清正'，私底下却疯狂敛财。这种口是心非的'两面人'，对党和人民事业危害很大，必须及时把他们辨别出来、清除出去。"② 习近平总书记对这些口是心非的两面人进行了严肃批评。这些鲜活违法事例告诉我们，做新闻传播中的两面人早晚会露出马脚，必定会受到伦理道德的批评谴责，也必然会受到法律规范的严厉惩戒。只有把新闻传播的伦理法规内化于心、付之于行，才能让自己的新闻传播生涯散发熠熠光辉。

另外，在体制外的广大自媒体创作者和传播者，由于认真学习伦理与法规的程度不够深，受到社会伦理与法规的束缚较少，因而常会选择剑走偏锋、铤而走险的快捷路径。自媒体工作者梦想做个有百万甚至上千万粉丝追捧的网络红人，这本是自我的美好愿景与价值追求，也是网络强国搭建的创新领域和产业塑造，但真正的"网红人物"既要经受粉丝群体的时空考验，还要受到社会伦理和法律规范的实践检验。如今网络传播事业"内卷"也很严重，只有坚持做好业务内容，既不违背伦理道德，也不触犯法律规范，才能让自己的流量长久流淌，才能让自己的"网红"身份产生共情感。这是一份辛劳耕耘与责任担当的传播事业，唯有深刻认识肩负重任才能真正赢得粉丝

① 本书编写组. 马克思主义新闻观十二讲［M］. 北京：高等教育出版社，2019：63.

② 习近平. 在第十八届中央纪律检查委员会第六次全体会议上的讲话［N］. 人民日报，2016-1-12.

对“网红”人物的身份认同与文化认同。比如李子柒，其传播内容既包括山水文化，也有中国美食，还有风俗人情，通过不断创新策划，在国内外都有广大粉丝群追捧。这说明网络传播不是缺少素材，而是缺乏精益求精的工匠精神，缺少文化设计的创意。在任何一个网络主体播发内容之初，都会直接经历着来自网络市场的严格考验，如何在数以亿计的内容生产中脱颖而出，如何在“短平快”的碎片化传播中以质取胜，都是网络社会中的难题。创业起步往往如同“贫居闹市无人问”一样，在甘于寂寞中方能走出天地；当一个新的“网红”人物诞生之后，过度的曝光度和关注量都会将传播主体的一切信息放在互联网上进行审视。无论是主动包装自己塑造的媒介形象，还是为身边人口吻讲述后的真实存在形象，都会在网络中形成一个多方面的网络人物而被评头论足。网络个体成名后的言行举止就会受到万千关注，以往的传播历史与出行轨迹还会被人翻扒出来曝晒，能经受网晒方能成为真正的“网红”人物，不能经受网晒的公共人物就会遭受舆论批判，这就是网络媒介的道德检阅，更是网络社会的法规审判。在网络社会，不管你是做普通的网络传播者，还是想做超级“网红”人物，都要遵守社会伦理与法规底线。只有坚定守护好这个红线规则和空间秩序，我们才能在网络世界中健康生活；谁要违背网络传播规范和法治秩序，就会受到伦理谴责和法规审判。人人平等，没有例外。

三、流量至上与伦理道德的冲突

道德约束已渗透在社会生活的方方面面，网络空间也不例外。在网络传播时代，随着城市化、信息化的快速发展，如今城市已成为大量人口聚集的地方。在城市有限的空间里辛劳工作和幸福生活，就离不开新闻信息的相互传递和共享传播。在传递与共享过程中，要遵守相应的传播伦理与法律规范，没有传播秩序与法规维护，拥挤密集的城市空间就会陷入杂乱周遭的公共环境。网络传播既要宣传报道那些尊重公共伦理与法规的典型事件，给予一定的物质奖励和精神鼓励，也要曝光那些损害公共伦理与法规的新闻事件，让政府对这些新闻事件进行伦理批评和法规惩戒。不能让个人隐私、身份密码、肖像权等个体信息被随意暴露在公共空间，这需要城市空间保护个人信息和数据安全。在城市空间中工作生活，每个公民的信息传播都要遵守伦理与法规，如此才能维护城市空间的规则秩序和健康运行。王利明认为：“敏感性个人信息的界定不仅涉及对信息处理者的义务，而且涉及监管者如何制定相应的规则、履行监管职责等一系列问题，还关涉权利人在其敏感性个人信息受到侵害时的权利救济问题。敏感性个人信息并非使人高度敏感，而是因为其极易导致对信息主体的权益的侵害，因此法律需要对其处理设置特别的规则、提供特殊的保护。”① 网络伦理与法规是为了有效保护好芸芸众生的高效便捷生活，为了有效引领时代的健康发展。

如今，部分自媒体从业者心里只有“流量”二字，把伦理道德和法律规范抛之脑后，更不要说媒介责任和社会效益，这样的价值取向早已违背社会主义核心价值观。他们通过猎奇搞怪也许能蹭热度爆火一段时间，但此类“网红”人物在过度流量至上的错误导向下，极易走极端路线，引发网民反感，甚至引发政府部门的执法惩戒，终归是昙花一现。例如，2020 年广西南宁出现的一个“网红”周立齐，曾四次因犯盗窃罪被判处有期徒刑。2012 年，他在接受采访的网络直播中发出“这辈子不可能打工”这样极易引发好吃懒做、违法犯纪舆论氛围的言论，这是网络传播伦理和法规所不允许的。每个人能力有大小不同，人生价值也各有不同，可以选择去工地辛苦劳作，也可以选择去公司打工生活，但这个“网红”人物所倡导的偷盗之事和懒惰之风，显然是建立在侵犯他人利益基础上的不法行为。在网络时代，我们需要深切反省，为何像周立齐这样违背公序良俗的行为传播能使其成为“网红”人物，粉丝为什么不去热情追捧我们的科学家、企业家、文化学者以及诚实致富的众多劳动者？这不是一个网络流量的小问题，而是一个社会价值观塑造的大问题，深刻说明网络社会伦理和价值观念的教育残缺，更深刻警醒我们提升亿万网民的伦理道德和法规信念还任重而道远。

部分自媒体传播者在话语互动、图片扩散与视频共享等传播活动中，为了获取流量和扩大粉丝数量，常会采取夸饰化、低俗化、媚俗化与极端化的传播手段，不断触碰伦理道德与法规的红线底线。很多画面和视频还呈现出血腥味、暴力与戏谑样的局面，既违背了社会风尚与良俗正气，也给青少年群体带来心理伤害与价值误导。鲍德里亚曾说：“透过大众传播我们已经看到，各类新闻中的伪善煽情都用种种灾难符号（死亡、凶杀、强暴、革命）作为反衬来颂扬日常生活的宁静。而这种符号的冗长煽情随处可见：对青春和耄耋的称颂、为贵族婚礼而激动不已的头版头条、对身体和性进行歌颂的大众传媒——无论何处、人们都参与了对某些结构的历史性分解活动，即在消费符号下以某种方式同时庆祝着真实自我之消失和漫画般自我复活。”② 青少年群体的身心疾病既源于个人锻炼磨砺不够，还由于接触网络平台的负面内容。我们虽然不能直接阻止青少年接触网络媒介，但也决不能让技术工具来控制个体的身心健康与误导群体的价值指引，因为人本身才是媒介工具的掌控者，应该全面整顿网络平台，清理网络内容，安装上防火墙、密码锁和隔离栏，让网络内容更加健康向善、清朗气爽，进而综合施策治理好青少年群体的心理疾病和极端暴力等不良倾向。网络伦理与法规

① 王利明. 敏感个人信息保护的基本问题：以《民法典》和《个人信息保护法》的解释为背景［J］. 当代法学，2022（01）：3－14.

② ［法］让・鲍德里亚. 消费社会［M］. 刘成富，全志钢，译. 南京：南京大学出版社，2014：86.

的教育需要从青少年抓起，一直贯穿至中老年群体年段，因为不同年龄段的人群对网络媒介有差异化的认识。一些成人群体对网络依赖较为严重，也有不同程度的网瘾和伦理违法行为，部分成年人利用网络走向犯罪的倾向更强烈。同时，家长和学校老师要做好示范，真正担当起应有的管教责任；政府部门要真正带头落实网络传播伦理与法规，让网络伦理与法规成为“带电的高压线”，共同构建风清气正、规范有序的网络传播环境。

案例 3-1

“按键伤人”？让网暴者受到制裁、付出代价

2023 年 9 月 25 日，最高人民法院、最高人民检察院、公安部联合举行新闻发布会，发布《关于依法惩治网络暴力违法犯罪的指导意见》（下称《指导意见》）。《指导意见》坚持以习近平新时代中国特色社会主义思想为指导，深入贯彻习近平法治思想和习近平总书记关于网络强国的重要思想，对网络暴力违法犯罪案件的法律适用和政策把握问题做了全面、系统的规定，受到社会高度关注。

近年来，网络技术的快速发展在方便人们学习、工作、生活的同时，也在被一些违法犯罪分子所利用，尤其是网络暴力违法犯罪活动的盛行，既侵害了当事人的人格权，也严重破坏了网络生态、污染了网络环境，毒化了网络风气。人民群众对此反映强烈，社会各界也高度关注。

公安部法制局副局长孙萍在新闻发布会介绍：近年来，全国公安机关积极发挥职能作用，严厉打击各类网络暴力违法犯罪活动，以切实维护公民合法权益和正常网络秩序。除了开展“净网 2023”专项行动与夏季治安打击整治行动外，还发起打击网络暴力违法犯罪集群战役，重点是针对造谣传谣、人身攻击、“人肉搜索”等突出问题，挖掘幕后“黑手”和“推手”，分别侦破了网暴“湖北武汉被撞小学生妈妈”案、江苏无锡章某雇佣“网络水军”网暴他人案等社会关注度很高的案件。

记者采访了解到，在刑法上，网络暴力行为主要适用的罪名是侮辱罪、诽谤罪。根据刑法规定，侮辱罪、诽谤罪告诉的才处理，但是严重危害社会秩序和国家利益的除外。近年来，侮辱、诽谤刑事案件增长明显，其中大部分为网络暴力案件，与此同时，作出有罪判决的比例却很低。以诽谤刑事案件为例，2022 年人民法院一审收案 618 件，比上年净增近 4 倍，其中绝大多数是由被害人提交的自诉案件，由检察机关提起公诉的只有 29 件，仅占 4.69％。当年共审结诽谤刑事案件 587 件，其中，不予受理的 271 件，占 46.17％；驳回起诉的 110 件，占 18.74％；准予撤诉的 97 件，占 16.52％；作出判决的只有 79 件，仅占 13.46％，其中判决有罪的仅有 43 人。

“案件数量大幅增长、有罪判决极少的巨大反差，一方面与自诉人在确认网络暴力

侵害人、收集证据等方面存在现实困难有关，另一方面也与侮辱、诽谤刑事案件的公诉标准缺乏细化指引、‘门槛过高’有关。”最高法研究室副主任周加海分析道。

周加海介绍道，依法惩治网络暴力犯罪，关键在于要根据网络侮辱、诽谤的特点，进一步明确法律适用标准，畅通刑事追诉程序，为网暴被害人及时提供有效法律救济，让人民群众充分感受到人格权利受到保护、公平正义就在身边。

鉴于此，最高法、最高检、公安部立足执法司法实践，在中央网信办等有关部门的大力支持下，经深入调查研究、广泛征求意见、反复论证完善，共同研究制定了《意见》。《意见》制定过程中，“两高一部”向全社会公开征求意见，有关方面人士通过线上线下方式提出了5万余条意见建议，对修改完善文件内容发挥了重要作用。①

这次国家政法机关及时发布《关于依法惩治网络暴力违法犯罪的指导意见》（简称《指导意见》），正是国家政法机关直面网络传播伦理与法治现实问题的行为反应，既给全国各级人民法院、检察院以及公安机关提供了理论指引与法律遵循，也给众多网民以及媒介平台制定了法律准绳，每个网络世界中的传播主体都要对自己的传播行为担负责任。习近平总书记指出：“网络空间与现实社会一样，既要提倡自由，也要遵守秩序。自由是秩序的目的，秩序是自由的保障。我们既要充分尊重网民交流思想、表达意愿的权利，也要构建良好的网络秩序，这也是为了更好保障广大网民合法权益。”② 当然，面对网络传播中的伦理冲突和社会风险事件，各级政府部门首先要进行宣传教育。伦理和法规教育从青少年时期就要抓起，同时也要对中老年群体进行法治宣传，要对那些网暴典型事件进行法律惩戒。政法机关要去认真抓落实、公正执法，敢于较真碰硬。只有在网络执法中做到“杀鸡儆猴”，坚决制止“破窗效应”的负面扩散，让伦理道德和法律法规如同一把达摩克利斯之剑，悬挂在每个网络传播者的头上。

第二节 网络传播伦理与法规的失范行为

中国接入互联网30年以来，网络传播取得了辉煌成绩。截至2023年12月，中国网民数量接近11亿。网络媒介已延伸到千家万户，但也表现出诸多违背伦理与践踏法律的现实问题。如何发挥好网络媒介的优势作用，有效控制网络伦理与法规的失范问题，是迫在眉睫的艰巨任务与治理挑战。人类的新闻传播史，也是技术发明的创新史，

---

① 徐日丹. “按键伤人”? 让网暴者受到制裁、付出代价! [N]. 检察日报，2023-9-26.

② 中共中央党史和文献研究院. 习近平关于网络强国论述摘编 [G]. 北京：中央文献出版社，2021：66.

每项传播技术的创新发明都推动着人类社会的新生活与新情境，但任何技术发展都是技术红利与技术缺陷的辩证统一。技术发明在初期会不断释放优势特征，一旦触及社会伦理道德与法规底线，技术缺陷就会被无限放大，也会招来受众指责和痛骂。随着媒介技术与媒介工具的快速发展，新媒体环境和利益格局发生重大改变，深刻影响着亿万网民的传播行为与价值取向。传媒技术与媒介工具的创新运用必然存在相应的传播伦理与法规，传媒技术与媒介工具的发展变化也会影响原有的传播伦理与法规，并随之产生传播伦理与法规的新问题、新冲突、新风险。诚如靖鸣所言："媒介伦理失范对媒介技术的发展也会起反作用，媒介技术的发展使得新的传播伦理失范产生，传播伦理失范同时制约了技术的应用与发展。"① 中国网络传播伦理与法规的失范问题，主要表现在以下方面。

一、个人信息的侵犯问题

在互联网、大数据与人工智能时代，个人信息保护比以往任何时候都更突显其现实意义，这是在保护每个人所享有的合法权益。当个体拥抱互联网与享用智能媒介工具之后，就会有各种骚扰信息与营销电话传播过来，看似一条骚扰信息或一个营销电话，但个人信息被泄露背后可谓是触目惊心的犯罪共同体与利益链条。当孩子出生后，就会有奶粉、保姆、育婴师、保险等行业的信息电话；当购买房子后，就会有装修、房贷、家具、环境检测等行业的信息电话；当购买汽车之后，就会有违章消分、装饰产品、保险推销等行业的信息电话；当生病住院后，就会有新药品、理疗、保养等行业的信息电话；当客人入住酒店后，疗养、娱乐等方面的信息或电话便会随之而来。总之，这些源源不断的骚扰信息和传销电话，都是对个人隐私的侵犯，表面上看不足以用法律审判，但总会让人心烦意乱，也无可奈何。同时，每个人的信息都属于个体自身的利益，一个人的一条信息被泄露或许无法造成重大影响，但一个人的多条信息被泄露，就能够在另一个虚拟世界中将整个人的形象以虚拟的形式描绘出来。混合后的信息能够用以推荐商品、测算民意，甚至侵犯相关利益。而多个个体的信息会成为一种混合型信息，被广告商或者企业家所利用，成为他人谈判桌上的工具，甚至不小心落入诈骗圈套与陷阱环节，或者个人隐私被人非法偷拍而被诈骗勒索或威胁曝光，或者隐私信息被网络炒作，那这个骚扰信息和传销电话或隐私侵犯就会害人不浅。因此，严格保护好个人信息是网络传播伦理与法规的重要问题，关系到千万家庭与亿万个体的切身利益。个人信息是公民重要的基本权利，需要我们用网络伦理和法律规则去保护。国家政法机关要严厉打击侵犯隐私的作案团伙和诈骗组织，让他们不能随意侵犯个人信息与隐私。王利明认为，"《个人信息保护法》的制定，对有效保护公众的

① 靖鸣，娄翠．人工智能技术在新闻传播中伦理失范的思考［J］．出版广角，2018（01）：9－13.

切身利益，进一步贯彻落实以人民为中心的发展思想具有非常重要的现实意义。当然，随着计算机技术、大数据技术、互联网技术和智能技术的快速发展，新情况、新问题还会层出不穷，但是相对应的法律法规也会不断完善。可以说，《个人信息保护法》的颁布和施行不是个人信息法律保护的终结，而是个人信息保护新的起点"①。如今，国家及时颁布出台了《网络安全法》《个人信息保护法》和其他网络法律规范，但法律法规只有在执行落实中才具有权威性，才是带电震慑的高压线。通过一件件的网络案件审判去落实执行这些法律条款，可在网络社会中发挥法律法规应有的威慑效果，而伦理与法规教育只能发挥有限作用。

二、网络群体的诈骗问题

回望互联网在中国30年以来的发展历程，广大网民遭遇的最大问题之一就是网络平台与犯罪团伙利用网络技术进行诈骗，不同网民个体和群体都或多或少遭遇过网络诈骗，其背后组织的精密性、欺骗性与隐瞒性让人胆战心惊，完全丧失社会伦理与道德良心，是明目张胆的违法犯罪行为。但由于政法机关抓捕归案的难度大、成本高、跨境性，因而还有不少案件没有侦破。特别是这几年的"缅北"诈骗问题，让很多人深受其害、不得安宁，直到2023年10月众多诈骗分子被缉拿回国，才有效打击了这些犯罪团伙的嚣张气焰。在网络社会中，电信网络诈骗并非孤立犯罪，其运营组织已开始规模化和集团化，无论引流人员、话务服务人员、帮信人员，还是取现人员、地下钱庄工作人员，都在通过协作实施共同犯罪。诈骗流程的程序化运转，"电信网络诈骗嫌疑人不但会通过在茫茫人海中的'广撒网'来寻找易受骗人群，还会有针对性地进行诈骗"②。个体容易遭受网络诈骗，这个问题除了自身因素之外，面对网络诈骗话术的防不胜防，还有不断翻新与技术升级的诈骗手段，个人在面对网络欺骗时常会表现出脆弱渺小。因此，我们既要有效保护好个体的合法权益，更要坚决摧毁网络平台的犯罪链条，标本兼治，彻底消除滋生犯罪的恶劣环境，这才是长久之计的治理机制。

三、网络版权的窃取问题

在互联网时代，"窃书不是偷书"的新型"孔乙己"个体与犯罪团伙源源不断，他们巧妙利用别人成果，乔装打扮成自己的研究成果，这是典型的网络版权窃取行为。王利明认为："强化知识产权保护、支撑创新驱动发展是新时代建设知识产权强国的必然要求。知识产权作为无形财产权，通过传统的财产损害规则难以有效保护权利人。

① 王利明，丁晓东．论《个人信息保护法》的亮点、特色与适用［J］．法学家，2021（06）：1－16．
② 李雪峰，王铼．电信网络诈骗的特征与治理路径［J］．人民论坛，2023（20）：65－67．

借鉴域外法的经验，引入侵害知识产权惩罚性赔偿制度，适应了强化知识产权保护的现实需要，有助于改变侵害知识产权违法成本低的现象，充分发挥法律的威慑和预防作用。”① 网络传播以海量的内容存储为网络版权窃取提供方便。以“中国知网”为代表的网络平台公司，一边搜集广大作者的论文作品与专著成果，一边是论文作者自己下载还需要缴纳一定费用。但中国知网公司几乎是零成本获取原创者的产品成果，并没有付出相应的知识产权报酬；还有百度上的信息搜寻、视频共享与知识产权等方面的剽窃问题。这是不尊重原创者的网络版权问题，也属于网络传播伦理失范与违法违纪的问题。这些年来，高校与科研机构为了提升研究成果的诚信度，加大了论文发表和专著出版的检测，表面上看是为了防范抄袭剽窃问题，本质上则是预防伦理失范与违背法律的问题。因为网络社会不信任、不守法的道德问题，导致每年需要给知网支付巨额的查重检测费用，还要耗费高校与科研单位的大量人力物力资源。每年还有众多视频侵权与设计版权的盗窃问题，侵权者运用复制粘贴和降压查重的技术方法将别人的作品改装成自己的作品。这些侵权问题需要运用法律规范来惩戒，更需要我们建立起科学有效的网络知识产权保护制度，如此才能减少网络伦理失范和违法乱纪的矛盾问题。因为保护好原创者成果才有创新动力，也是我们建设法治社会的生动体现。

四、涉黄信息的骚扰问题

在网络传播中涉及两性的图片、书刊、视频以及隐形广告等信息繁多，给网络治理带来了巨大的挑战。人作为社会性群体，本身具有动物性的生理需求特征。也就是说，人本身渴望了解两性的知识奥秘，从而更好地认识自己与异性伴侣。但是，网络平台上泛滥的涉性传播会给涉世未深的未成年群体带来身心伤害，他们缺乏足够的媒介素养，无法在纷繁复杂的网络信息中分辨哪些是自己需要的信息，哪些是自己能够去接触的信息。往往涉及人体本能感官的内容，在刺激人体基本需求的情况下会引发未成年群体沉沦，严重扭曲青少年群体的价值观念，甚至促使其走向违法犯罪的道路，造成社会不安的治理难题。习近平总书记指出：“网络空间，不应成为各国角力的战场，更不能成为违法犯罪的温床。各国应该共同努力，防范和反对利用网络空间进行的恐怖、淫秽、贩毒、洗钱和赌博等犯罪活动。无论是商业窃密，还是对政府网络发起黑客攻击，都应该根据相关法律和国际公约予以坚决打击。”② 网络平台上的涉黄淫秽信息与视频骚扰的治理问题，不仅涉及国内网络空间的治理难题，还有来自国外网络空间的营销诈骗。因此只有境内外共同携手合作，才能建成健康清爽、安全有序的

---

① 王利明．论我国民法典中侵害知识产权惩罚性赔偿的规则［J］．政治与法律，2019（8）：95－105．

② 中共中央党史和文献研究院．习近平关于网络强国论述摘编［G］．北京：中央文献出版社，2021：154．

网络环境。一方面，这需要加强个体的文化修养，培养健康向上的生活情趣；另一方面，也需要斩断窥视涉黄信息图片和浏览涉黄视频的网络链接，规范和治理好网络空间的传播内容，如此才能建设好健康安全的网络环境。

五、网络空间的安全问题

网络传播安全如今日趋严峻，常在悄无声息中博弈斗争，正所谓“明枪易躲，暗箭难防”。网络安全问题不仅在中国空间面临威胁，在全球范围内也屡见不鲜，不少网络攻击、诈骗传销等问题来自境外，我国与这些国家或地区的网络空间法规与法律惩戒方式有所不同，这给网络治理带来极大的困难和挑战。国家与国家之间有边界，但是网络信息的流通没有边界，任何人都能够通过互联网接触到千里之外的信息内容，这些信息良莠不齐，对于个人、企业、社会团体、党政机关来说都有造成侵害的可能性。我们期待生活在安全有序、健康清爽的网络空间中，但事实上在涉及我国机密与核心技术的领域，经常遭受境外网络技术与黑客的攻击，这需要我们安装好技术防护墙，预防遭遇网络黑客的意外攻击，避免陷入瘫痪状态。习近平总书记指出：“网络空间不是法外之地，要依法严厉打击网络黑客、电信网络诈骗、侵犯公民个人隐私等违法犯罪行为，切断网络犯罪链条，持续形成高压态势，维护人民群众合法权益。数据安全问题比较突出，决不能掉以轻心。要深入实施网络安全法，加强数据安全管理，加大个人信息保护力度，规范互联网企业和机构对个人信息的采集使用，特别是要做好数据跨境流动的安全评估和监管。”① 新时代的网络安全不仅要预防国内的网络侵扰，还要预防境外网络黑客的不测攻击，我们要把数据视为核心秘密，将算法视为核心逻辑，确保网络信息安全。

六、网络传播的健康问题

中国如今拥有庞大的网民数量，这既是网络社会的利好资源，也面临着网络传播的治理挑战，必须积极面对并综合施策，才能有效遏制与预防网络传播带来的问题。在网络社会，有些儿童与青少年沉醉游戏而荒废学习且迷途难返；有些青少年手不离机而患上抑郁症、焦虑症，最终呈现出时刻刷屏、情绪极化和网瘾难戒状态；有些青年人沉迷抖音深夜难眠，进而失去工作动力和向上追求的生活热情；有些老年人沉迷手机而忘记现实社会的规律锻炼和健康生活；有些人沉迷网络浏览而缺乏与现实社会的亲友互动和交际的能力；有些人产生快速暴富的邪念心态而不去踏实工作；有些人搭建网络平台不是互利共赢而是设法去诈骗钱财。网络给人类带来了很多好处，也在

---

① 中共中央党史和文献研究院．习近平关于网络强国论述摘编［G］．北京：中央文献出版社，2021：100－101.

一定程度上造成了一些伤害甚至是灾难。诚如奥尔特所言："行为上瘾的时代尚处在揭幕的阶段，早期迹象透露出了危机的气息。上瘾具有破坏性，因为它们挤掉了工作、玩耍，进而包括基本的卫生和社会互动等其他基本的追求。好消息是，我们与行为上瘾的关系并不是一成不变的。"① 网络是把双刃剑，互联网既给中国亿万网民带来学习、工作和生活的便捷性、阅览信息的快捷性与社交圈子的扩散性，也给每个网民带来身心健康问题。对网络社会带来的健康影响不能视而不见和躲闪逃避，否则只会陷入更深泥潭而难以自拔。面对网络传播的伦理矛盾与法纪问题，更需要我们勇于担当和科学治理，需要我们践行"文明其体魄，野蛮其精神"的修身与法治之道。

案例 3-2

多名百万粉丝网红被抓，54 人落网！警方紧急提醒

"网红"通过短视频虚假宣传，打着助农、推销"大凉山特产"的旗号，生产销售假冒产品，牟取利益，违法犯罪……2023 年 9 月 20 日，四川省凉山州举行新闻发布会，通报以"凉山曲布""赵灵儿""凉山孟阳"为主要代表团队的"系列网红直播带货案"。

这是凉山州公安局破获的全省首例系列"网红经济"乱象专案。会上，凉山州公安局、凉山州市场监督管理局、凉山州商务局、凉山州委网信办对"网红主播"虚假宣传案及相关情况进行了通报。

据凉山州公安局党委委员、副局长卢晓梅介绍，2023 年 5 月，凉山公安机关接州市场监管局通报，发现网红"凉山曲布""赵灵儿"在直播带货过程中虚假宣传，涉案数额巨大，涉嫌犯罪。公安机关接到线索后，迅速成立专案组开展侦查。

经昭觉县公安局立案查明：2022 年 7 月，成都小虞助农传媒有限公司（MCN 机构，即管理直播的机构）负责人张某进入凉山腹地，物色到个体工商户赵某（女，汉族，27 岁）、阿日某某（男，彝族，23 岁）等"网红苗子"进行精心孵化。

该公司通过设计剧本、话术，专门挑选当地无人居住的生产用房、破壁残垣作为直播背景，打造"大凉山原生态"人设，在短视频平台发布"偶遇""蹭饭""助农"等情节短视频，博取眼球、收割流量，孵化出"凉山曲布""赵灵儿"等百万粉丝网红账号。

赚取流量后，顺势通过开设网店和直播带货，打着"助农""优质原生态"等旗号，假冒"大凉山特色农产品"商标，从成都、南京等外地食品公司低价购入蜂蜜、核桃等农副产品，以次充好，以假充真，在全国范围内销售。假冒产品被销往全国 20

① ［美］亚当·奥尔特. 欲罢不能：刷屏时代如何摆脱行为上瘾［M］. 闾佳，译. 北京：机械工业出版社，2018：7.

余个省市，涉案金额超千万元。[①]

这则网络新闻事件告诉我们，凉山“网红”人物表面上是自我传播行为，但网络实际上任何行为都不是完全封闭式的。它的开放性特征让所有信息内容都能够呈现在所有人面前，任何情感上的偏向、价值上的论调、政治上的表达，都会在信息的无限流之下传递给所接触到的每一个人。在选择性接触、选择性接受后强化或改变原有的观点，甚至给社会造成严重的损失伤害与负面反应。由于网络传播犯罪成本低与追查真相的困难度，所谓“造谣一张嘴，辟谣跑断腿”，这说明违法犯罪与审判罪行二者的不对等，因而有源源不断的违法事件。部分人在传播信息中违背伦理与漠视法规，用假冒伪劣产品巧妙包装成名牌产品来赚取高额利润。所谓“道高一尺，魔高一丈”，这都因为各种利益诱惑与侥幸心态所致，在不断突破违背网络伦理后触碰法规的红线底线。在网络传播中有些虚假信息是个体的有意行为，有些虚假品牌是网络公司的营销包装，如同央视在2024年国际消费者权益日曝光的“听花酒”等产品一样虚假夸大，这些假信息与假品牌轻则受到伦理道德的谴责批评，重则受到法律规范的严厉惩戒。

网络时代，犯罪分子都渴求利用网络技术寻找暴富的捷径，不断形成规模组织，最终形成产业利益链与犯罪共同体。要消除这些社会现象，需要我们努力提升网络治理能力和管理水平，把网络伦理与法规宣教从青少年群体抓起，再贯穿到中老年群体，坚决把网络安全与法规意识落在生活实处。

第三节　网络传播伦理与法规的话语重建

在互联网社会，网络传播伦理失范和违背法规的事件更繁杂、问题更多样、矛盾更尖锐。我们既不能放任不管、任由它野蛮生长，也不能采取“一刀切”的懒政方式对待矛盾问题，而是要运用好伦理道德和法律规范的策略方法，两手抓，两手都要硬，软硬兼施，多措并举，这才是我们期待向往的网络治理新秩序。习近平总书记指出：“我们既要尊重网民交流思想、表达意愿的权利，也要依法构建良好网络秩序，这有利于保障广大网民合法权益。网络空间不是‘法外之地’。网络空间是虚拟的，但运用网络空间的主体是现实的，大家都应该遵守法律，明确各方权利义务。要坚持依法治网、依法办网、依法上网，让互联网在法治轨道上健康运行。”[②] 对于网络传播伦理和法规

---

① 成都政法．四川多名百万网红被抓，54人落网！警方紧急提醒［EB/OL］（2023-09-21）［2024-04-19］https：//baijiahao. baidu. com/s? id=1777638704597109255&wfr=spider&for=pc.

② 中共中央党史和文献研究院．习近平关于网络强国论述摘编［G］．北京：中央文献出版社，2021：155.

治理的话语重建，我们需要转换思路标本兼治，这必定是一个漫长而艰难的历程。

一、深入开展网络伦理与法规教育

思想有多远，道路就有多远；思想认识到位，行动才可能执行到位。宣传教育是非常重要的一项内容，针对不同年龄群体的网民，都要深入开展网络伦理与法规教育，通过学校、家庭、平台与社会的教育引导，形成多体一面，坚持常抓不懈，久久为功。在家庭空间，需要家长懂法知法，言传身教胜过一切，积极传播中华优秀传统伦理文化，讲解国家网络法律与行为规范；在学校环境，需要教师进行形象化、生动化的伦理道德和法规教育，在形象塑造上构建“意见领袖”的引导作用；在平台组织中，需要构建健康向善的企业文化，教育员工奉行诚实劳动的工作行为与经营理念，以群体价值的理念影响群体中的个人；在社会空间，党委政府要积极运用媒体和网站平台大力宣传网络伦理与法规，通过文字、图片、广告、短视频、纪录片、电视剧与电影等方式形成立体化的宣教态势。坚决公开曝光违法乱纪的网络传播行为，运用伦理道德进行批评教育，也要运用法律规范进行惩戒审判，让广大网民在认知层面建立基本的伦理知识，从而以实际行为践行伦理、敬畏法律，在内心层面信仰伦理、遵循法规。习近平总书记指出：“要教育引导广大网民遵守互联网秩序，依法上网、文明上网，理性表达、有序参与，增强辨别是非、抵御网络谣言的能力，共同营造风清气正的网络环境。”① 2023 年播放的电影《孤注一掷》《热搜》等作品就是通过立体叙事方式把网络诈骗的现实问题和深层矛盾形象表现出来，最终达到同振共鸣的宣教效果，做到社会效益和经济效益相统一。中国是互联网大国，还有不少网民对网络伦理法规和安全知识技能了解不多。这就需要持续开展网络伦理与法规的宣传教育，通过向广大网民普及网络安全知识与技能，让大家真正把网络伦理法规和安全意识内化于心、外化于行。

二、不断完善网络伦理与法规体系

法律法规的基本原则是有法可依、有法必依、执法必严、违法必究。所以，首先就是要有健全的法律法规制度，然后是在真抓落实上下功夫。现实社会在不断的发展之中，而处于社会转型期的网络世界，还以反映现实的手段在网络上映照着变化与冲突。政府部门要根据线上网络空间与线下现实社会的客观变化来科学调整、修改完善传播伦理和法律规范，同时停止废除一些不适宜网络社会的伦理规则和法律规范，与时俱进对待快速变革的网络社会，从而更好地调动广大个体与群体的主观能动性。在网络社会，制定伦理与法规的目的是更好地调动人的创造积极性，保护广大网络群体

① 中共中央党史和文献研究院．习近平关于网络强国论述摘编［G］．北京：中央文献出版社，2021：68.

的健康安全性，把个体与群体的才华充分发挥出来，这是网络社会善治愿景的生动体现。习近平总书记指出：“从国家治理看，信息化带来生产生活方式深刻变化，就业结构和利益结构深度调整，其中的风险不可小觑。从国际治理看，全球互联网治理规则不健全、秩序不合理等问题突出，我国网络空间国际话语权和影响力有待进一步提升。我们必须抓住信息化发展的历史机遇，不能有任何迟疑，不能有任何懈怠，不能失之交臂，不能犯历史性错误。”① 我国《网络安全法》《数据安全法》《个人信息保护法》《刑法》《民法典》等的不断出台或修订完善，为依法治网和依法办网提供了遵循规范，也为网络传播伦理与法规制定了法律依据。因此，国家要紧随网民行为变化来完善伦理法规，让伦理法规为网络社会生活保驾护航。

三、坚守网络传播行业自律

无论是传统农业时代，还是如今的网络社会，都不能忽略自律自省的内化效果，外因终归需要通过内因才能起作用。网络传播从业者是专门从事网络工作的群体，或者说是职业网民。对网络治理来说，这一类人是关键的少数，他们具有较多的从业知识和传播技能，懂得宣传策略。无论是《准则》等行业自律信条，还是《网络安全法》《数据安全法》《个人信息保护法》等法律规范，都对传播者个体和传播者群体的社会行为提出了规范要求。习近平总书记指出：“要引导新媒体加强行业自律，自觉落实主体责任、完善内容审核把关、监督检查机制，不制作、不发布、不传播非法有害信息。”② 各网络平台要落实网络传播安全的主体责任，尤其是建立发布各类信息的平台审查机制，在发布信息和视频共享时都要严格把关审阅。任何网络平台在商业行为中都要管理好员工和经营行为，不能发布虚假新闻、扩散炒作隐私信息，进而引发信息混乱，制造矛盾升级，甚至造成极其恶劣的社会影响，健康网络生态需要加强个体的自我管治，加快网络平台的建章立制。

四、坚定落实网络传播伦理与法规制度

为了适应快速发展的网络社会，我国不断颁布和更新法律法规，这些法律规范需要各地政法机关去细化落实，去坚定执行。法律法规只有在社会生活中具体落实才有影响力、生命力，只有去真实地执行案件才有威慑力、公信力，否则只能是一段文字摆设而已，也消解了法规制定的初衷。习近平总书记指出：“我们坚持依法治网，加快网络立法进程，出台了一批法律法规，网络空间法治化持续推进，但同网络空间快速

① 中共中央党史和文献研究院．习近平关于网络强国论述摘编［G］．北京：中央文献出版社，2021：42－43.

② 中共中央党史和文献研究院．习近平关于网络强国论述摘编［G］．北京：中央文献出版社，2021：68.

发展新形势相比，互联网领域立法仍有很多空白，依法治网水平仍有待提高，广大网民尊法守法意识有待增强。要把依法治网作为基础性手段，继续加快制定完善互联网领域法律法规，推进依法管网、依法办网、依法上网，确保互联网在法治轨道上健康运行。”① 我们要明白，网络伦理与法规的实践执行，就是与人心、人性做自我革命的内化感悟过程，就是与网络犯罪团伙的博弈斗争过程，这不仅只是政法机关的专业职责，也是需要全社会共同倾力支持的利国利民大事情。只有坚持法律面前人人平等，守护好社会伦理与法规的底线红线，不畏惧网络平台背后的犯罪分子，坚定审判网络犯罪集团背后的权力组织者，坚决铲除网络犯罪背后的滋生土壤，才能让广大网民信奉伦理与遵守法规。如果在网络社会发生“破窗效应”，或者有选择性地执行犯罪案件，或者偏离法治社会的公平正义，那就会动摇广大网民的信仰基础，就会在现实生活中产生撕裂不满，带来不良的社会反响和舆论导向。

五、遵循网络市场调节规律

在网络社会发展中，我们要坚守市场经济的调节方式，这是因为广大网民和群体会在不断认知传播中进行自我选择，那些遵守伦理和规范的传播个体与群体会有更多粉丝追随；那些遵守法律规范的平台公司，会有更多顾客来捧场。如今，网络媒介已不是稀缺资源，而是需要高质量和可信赖的优质产品。在市场经济社会，“任何商品都有替代品。在试图实现个人目标时，决策者会比较各种替代方式的预期额外收益和预期额外成本，从而在不同的稀缺商品之间做出取舍，这个过程就是优化的过程”②。尊重社会发展规律和网络运营规律，社会优化完善的过程就是市场机制调节的作用，我们需要保持耐心不断完善，毕竟任何美好的事物都有一个成长发展的客观过程。

六、提升网络协同治理能力

在传统媒体时代，新闻从业者必须经过激烈的竞争考试，少数人才能有机会从事新闻传播工作。他们的政治素养、文化素质与专业技能都经过多重考验，是一支忠诚于党、真情为民、精神高尚的职业群体。网络社会，传播主体基本全民化，传播场景千差万别，传播内容多元复杂，管治难度不可同日而语，更需要各个部门的通力协作。习近平总书记指出：“网信工作涉及众多领域，要加强统筹协调、实施综合治理，形成强大工作合力。要把握好安全和发展、自由和秩序、开放和自主、管理和服务的辩证关系，整体推进网络内容建设、网络安全、信息化、网络空间国际治理等各项工作。”③ 中国如今的信

---

① 中共中央党史和文献研究院. 习近平关于网络强国论述摘编［G］. 北京：中央文献出版社，2021：45.

② ［美］保罗·海恩，彼得·勃特克，大卫·普雷契特科. 经济学的思维方式［M］. 第13版. 鲁冬旭，译. 杭州：浙江文艺出版社，2023：75.

③ 中共中央党史和文献研究院. 习近平关于网络强国论述摘编［G］. 北京：中央文献出版社，2021：45.

息传播群体繁杂庞大，随着网络技术的快速更迭和网络社会的巨大变革，整顿治理网络空间秩序时间紧、任务重、难度大，迫切需要党委领导、政府执行、平台遵守以及网络全体成员参与的协同治理机制，把网络伦理与法规落实到亿万网民的传播行动中去，有效解决网络社会遇到的各种传播问题。

案例 3-3

筑牢民族复兴的精神支撑

染衣、酿酒、织布、古法造纸、制作胭脂口红……最近，一个叫李子柒的姑娘，把传统文化和田园生活拍成视频上传网络，引发海内外网友关注。传播中国文化，讲好中国故事，活出中国人的精彩和自信，是李子柒带给我们的生动启示。

增强文化自觉和文化自信，是坚定道路自信、理论自信、制度自信的题中应有之义。习近平总书记多次强调，文化自信是更基本、更深沉、更持久的力量。从我国国家制度和国家治理体系来看，“坚持共同的理想信念、价值理念、道德观念，弘扬中华优秀传统文化、革命文化、社会主义先进文化，促进全体人民在思想上精神上紧紧团结在一起的显著优势”，为增强文化自觉和文化自信，提供了坚实制度和治理保障。我们坚持和完善繁荣发展社会主义先进文化的制度，使全体人民在理想信念、价值理念、道德观念上紧紧团结在一起，一定能为实现中国梦提供强大精神支撑。

一个国家，一个民族，要同心同德迈向前进，必须有共同的理想信念作支撑。没有中华优秀传统文化、革命文化、社会主义先进文化的底蕴和滋养，信仰信念就难以深沉而执着。无论过去、现在还是将来，对马克思主义的信仰，对中国特色社会主义的信念，对实现中华民族伟大复兴中国梦的信心，都是指引和支撑中国人民站起来、富起来、强起来的强大精神力量。我们必须坚持马克思主义在意识形态领域指导地位的根本制度，在全党全社会持续深入开展建设中国特色社会主义宣传教育，不断增强道路自信、理论自信、制度自信、文化自信，让理想信念的明灯永远在全国各族人民心中闪亮。

价值观念在一定社会的文化中是起中轴作用的，文化的影响力首先是价值观念的影响力。近年来，从“守岛英雄”王继才到“给地球做CT”的海归科学家黄大年，从“太行山上的新愚公”李保国到破荒开路的“樵夫”廖俊波，无数楷模竖起精神标杆，引领全社会把社会主义核心价值观内化为人们的精神追求、外化为人们的自觉行动。社会主义核心价值观是当代中国精神的集中体现，是凝聚中国力量的思想道德基础。我们必须坚持以社会主义核心价值观引领文化建设制度，加快构建充分反映中国特色、民族特性和时代特征的价值体系，为国家治理提供源源不断的价值滋养。

“重莫如国，栋莫如德”。提高国家文化软实力，一个很重要的工作就是从思想道德抓起，从社会风气抓起，从每一个人抓起。中国共产党领导人民在革命、建设和改革历史进程中，坚持马克思主义对人类美好社会的理想，继承发扬中华传统美德，创造形成了引领中国社会发展进步的社会主义道德体系。前不久，中共中央、国务院印发《新时代公民道德建设实施纲要》，全面推进社会公德、职业道德、家庭美德、个人品德建设。持续深化社会主义思想道德建设，才能更好构筑中国精神、中国价值、中国力量。只要中华民族一代接着一代追求美好崇高的道德境界，我们的民族就永远充满希望。

一个国家、一个民族的强盛，总是以文化兴盛为支撑的，中华民族伟大复兴需要以中华文化发展繁荣为条件。坚定文化自信，牢牢把握社会主义先进文化前进方向，激发全民族文化创造活力，推动社会文明进步和国家发展壮大就有了强大精神力量。①

在社交媒介时代，“网红”内卷与激烈博弈，常会出现你方唱罢我登台的热闹现象，李子柒“网红”成功传播的事例告诉我们，要想做一位名利双收的“网红”人物，就需要拿出过硬的具象化的优质作品，让亿万网民在自由选择与审美接受的过程中喜爱创造者，源源不断地为创作者点赞。坚持用诚信互利的经营品质善待顾客，粉丝群体才会从心理上真正认同创作者，进而采用形象化、共情化的传播方式，形成立体化的传播态势，最终达到共情传播的社会效果。在网络社会，梦想做“网红”者很多，甚至有泛滥化的发展趋势，但李子柒型主播还很稀缺匮乏，不少人都是浮于表象和急于出名，没有精耕细作、踏实做事，更没有秉承长期主义和品牌理念来对待本职工作，终究是弄巧成拙、昙花一现。网络社会我们期待更多李子柒类型的视频主播，铸就更多诚信为民、潜心创作的佳作，营造网络传播的幸福生活和健康环境。

关键词

冲突风险；伦理失范；违法行为；法治建设

思考题

1. 如何理解网络传播伦理与法规的冲突风险?
2. 如何理解网络传播伦理与法规的失范现象?
3. 如何理解网络传播伦理与法规的治理重建?

---

① 任平. 筑牢民族复兴的精神支撑［N］. 人民日报，2019-12-30.

扫一扫

拓展数字资源

第四章　网络传播伦理与法规的社会效用

针对庞大网民、众多群体和平台组织的传播行为，我国主要根据宪法与法律、行政法规、部门规章以及管理规定等进行综合治理。每部法律法规通过一定程序发布之后，就要在社会各层面深入开展普法教育和深化学习，并定期在全国各地政府部门、企事业单位、社会团体以及广大网民中开展督察法律的落实情况。这既为每个网民的行为设置了法律红线，也对网络传播的健康发展与秩序规范起到了重要作用。在网络社会，不管是个人传播还是平台组织，都只有在相关法律规定铸造的制度红墙中进行实践，才能够做出符合大多数人利益的传播行为，如此才能维护好健康有序的网络空间。

第一节　网络传播伦理与法规的知识分类

一、宪法与法律的知识分类

在我国，宪法是国家的根本大法，是治国安邦的根本大法，是任何个体或者群体必须遵守的行为规范，也是新闻传播的根本遵循。习近平总书记指出："宪法规定的是国家的重大制度和重大事项，在国家和社会生活中具有总括性、原则性、纲领性、方向性。宪法是国家一切法律法规的总依据、总源头，具有最高的法律地位、法律权威、法律效力。只有坚持宪法的国家根本法地位，坚决维护和贯彻宪法规定、原则、精神，才能保证国家统一、法制统一、政令统一。"① 我国自接入互联网以来，不断出台新法律、新规章，逐渐构建起网络社会的法律规范体系：2000 年 12 月，全国人大常务委员会表决通过了《关于维护互联网安全的决定》；2012 年 12 月，全国人大常务委员会表决通过了《关于加强网络信息保护的决定》；其他系列出台的法律规范如下。

---

① 习近平．谱写新时代中国宪法实践新篇章：纪念现行宪法公布施行 40 周年［N］．人民日报，2022-12-20.

2016 年 11 月 7 日，全国人大常务委员会表决通过了《网络安全法》，这标志着我国网络传播安全领域有了新的法律规定，这既是对每个网络传播者的保驾护航，也给每个网络传播者划定了红线。为了防范和惩治恐怖活动，加强反恐主义工作，维护国家安全、公共安全和人民生命财产安全，2015 年 12 月 27 日全国人大常务委员会表决通过了《中华人民共和国反恐怖主义法》（以下简称《反恐怖主义法》），并于 2018 年 4 月 27 日进行了修正，这是有效面向社会进行反恐的法治教育，有利于提高公民的反恐主义意识。为了加强对英雄烈士的保护，维护社会公共利益，传承和弘扬英雄烈士精神、爱国主义精神，2018 年 4 月 27 日全国人大常务委员会表决通过了《英雄烈士保护法》。为了保护未成年人的合法权益，1991 年 9 月 4 日全国人大常务委员会表决通过了《中华人民共和国未成年人保护法》，并于 2024 年进行了第二次修正，第五章即为网络保护法规。为了更好地保护好公民的网络合法权益，2020 年 5 月 28 日第十三届全国人民代表大会第三次会议表决通过了《中华人民共和国民法典》，里面部分侵权责任与网络传播相关。为了规范数据处理活动，保障数据安全，促进数据开发利用，保护个人组织的合法权益等，2021 年 6 月 10 日全国人大常务委员会表决通过了《数据安全法》。中国网民数量与个体信息管理也面临着传播风险，2021 年 8 月 20 日全国人大常务委员会表决通过了《个人信息保护法》，这是对每个网民信息的法律保护与权利尊重，也是法律平等的重要象征。为了预防、遏制和惩治电信网络诈骗活动，加强反电信网络诈骗工作，2022 年 9 月 2 日全国人大常务委员会表决通过了《反电信网络诈骗法》，为网络社会的诈骗行为戴上紧箍圈，对打击电信网络诈骗分子发挥了威慑作用。同时，为了有效判定违法分子的犯罪量刑，从 1979 年起，国家每隔几年就会根据社会发展变化修订刑法内容，2020 年 12 月颁布的《中华人民共和国刑法修正案（十一）》和 2023 年 12 月颁布的《中华人民共和国刑法修正案（十二）》，为惩罚网络传播违法行为提供了司法指南与审判遵循。

二、行政法规与部门规章的知识分类

为了有效保障计算机信息安全，2011 年 1 月 8 日国务院修订了《计算机信息系统安全保护条例》，这对网络时代的计算机信息传播具有重要的保护与规制作用。为了有效顺应互联网时代的信息管理，2011 年 1 月 8 日国务院修订了《互联网信息服务管理办法》，这对网络传播的信息管理也发挥着重要作用。为了有效保护好计算机软件产权与知识创新，2013 年 1 月 30 日国务院公布了《国务院关于修改〈计算机软件保护条例〉的决定》，这对网络知识产权具有重要的保护作用。由于各地逐渐开办互联网经营场所，这些场所的安全经营至关重要，2022 年 3 月，国务院第四次修订公布了《互联网上网服务营业场所管理条例》，这对互联网上网服务营业场所的合法经营与健康管理发挥了重要作用。为了有效保护公民信息传播的合法权益，国务院在 2013 年 1 月 30

日修订了《信息网络传播权保护条例》，这对保护公民的信息传播权利发挥了指导作用。在网络社会，信息传播离不开基础设施，这些基础设施也是全体人民的公共财产，2021 年 4 月 27 日国务院第 133 次常务会议通过了《关键信息基础设施安全保护条例》，这对保护好关键信息基础设施发挥了重要作用。

从传统媒介时代到互联网时代，大众逐渐越来越多地通过网络平台获取新闻信息。2017 年 5 月 2 日，国家互联网信息办公室公布了新的《互联网新闻信息服务管理规定》。为了有效管制互联网的信息内容，规范执法行为，2017 年 5 月 2 日国家互联网信息办公室公布了《互联网信息内容管理行政执法程序规定》，这对依法管理网络信息内容提供了执法规定。为了保护儿童个人信息安全，2019 年 8 月 22 日国家互联网信息办公室公布了《儿童个人信息网络保护规定》，这对未成年群体的健康监护发挥着重要作用。为了有效加强对网络生态的健康修复与风险治理，2019 年 12 月 15 日国家互联网信息办公室公布了《网络信息内容生态治理规定》，对开展弘扬正能量、处置违法与不良信息等活动提供了规定指导。为了规范互联网信息服务算法推荐活动，保护公民、法人和其他组织的合法权益，2021 年 12 月 31 日国家互联网信息办公室联合其他部门一起公布了《互联网信息服务算法推荐管理规定》，为互联网企业的行为制定了规范，也对网络生态治理发挥着指引作用。为了加强对互联网用户账号信息的管理，保护公民、法人和其他组织的合法权益，2022 年 6 月 27 日国家互联网信息办公室公布了《互联网用户账号信息管理规定》，对互联网账号的管理发挥着重要作用。为了规范宗教信息服务，保障公民宗教信仰自由，2021 年 12 月国家宗教事务局、国家互联网信息办公室、工业和信息化部、公安部和国家安全部联合制定了《互联网宗教信息服务管理办法》，这对合法传播宗教信息和知识提供了法律遵循，对引导广大网民的宗教信仰发挥着指引作用。为了规范数据出境活动，保护个人信息权益，维护国家安全和社会公共利益，促进数据跨境安全、自由流动，2022 年 7 月 7 日国家互联网信息办公室颁布了《数据出境安全评估办法》，这对防范数据出境安全风险，保障数据有序自由流动提供了行动遵循。

在互联网时代，视听传播的内容丰富多样，为了规范互联网视听传播的健康有序发展，2007 年 12 月 20 日，国家广播电影电视总局、信息产业部公布了《互联网视听节目服务管理规定》，这对互联网视听节目服务具有重要的指导价值和社会引领作用。为了规范网络出版服务秩序，满足人民群众日益增长的精神文化需要，2016 年 2 月 4 日国家新闻出版广电总局联合工业和信息化部公布了《网络出版服务管理规定》，这对传播健康有益信息、抵制不良内容伤害发挥着指引作用。为了规范互联网广告的发布与健康发展，切实保护广大消费者的合法权益，维护好公平竞争的传播市场秩序，原国家工商行政管理总局于 2016 年 7 月 4 日公布了《互联网广告管理暂行办法》，这为互联网广告业的健康发展提供了行为规范。为了加强对互联网文化的科学管理，促进我国互联网文化的有序发展与健康传播，2017 年 12 月 15 日国家文化部修订了《互联网文化管理暂行规定》，这为互联网文化产品与服务活动提供了行动指南。为了规范网络交易行为，促进数字经济的健康发展，保护好公民的合法财产，2021 年 3 月 15 日国家市场监督管理总局公布了《网络交易监督管理办法》，为网络平台的正当交易和非法交易提供了行为规定。

三、管理规定的知识分类

为了促进网络传播的健康有序发展，国务院授权国家互联网信息办公室以及其他部门负责对网络传播内容与群体行为的监督执法，维护好国家安全与公共利益，进而保护好公民、法人和其他平台组织的合法权益。2015 年 4 月 28 日，国家互联网信息办公室发布了《互联网新闻信息服务单位约谈工作规定》，这对国家互联网信息办公室与各地互联网信息办公室建立约谈规制等起到了重要作用。为了规范网络技术的信息搜索服务，保护好公民、法人和其他组织的合法权益，2016 年 6 月 25 日国家互联网信息办公室印发了《互联网信息搜索服务管理规定》，这对网络技术搜索提出了管理规定，不能随意搜索公民的隐私信息。网络的直播内容也需要规范管理，2016 年 11 月 4 日国家互联网信息办公室印发了《互联网直播服务管理规定》，对境内提供、使用互联网直播服务起到了规制作用。为了提高互联网新闻信息服务许可管理的规范化和制度化水平，科学指导互联网新闻信息采编发布服务、转载服务和平台传播服务，2017 年 5 月 22 日国家互联网信息办公室印发了《互联网新闻信息服务许可管理实施细则》，禁止未经许可或超越许可范围开展互联网新闻信息的服务活动。为了引导互联网社区行业健康有序发展，2017 年 8 月 25 日国家互联网信息办公室印发了《互联网论坛社区服务管理规定》，对规范互联网论坛社区服务提供了遵循规制。为了维护国家安全和公共利益，构建健康有序的在线交流信息网络空间，2017 年 9 月 7 日国家互联网信息办公室印发了《互联网群组信息服务管理规定》，这对互联网群组信息服务的提供者和使用者提出了遵循规制。为了营造风清气爽的网络空间，规范公安机关互联网安全监督检查工作，公安部部长办公会议已于 2018 年 9 月 5 日通过了《公安机关互联网安全监督检查规定》。

为了维护新闻从业人员和社会公众的网络合法权益，2017 年 10 月 30 日国家互联网信息办公室印发了《互联网新闻信息服务单位内容管理从业人员管理办法》，这对互联网新闻信息采编发布、转载和审核内容管理工作提供了规范指引。为了规范微博客的内容传播，促进微博客信息服务的健康发展，2018 年 2 月 2 日国家互联网信息办公室印发了《微博客信息服务管理规定》，这对以简单文字、图片、视频等形式传播的微博客主体发挥了规范指引作用。为了加强金融信息服务管理，提高金融信息服务质量，2018 年 12 月 26 日国家互联网信息办公室印发了《金融信息服务管理规定》，这对促进金融信息服务健康有序发展提供了指导遵循。为了规范互联网用户公众账号信息服务，维护国家安全和公共利益，2021 年 1 月 22 日国家互联网信息办公室发布了新修订的《互联网用户公众账号信息服务管理规定》，这对注册运营公众账号从事内容生产者发布的自然人、法人或非法人组织具有重要的规范遵循与指引作用。为了规范移动互联网应用程序信息服务，2022 年 6 月 28 日国家互联网信息办公室印发《移动互联网应用程序信息服务管理规定》，为境内提供应用程序服务和互联网应用商店服务提供了遵循规制。为了规范互联网跟帖评论服务，维护国家安全和公共利益，2022 年 11 月 15 日国家互联网信息办公室发布了新修订的《互联网跟帖评论服务管理规定》。为了进一步加强对互联网危险物品信息的管理，规范危险物品从业单位信息发布行为，2015 年 2 月 5 日公安部、国家互联网信息办公室、工业和信息化部、环境保护部、工商总局、安全监督总局联合印发了《互联网危险物品信息发布管理规定》，任何个人和平台组织违规发布危险物品信息，利用互联网从事走私、贩卖危险物品等违法犯罪行为都将受到法律制裁。

为了推动网络音频信息服务业的有序发展，保护好自然人、法人和其他非法人组织的合法权益，国家互联网信息办公室、文化和旅游部、国家广播电视总局于 2019 年 11 月 18 日联合印发了《网络音视频信息服务管理规定》，为境内从事网络音视频信息服务者提供了遵循规范。为了有效治理 App 违法收集使用个人信息，国家互联网信息办公室、工业和信息化部、公安部、国家市场监督管理总局又于 2019 年 11 月 28 日联合印发了《App 违法违规收集使用个人信息行为认定办法》，这对 App 运营者自查自纠和网民社会监督提供了指引遵循。在网络带货时代，为了有效保护个人网络合法权益，加强对网络直播营销的合法管理，2021 年 4 月 16 日国家互联网信息办公室、公安部、商务部、文化和旅游部、税务总局、市场监管总局、广电总局联合印发了《网络直播营销管理办法（试行）》，这对通过网站、应用程序、小程序等以视频直播、音频直播、图片直播等方式开展营销的商业传播活动具有规范指引作用。为了规范互联网弹窗推送服务和公共利益，2022 年 9 月 9 日国家互联网信息办公室、工业和信息化部、国家市场监督管理总局联合印发《互联网弹窗信息推送服务管理规定》，这对通过操作系统、应用软件和网站等以弹出消息窗口形式推送服务提供了规范指引。这些法规需要我们去认真学习消化，并在网络社会传播实践中执行遵循，不断提升网络媒介素养和社会治理能力。

案例 4-1

用法治构筑未成年人网络安全屏障

《未成年人网络保护条例》（以下简称《条例》）已于 2024 年 1 月 1 日起正式施

行。作为我国出台的第一部专门性的未成年人网络保护综合立法，《条例》充分体现了党和国家对未成年人成长成才的高度重视和亲切关怀，标志着我国未成年人网络保护法治建设进入了新的阶段。

《条例》的出台，是深化依法治网、推进网络强国建设的重磅举措。截至2023年6月，我国未成年网民规模已突破1.91亿，当前的这代未成年人，素有“网络原住民”之称。互联网是一个社会信息大平台，为广大未成年人获取知识、加强社交、休闲娱乐提供了极大便利，也会对他们的求知途径、思维方式、价值观念产生重要影响。限于心智未成熟、辨识力自控力有限等因素，未成年人极易受到互联网有害信息、有毒价值观的侵扰。《条例》分别从促进网络素养、规范网络信息内容、保护个人网络信息、网络沉迷防治等方面构筑未成年人网络安全屏障，汇聚起未成年人网络保护的强大合力。

法之所向，治之所归。保障未成年人在网络空间的合法权益，是治理网络空间的重要战略任务。只有以《条例》为依据，加强网络内容建设，鼓励和支持制作、复制、发布、传播有利于未成年人健康成长的网络信息，运用法治手段加强对违法和不良信息的监管与治理，才能有效净化未成年人的网络环境，把未成年人网络保护真正落到实处。

加强未成年人网络保护工作是一项系统性工程，每个人都责无旁贷。将网络素养教育纳入学校素质教育内容，提高教师对未成年学生沉迷网络的早期识别和干预能力；强化监护人网络素养教育责任，教育引导未成年人增强个人信息保护意识和能力、指导未成年人行使相关权利；要求网络平台服务提供者应当履行的未成年人网络保护义务，督促网络游戏服务提供者建立和完善预防未成年人沉迷于网络游戏的规则……《条例》坚持以社会协同共治为方略，明确了国家、社会、家庭、学校等各方在未成年人网络保护方面的责任与义务。政府监管、家庭教育、学校保护、企业履责、网民自律，多方共治、多措并举、多效发力，就可以不断筑牢未成年人网络保护的“防火墙”。

未成年人是祖国的未来、民族的希望，净化网络环境、维护未成年人健康成长，关系千家万户的切身利益，关乎国家前途和民族命运。正所谓“法必明，令必行”。良法美意只有以有力的贯彻执行为辅助，才能发挥出善治功效。以《条例》为遵循，为营造有利于未成年人健康成长的清朗网络空间和良好网络生态而不懈努力，必能为未成年人畅享网络、放飞个人梦想创造无限可能。①

国家及时出台《未成年人网络保护条例》，是有效保护未成年人群体的良药善举，这是把网络传播的治理端口往前移，从未成年群体抓起的科学治理策略。因为从网络

① 人民网. 用法治构筑未成年人网络安全屏障［EB/OL］.（2023-11-03）［2024-3-3］https://export.shobserver.com/baijiahao/html/675477.html.

犯罪的角度来审视，“青少年的逐步成熟的过程实际上是在逐步适应和解决适应中存在的问题的过程。不能适应环境，或者不能健康地，以符合社会规范的方式解决适应中存在的问题，是青少年心理发展水平和客观现实矛盾的一种综合反映”①。在网络社会，部分未成年群体受到网络信息的侵犯伤害，甚至有严重发展趋势，患上刷屏不停的网瘾疾病，众多家庭和有志人士呼吁对未成年群体的网络使用进行有效管控，共同保护未成年人群体的身心健康，让他们在网络社会生活得更加阳光进取、向上向善，而不是忧郁无神和疾病缠身。这就需要用优秀伦理文化来教育他们，用网络法律来规制传播行为，创造风清气朗的网络空间和传播生态，使人更加愉悦地享受网络生活。顾理平认为：“从理性的角度出发，每一个身心健康的现代公民，都不希望有违主流伦理原则的信息被广泛传播，但由于信息传播的复杂性，美好的愿望往往在现实生活中大打折扣。因此，防微杜渐必须从最初的警觉开始。这不仅是因为最初的‘处于直觉状态的惊讶’更容易意识到潜在的问题，也因为这个阶段的消极影响尚未开始真正发生作用，预防更为容易。”②

网络技术如同一把锋利的双刃剑，我们既要让未成年人学习网络技术来传播信息与适应社会发展，探索网络社会的传播行为与伦理规范，也要注意与预防网络社会的负面效应，避免在网络缧绳中体悟到“人为手机奴隶，人被技术奴役”的悲哀。技术也罢，信息也好，贵在精要，不在海量，因而及时净化网络传播环境，疏导与治理网络媒介的负面伤害，让未成年人群体生活在健康阳光的网络空间，既关系到每个家庭的幸福安康，也关涉中国网络社会的高质量发展。

第二节 网络传播伦理与法规的社会效用

一、《宪法》的社会地位与社会效用

《宪法》是国家的根本大法，是由全国人民代表大会经过特定程序制定，具有最高的法律效力，是国家一切立法活动的基础，也是中国特色社会主义法律体系的核心。它是国家各种制度和法律法规的总依据，任何法律、法规以及具有法律效力的文件都不得与宪法相抵触，任何组织和个人都必须以宪法为根本的活动准则，不得超越宪法的特权。《宪法》第五条规定：“中华人民共和国实行依法治国，建设社会主义法治国家。国家维护社会主义法制的统一和尊严。一切法律、行政法规和地方性法规都不得

① 张保平，李世虎，张璇．犯罪心理学［M］．北京：中国人民公安大学出版社，2020：262.

② 顾理平．媒介伦理与美好世界的想象［J］．视听界，2021（03）：126.

同宪法相抵触。一切国家机关和武装力量、各政党和各社会团体、各企业事业组织都必须遵守宪法和法律。一切违反宪法和法律的行为，必须予以追究。任何组织或者个人都不得有超越宪法和法律的特权”①；第二十二条第一款规定：“国家发展为人民服务、为社会主义服务的文学艺术事业、新闻广播电视事业、出版发行事业、图书馆博物馆文化馆和其他文化事业，开展群众性的文化活动”②；《宪法》第三十五条规定：“中华人民共和国公民有言论、出版、集会、结社、游行、示威的自由”③；《宪法》第四十一条第一款规定：“中华人民共和国公民对于任何国家机关和国家工作人员，有提出批评和建议的权利；对于任何国家机关和国家工作人员的违法失职行为，有向有关国家机关提出申诉、控告或者检举的权利，但是不得捏造或者歪曲事实进行诬告陷害”④；《宪法》第四十七条规定：“中华人民共和国公民有进行科学研究、文学艺术创作和其他文化活动的自由。国家对于从事教育、科学、技术、文学、艺术和其他文化事业的公民的有益于人民的创造性工作，给以鼓励和帮助。”⑤ 这些条款从原则上指导着网络传播的个体和群体的行为规范，也为研究网络传播伦理与法规提供了根本遵循。习近平总书记指出：“宪法的根基在于人民发自内心的拥护，宪法的伟力在于人民出自真诚的信仰。必须坚持宣传、教育、研究共同推进，坚持知识普及、理论阐释、观念引导全面发力，推动宪法深入人心，走进人民群众，推动宪法实施成为全体人民的自觉行动。”⑥ 因此，在网络社会，任何与新闻传播相关的伦理规则和普通法律，都必须以宪法为立法基础，不能超越宪法规定的范围。

二、《网络安全法》与《数据安全法》的社会效用

为了保护好网络社会公民、法人和其他组织的合法权益，促进社会伦理道德健康发展，2016 年 11 月 7 日全国人大常务委员会通过了《网络安全法》，共七章七十九条法律规定，这部法律对网络时代的亿万网民与群体传播具有里程碑式的重要意义。在网络社会的健康运行与法治进程中，“国家采取措施，监测、防御、处置来源于中华人民共和国境内外的网络安全风险和威胁，保护关键信息基础设施免受攻击、侵入、干扰和破坏，依法惩治网络违法犯罪活动，维护网络空间安全和秩序”⑦。每个

① 全国人大常委会办公厅. 中华人民共和国宪法 [M]. 北京：中国法制出版社，2023：8.

② 全国人大常委会办公厅. 中华人民共和国宪法 [M]. 北京：中国法制出版社，2023：19.

③ 全国人大常委会办公厅. 中华人民共和国宪法 [M]. 北京：中国法制出版社，2023：24.

④ 全国人大常委会办公厅. 中华人民共和国宪法 [M]. 北京：中国法制出版社，2023：27.

⑤ 全国人大常委会办公厅. 中华人民共和国宪法 [M]. 北京：中国法制出版社，2023：32.

⑥ 习近平. 谱写新时代中国宪法实践新篇章：纪念现行宪法公布施行 40 周年 [N]. 人民日报，2022-12-20.

⑦ 中央网络安全和信息化委员会办公室，国家互联网信息办公室网络法治局. 网信部门常用法律法规 [G]. 北京：法律出版社，2023：8.

网民都需要注意网络安全，坚定树立网络社会的安全意识，不可麻痹大意和率性而为。网络空间安全也深刻影响着现实社会，网络谣言、网络欺诈、网络侵权、网络赌博、非法网络借贷与网络暴力等行为数量多、危害大、破案难。这些问题是线上线下交织发生的，既给网络社会带来治理困难和安全隐患，又对网民的健康和财产造成伤害损失，也容易导致尖锐的矛盾斗争，破坏网络空间的正常秩序和安全运行。面对网络安全的严峻形势，一方面要加强对信息技术的学习培养，提升网络技术和信息管理能力，另一方面要加强科技伦理与法规问题研究，预防科技被人使坏，建立行政规章和法律制度，让信息技术在法律规定范围内保持健康秩序与安全运行。陈建云认为："我国通过立法规定从事互联网新闻信息服务实行许可制度，提供具有新闻舆论属性或者社会动员能力的互联网应用功能需进行安全评估，实质上都是为了保障网络新闻类信息内容的安全性和网络信息传播的可控性，从而维护国家安全和社会稳定。"①

在大数据时代，很多网络平台与信息传播公司，有意无意地在搜集网民数据，因为数据就是经济利益，这些数据虽然可以用于工作需要，但也面临着对外泄露的潜在风险。为了保障数据安全，保护好公民、平台组织的合法权益，维护好国家安全主权与利益发展，2021年6月10日全国人大常务委员会通过了《数据安全法》，共七章五十五条法律规定，这有利于保护好亿万网民的个人数据与隐私信息，预防被网络平台和传播组织非法利用，进而造成公民的身心伤害与财物损失。在法律视域中，所谓"数据安全，是指通过采取必要措施，确保数据处于有效保护和合法利用的状态，以及具备保障持续安全状态的能力"，而"维护数据安全，应当坚持总体国家安全观，建立健全数据安全治理体系，提高数据安全保障能力"②。因此，《数据安全法》对保护每个网民数据的信息安全具有重要作用，也会对不法分子产生了威慑力，任何个体与平台组织如果在网络传播中泄露数据、侵犯数据以及倒卖数据，必定要受到法律的严厉惩戒。

三、《个人信息保护法》与《反电信网络诈骗法》的社会效用

从传统媒体到网络时代，其最大变化就是涌现出亿万不同的传播个体，传统媒体只有少数人才有资格进入新闻传播行业，而互联网时代只要是成年人，都可以通过智能手机来获取信息、传播信息和发布信息，这些不同年龄、不同文化、不同职业与不同区域的庞大网民，需要立法来保护好他们的个人信息，避免被非法窃取而遭遇重大

① 陈建云. 移动互联网时代我国网络信息传播立法考察［J］. 新闻大学，2023（06）：32-46.

② 中央网络安全和信息化委员会办公室，国家互联网信息办公室网络法治局. 网信部门常用法律法规［G］. 北京：法律出版社，2023：40.

损害。因此，保护好每个网民的合法权益成为网络社会政府部门的重要职责之一，国家应从伦理与法规层面制定有效管控措施，以免个人信息和隐私行为被不法泄露和负面扩散，甚至因遭遇网络暴力走向死亡极端。

2021 年 8 月 20 日全国人大常务委员会通过了《个人信息保护法》，共八章七十四条，这对网络社会保护好个人信息必将发挥重要作用。我国《个人信息保护法》规定："自然人的个人信息受法律保护，任何组织、个人不得侵害自然人的个人信息权益"，任何组织与平台在"处理个人信息应当遵循公开、透明原则，公开个人信息处理规则，明示处理的目的、方式和范围"①。在网络社会的信息传播行为中，如果"个人信息处理者违反本法规定处理个人信息，侵害众多个人的权益的，人民检察院、法律规定的消费者组织和由国家网信部门确定的组织可以依法向人民法院提起诉讼"②。

在网络社会，不仅个人信息容易遭受非法泄露和扩散传播，个别平台组织还会根据个人信息和相关特征进行精准分析，进而实施电信网络诈骗，形成产业链和犯罪共同体。这些网络犯罪群体成为明目张胆的电信诈骗团伙，给众多网民的生活造成不小的伤害。为了有效保护好亿万网民的财产安全，2022 年 9 月 2 日全国人大常务委员会通过了《反电信网络诈骗法》，共七章五十条，这对有效打击网络犯罪发挥着重要的威慑作用。所谓电信网络诈骗，是指"以非法占有为目的，利用电信网络技术手段，通过远程、非接触等方式，诈骗公私财物的行为"。在网络治理过程中，"反电信网络诈骗工作坚持以人民为中心，统筹发展和安全；坚持系统观念、法治思维，注重源头治理、综合治理，坚持齐抓共管、群防群治，全面落实打防管控各项措施，加强社会宣传教育防范；坚持精准防治，保障正常生产经营活动和群众生活便利"③。

国家及时颁布实施《个人信息保护法》与《反电信网络诈骗法》，这对保护好亿万网民的财产安全与预防诈骗，具有十分重要的社会功效与实践意义。

四、《英雄烈士保护法》与《未成年人保护法》的社会效用

在网络社会，每个网民都拥有言论自由的传播行为，但言论自由与传播行为也有边界限制和规则制约，不能胡言乱语，正如《论语》中的伦理箴言："勿意，勿必，勿固，勿我"。但总有一部分网民与国外人士，打着自由旗号对我国英雄烈士进行污蔑化、丑陋化以及虚无化等传播行为。2018 年 4 月 27 日全国人大常务委员会通过了

① 中央网络安全和信息化委员会办公室，国家互联网信息办公室网络法治局．网信部门常用法律法规[G]．北京：法律出版社，2023：47.

② 中央网络安全和信息化委员会办公室，国家互联网信息办公室网络法治局．网信部门常用法律法规[G]．北京：法律出版社，2023：58.

③ 中央网络安全和信息化委员会办公室，国家互联网信息办公室网络法治局．网信部门常用法律法规[G]．北京：法律出版社，2023：59.

《英雄烈士保护法》，规定："禁止歪曲、丑化、亵渎、否定英雄烈士事迹和精神。英雄烈士的姓名、肖像、名誉、荣誉受法律保护。任何组织和个人不得在公共场所、互联网或者利用广播电视、电影、出版物等，以侮辱、诽谤或者其他方式侵害英雄烈士的姓名、肖像、名誉、荣誉。任何组织和个人不得将英雄烈士的姓名、肖像用于或者变相用于商标、商业广告，损害英雄烈士的名誉、荣誉。"① 英雄烈士是为了保卫国家而牺牲自己生命的特殊群体，是必须得到国家和民族敬仰的对象，绝对不能因为网络传播的自由就随意抹黑他们。

如今，未成年人群体接触网络越发过早化、密集化与多样化，因而受到网络传播的心理创伤与健康损害，为了有效保护好未成年群体的身心健康，2020 年 10 月全国人大常务委员会第二次修订了《未成年人保护法》，这对未成年人群体的健康成长发挥着重要作用。该法"禁止制作、复制、出版、发布、传播含有宣扬淫秽、色情、暴力、邪教、迷信、赌博、引诱自杀、恐怖主义、分裂主义、极端主义等危害未成年人身心健康内容的图书、报刊、电影、广播电视节目、舞台艺术作品、音像制品、电子出版物和网络信息等"，还"禁止制作、复制、发布、传播或者持有有关未成年人淫秽色情物品和网络信息"②。在网络传播中，"任何组织或者个人不得通过网络以文字、图片、音视频等形式，对未成年人实施侮辱、诽谤、威胁或者恶意损害形象等网络欺凌行为。遭受网络欺凌的未成年人及其父母或者其他监护人有权通知网络服务提供者采取删除、屏蔽、断开链接等措施。网络服务提供者接到通知后，应当及时采取必要的措施制止网络欺凌行为，防止信息扩散"③。网络治理要充分发挥好《未成年人保护法》的重要作用，因为未成年群体是国家进步发展的生力军，也是在网络伦理与法规中容易偏离的重点人群，应当让网络技术对未成年人成长起到正向功能作用，尽量减少网络传播带来的负面效应。

五、《民法典》与《刑法》的社会效用

在中国法治社会进程中，2020 年 5 月 28 日全国人民代表大会通过的《中华人民共和国民法典》具有里程碑的重大意义，其中部分条款对网络信息传播发挥着重要作用。王利明认为："《民法典》的出台强化了我们的制度优势，但制度优势如何转化为治理效能，取决于该制度的实施效果。因此，加强《民法典》的实施是《民法典》出

---

① 中央网络安全和信息化委员会办公室，国家互联网信息办公室网络法治局. 网信部门常用法律法规[G]. 北京：法律出版社，2023：74.

② 中央网络安全和信息化委员会办公室，国家互联网信息办公室网络法治局. 网信部门常用法律法规[G]. 北京：法律出版社，2023：79.

③ 中央网络安全和信息化委员会办公室，国家互联网信息办公室网络法治局. 网信部门常用法律法规[G]. 北京：法律出版社，2023：82.

台后的重要问题。如果只是孤立地观察《民法典》的制度、规则，往往会一叶障目，不见泰山，无法真正理解《民法典》在社会治理体系之中的地位，也难以充分发挥《民法典》的治理效能；只有从社会治理的视角观察，才能凸显《民法典》在社会治理中的地位和功能。”① 《民法典》第一百一十一条规定：“自然人的个人信息受法律保护。任何组织或者个人需要获取他人个人信息的，应当依法取得并确保信息安全，不得非法收集、使用、加工、传输他人个人信息，不得非法买卖、提供或者公开他人个人信息。”② 在网络社会中，不少个体与网络平台为了获取流量与暴利行为，肆意搜集与非法窃取个人隐私，《民法典》第一千零三十二条规定：“自然人享有隐私权。任何组织或者个人不得以刺探、侵扰、泄露、公开等方式侵害他人隐私权。隐私是自然人的私人生活安宁和不愿为他人知晓的私密空间、私密活动、私密信息。”③ 在网络传播中，《民法典》第一千零三十四条规定：“自然人的个人信息受法律保护。个人信息是以电子或者其他方式记录的能够单独或者与其他信息结合识别特定自然人的各种信息，包括自然人的姓名、出生日期、身份证号码、生物识别信息、住址、电话号码、电子邮箱、健康信息、行踪信息等。个人信息中的私密信息，适用有关隐私权的规定；没有规定的，适用有关个人信息保护的规定。”④ 在信息传播中，“网络用户利用网络服务实施侵权行为的，权利人有权通知网络服务提供者采取删除、屏蔽、断开链接等必要措施。通知应当包括构成侵权的初步证据及权利人的真实身份信息。网络服务提供者接到通知后，应当及时将该通知转送相关网络用户，并根据构成侵权的初步证据和服务类型采取必要措施；未及时采取必要措施的，对损害的扩大部分与该网络用户承担连带责任”⑤。《民法典》在保护网民的合法权益方面必将持续发挥重要的作用。

从 1979 年至今，《中华人民共和国刑法》（以下简称《刑法》）进行了十二次修正，有关“侵犯著作权罪”“侮辱罪”“诽谤罪”“侵犯公民个人信息罪”“非法侵入计算机信息系统罪”“破坏计算机信息系统罪”“非法利用信息网络罪”“帮助信息网络犯罪活动罪”“投放虚假危险物质罪”“编造、故意传播虚假恐怖信息罪”等的非法信息传播行为都要受到法律的惩戒处罚。《中华人民共和国刑法》第二百四十六条规定：

---

① 王利明．民法典：国家治理体系现代化的保障［J］．中外法学，2020（04）：847－864．

② 中央网络安全和信息化委员会办公室，国家互联网信息办公室网络法治局．网信部门常用法律法规［G］．北京：法律出版社，2023：90．

③ 中央网络安全和信息化委员会办公室，国家互联网信息办公室网络法治局．网信部门常用法律法规［G］．北京：法律出版社，2023：91．

④ 中央网络安全和信息化委员会办公室，国家互联网信息办公室网络法治局．网信部门常用法律法规［G］．北京：法律出版社，2023：92．

⑤ 中央网络安全和信息化委员会办公室，国家互联网信息办公室网络法治局．网信部门常用法律法规［G］．北京：法律出版社，2023：93．

“以暴力或者其他方法公然侮辱他人或者捏造事实诽谤他人，情节严重的，处三年以下有期徒刑、拘役、管制或者剥夺政治权利。”① 《刑法》第二百五十三条之一规定：“违反国家有关规定，向他人出售或者提供公民个人信息，情节严重的，处三年以下有期徒刑或者拘役，并处或者单处罚金；情节特别严重的，处三年以上七年以下有期徒刑，并处罚金。”② 同时，《刑法》第二百八十六条之一规定（第一款罪名），对那些“违反国家规定，对计算机信息系统功能进行删除、修改、增加、干扰，造成计算机信息系统不能正常运行，后果严重的，处五年以下有期徒刑或者拘役；后果特别严重的，处五年以上有期徒刑”③。在网络社会中，一些网民恶意编造恐吓信息，造成社会恐慌与秩序紊乱，《刑法》第二百九十一条之一规定（第一款罪名，编造、故意传播虚假恐怖信息罪）：“投放虚假的爆炸性、毒害性、放射性、传染病病原体等物质，或者编造爆炸威胁、生化威胁、放射威胁等恐怖信息，或者明知是编造的恐怖信息而故意传播，严重扰乱社会秩序的，处五年以下有期徒刑、拘役或者管制；造成严重后果的，处五年以上有期徒刑”，还有“编造虚假的险情、疫情、灾情、警情，在信息网络或者其他媒体上传播，或者明知是上述虚假信息，故意在信息网络或者其他媒体上传播，严重扰乱社会秩序的，处三年以下有期徒刑、拘役或者管制；造成严重后果的，处三年以上七年以下有期徒刑”④。这是《刑法》不同于其他法律的重要功能，因为网络社会的伦理教育作用有局限性，只有将伦理教育、社会管理、宣传引导与法律法规等方式融合起来，才能发挥更大的威慑效应和指导作用。

案例 4-2

破解卖茶女“杀猪盘”真相

2020 年 10 月 29 日，随着最后一名被告人撤回上诉，浙江省桐乡市检察院办理的这起 2 000 多人受骗、诈骗数额达 4 300 万元的“杀猪盘”案件尘埃落定。其中主犯尹某因犯诈骗罪被判处有期徒刑 15 年，剥夺政治权利 5 年，并处罚金 500 万元；其余 60 余名被告人被判处有期徒刑 7 年至 9 个月不等，并处罚金 20 万元至 4 000 元不等。

事情还得从 2018 年的秋天说起，桐乡市检察院检察官周艳萍抱着一大摞案卷回到办公室，在平时，单位同事都说她是办理电信诈骗案件的“专家”，但她抱回来的这一

① 中央网络安全和信息化委员会办公室，国家互联网信息办公室网络法治局. 网信部门常用法律法规[G]. 北京：法律出版社，2023：95.

② 中央网络安全和信息化委员会办公室，国家互联网信息办公室网络法治局. 网信部门常用法律法规[G]. 北京：法律出版社，2023：95.

③ 中央网络安全和信息化委员会办公室，国家互联网信息办公室网络法治局. 网信部门常用法律法规[G]. 北京：法律出版社，2023：96.

④ 中央网络安全和信息化委员会办公室，国家互联网信息办公室网络法治局. 网信部门常用法律法规[G]. 北京：法律出版社，2023：97.

堆看似普通的电信诈骗案卷，却让“专家”的眉头也皱了起来。

50 多人的庞大诈骗团伙，设立了 5 家子公司专门组织实施诈骗，诈骗数额才 200 万元？“你们说多少都认”，犯罪嫌疑人有恃无恐的背后还有哪些秘密？最关键的是，关于这个团伙背后的诈骗流水账目、交易数额等证据都没有固定，这些关键证据去哪儿了？想到这些，周艳萍拨通了承办警官的电话。

卖茶叶的“福建姑娘”

2018 年 5 月 7 日，在桐乡市做羊毛衫生意的冯某来到了本地公安局报案，声称自己的钱被一个卖茶叶的“福建姑娘”骗了，被骗了几十万元。根据冯某自述，1 月通过微信认识李某，对方自称是卖茶叶的。看对方发来的照片很漂亮，自述的身世也很感人，没多久冯某和这位“福建姑娘”就成了好友。冯某在微信上和这位卖茶叶的“福建姑娘”保持联系，没有见过面或者视频联系过。直到这名所谓卖茶叶的“福建姑娘”被抓获后冯某才傻眼了，对方竟然是个男的，而且还只有 23 岁。

检察机关通过调查发现，这伙不法分子先是通过网络购买专门用来作案的微信号，然后又通过技术手段在汪洋大海中筛选出男性微信号，最后把作案微信号推送给被害男性添加好友（即“推粉”）。他们给被害人营造有缘分的错觉，并针对男性客户制订统一话术，“不经意间”显示自己是有孝心、善良但是身世可怜的网红美女，利用男性被害人对女性的爱慕或同情心理，编造与男友分手、帮外公炒茶、亲戚抢茶庄等各种事由实施电信网络诈骗。

业绩表藏在关键 U 盘里

这个案子背后还有没有我们没掌握到的情况？疑问一直在承办检察官周艳萍以及整个办案团队的心里挥之不去。“必须从犯罪嫌疑人处下手”，周艳萍审阅该案现有材料后作出决断。检察官办案团队首先加紧了对电信网络诈骗团队的几名重点骨干成员的讯问，然而正常讯问并没有让他们松口。周艳萍讯问时抛出了几个重磅问题：“我知道你们实施诈骗都有分工，相关的诈骗数额和到账金额都有记录，你是想不起这些记在哪里了吗？侦查机关扣押了你们所有的涉案电脑、手机和 U 盘，只要比对那些东西就可以分析出来，查明只是时间问题，而你交代不交代，对你而言却是另一个问题。”

被抓获的李某是该团伙负责工资提成和不法收益发放的犯罪嫌疑人，面对检察官的上述话语，他开始闪烁其词。检察官们敏锐看出这个团伙平时使用的电脑、手机和 U 盘等电子设备一定有问题！周艳萍立刻调动团队力量，组织人员对这个团伙重点涉案人员在侦查阶段被扣押的容量高达 50 个多 GB、内有 3 000 余份电子证据的 13 个 U 盘进行地毯式审查，一一点击查阅每一个文件夹。功夫不负有心人，办案检察官在李某被扣押的个人 U 盘中发现了该电信网络诈骗集团 3 个月的业绩表。业绩表格里具体诈骗数额清晰了然，关键证据终于浮出水面。

认定数额从 200 万增加到 4 300 万

为进一步固定证据链，周艳萍立即通知侦查机关进行补充侦查，积极引导侦查机关着重对审查发现的重点U盘、手机进行补充电子勘查，结合这个团伙的涉案银行账户流水、微信财付通交易数据和团伙成员工资发放金额进行实时比对，证实业绩表中的诈骗提成就是涉案诈骗资金。

通过检察机关和侦查机关的不懈努力，该案的诈骗数额由最初移送审查起诉时认定的 200 余万元提升到了 4 300 余万元，其中原认定涉罪的 6 名诈骗集团犯罪嫌疑人的涉罪数额，从不到 10 万元增加到 100 万元以上。同时，承办检察官还将新增被害人身份信息与前期确认“售后微信”好友列表信息进行实时比对，比对后最终使得 10 名前期未被侦查机关掌握的犯罪嫌疑人被追诉，最终被起诉的嫌疑人也从 50 余人增加到 60 余人，每一个犯罪分子最终都得到了应有的惩罚。①

这则新闻事件告诉我们，如今网络犯罪行为的组织之严、话术之新、套路之深以及用心之毒，完全超出了普通网民的想象范畴。这些网络传播行为不断使出各种诈骗手段，采用利益、美色、情感、卖惨、投资、故事、神话等剧本的单一套路和综合骗术，最终引诱接受者进入精心做局的杀猪盘中，遭遇情感打击和财产损失。只有教育广大网民在网络传播中对财色情感不抱非分之想和贪婪之念，这样才不至于沦陷在网络剧本之中遭遇重大损失。此外，全国各地政法机关要不断提升自我管理能力，打造一支忠诚、干净、有担当的政法队伍，通过落实法律法规来惩戒网络诈骗团伙，不能让犯罪分子逍遥法外，标本根治网络犯罪的社会土壤。建设安全放心、健康清爽的网络传播环境，让人民生活在规范有序的法治空间，还需要提升每个人的媒介素养和防范意识，努力达到自己诚实不欺与预防被人欺骗的双重要求。

第三节 网络传播伦理与法规的发展转向

一、智媒时代传播伦理的困境挑战

在中国这样人口多、地域大、统一的多民族国家，网络媒介的社会影响显得尤为复杂。传播伦理出现不少困境挑战，资源争夺、隐私保护、算法推荐、技术控制、暴力伤害、社会风险以及健康秩序等问题不断暴露在大众面前。只有认真把脉智媒时代的传播伦理与治理问题，才能顺利推进网络社会的科学治理，这种困境和挑战主要表

① 范跃红，韩志鹏，吴鹏，等. 破解卖茶女“杀猪盘”真相［N］. 检察日报，2020-11-24.

现在以下四个方面。

（一）数据资源争夺与隐私保护的困境挑战

在大数据时代，每个人的衣食住行和生老病死都要填报数据资料，登录 App、餐厅点菜、医院挂号、缴纳停车费等与生活息息相关的小动作，都要在移动终端上用自己的相关账号信息进行登录，而每一个社交账号的背后都可能涉及自己的真实信息，包括姓名、手机号、身份证号等，大量的个人隐私完全被暴露在社会各行各业编织的信息网络之中，广大民众的一切信息都被各行各业所掌控。尤其是智能手机进行的各种扫码、付款、结算等操作，都要求录入相关个人数据信息。这些数据信息关涉个人的隐私保护与安全问题，如果个人信息无法得到网络平台的有效保护，极易在利益驱使下形成融合式的系统信息被非法分子窃取倒卖。对于个体而言，也许只是受到垃圾信息和骚扰电话的烦扰，但对于企业、团体，甚至对国家来说，则是命脉数据被掌控。个人的一切行为都被社会平台时刻关注着，特别是对于一些公共人物、名人与官员而言更少了隐私性，当然也就缺乏个人信息安全感。因此，我们如何既能享受便捷安全的网络生活，又能可靠防止被不法分子窃取个人信息，这是大数据时代面临的安全挑战与治理难题。

（二）算法信任危机与技术控制的困境挑战

在算法时代，人的生活行为时刻被大数据关注搜集，一方面推送信息给我们带来方便快捷，另一方面数据平台随时关注跟踪个体的心理想法与行为轨迹又使我们的隐私受到侵犯。受众在智能手机上浏览的各种信息，都被后台进行大数据分析，然后根据个人浏览网页的兴趣爱好有针对性地推送相关信息、提示或视频，无意之中，个体就在社交平台的不断推送中沉迷甚至沉溺。不仅仅被相似的信息气泡所围绕无法接触更多公共信息，也会导致原有观点在不断强化之下失去与更多其他观点的交流，个体在精准消费、精准识别、精准投放中被网罗。人的隐私信息与行为取向被平台搜集，甚至还出现大数据杀熟事件，企业为了追求最大利益而越过伦理规范，因而我们看到人不断被技术所控制，彼此缺乏信任感与安全感。正如顾理平所言："算法技术的信任危机构成了伦理困境的重要方面。当人们试图将一部分信息权力交由算法执行，好直接享受信息服务时，对中介化过程是否公正的担忧也开始出现并随之引发信任危机。"① 人之所以是人，就是希望做自己命运的行为主人，不是一件冷冰冰的信息工具，在算法时代人的主体性是被大数据所操控着，不是我们在自由选择对象，而是我们被对象所选择推送。

---

① 顾理平．具体困境与整体困境：智媒时代的传播伦理变革与研究转向［J］．传媒观察，2022（02）：40-47.

（三）技术伦理伤害与风险社会的困境挑战

智媒技术给信息传播带来了极大的方便性、新鲜感与精准化，网络使用个体对智媒技术产生了越来越强的依赖性。但信息社会部分人利用网络平台来操纵技术，并用技术来诱骗他人获取非法利益，让大家遭遇一些网络诈骗和暴力问题，技术就会给人带来伤害，这也是信息技术所伴随的伦理风险。因为“智媒时代的用户是在未真正理解代理中介的情形下就被纳入传播系统的，当代理中介反客为主将个人信息用于侵犯权益，个性化服务变成了针对性的歧视时，伤害就呈现出偏见与歧视、损害个体自主、侵犯个人信息等具体形态”①。其实，亿万网民是自愿或不自愿被带入信息社会，因而在网络传播中就会有偏见、歧视、损害与侵犯等挑战性问题。如果不能有效管制这些问题，就会影响社会秩序的规范建设和诚信制度。

（四）网络空间传播与秩序健康的困境挑战

人们在现实社会争夺资源，吵架打骂与争斗等问题，都发生在物理空间，而互联网时代则是在网络空间中发生谩骂诋毁与利益争夺，甚至网络暴力问题。这些争斗从看得见的显性博弈到看不见的隐性博弈，从有限数量演变为庞大数量群，从地理边界到跨越国界，网络社会的秩序健康维护更具挑战性。在现实社会，虽然物理空间与虚拟网络紧密相连、互相融通，但虚拟世界为个体所向往，并不断渗入现实生活的中心；而网络社会的“人们生活在技术垄断的数据社会之中，比起可触摸的实体，经量化和计算的数字主体反倒能够成为更真实、更可信并带有预测性的主体”②。

二、智媒时代传播伦理与法规的创新转向

中国接入互联网30年来，传播生态发生了巨大变化，实现了从关注内容转到兼具技术的思维转向，从专业人士到全员网民的对象转向，从伦理自律到法规他律的行为转向，从社会单体到系统工程的治理转向。这些深刻变化宣告了智媒时代的到来，更昭示着网络传播伦理与法规必须与时俱进实现创新转型，如此才能适应信息技术的发展需要。

（一）从关注内容到兼具技术的思维转向

按照党管媒体的原则，传统媒体时代主要是关注内容，对新闻报道内容质量和伦理表现尤其注重，报纸每个版面的内容都是经过多层审核后才会编辑刊发，必须强调思想政治层面的舆论导向把关，在社会发行售卖中也要接受广大读者检阅；而广播电视的视听内容剪接也需要经过多层审核把关后才能公开播放。这是一套行之有效的新闻采编程序。进入网络时代后，由于信息技术的深度渗透，网络平台的数据搜集与隐

① 顾理平．具体困境与整体困境：智媒时代的传播伦理变革与研究转向［J］．传媒观察，2022（02）：45.
② 顾理平．具体困境与整体困境：智媒时代的传播伦理变革与研究转向［J］．传媒观察，2022（02）：46.

私侵犯随之而来，甚至在一些社会危机事件中表现出网络暴力与恐吓等传播行为。例如，新闻报道某人非正常死亡后，他的妻子穿着与言行并不妥当，于是很快出现跟帖、网曝、人肉搜索，在网络上质疑他的妻子具有犯罪嫌疑，导致妻子自杀身亡。网络传播会对现实社会产生重要影响，因此，我们不仅要关注传播的内容价值，也要注意技术的伦理侵犯。网络平台要把人当成人来对待，而不是当成机械或者物品来审视关照。网络时代的信息传播日益成为新闻从业者、技术人员合作完成的复合型产品，如何提升网络技术群体的伦理素养，需要我们去探索研究。如果技术人群只懂技术而不具备人文素养，心中缺乏伦理道德和法治精神，传播的信息必定会引发社会风险和伦理危机。因此，把关注内容与兼具技术融合起来，这是传播伦理的新方向。

（二）从专业人士到全员网民的对象转向

在传统媒体时代，新闻伦理与法规主要是专业群体的事情，涉及的传播人群和报道数量比较少，新闻从业人员必须经过多层筛选才能进入新闻传播平台开展工作。这些人员的政治素养、文化品质与专业能力都是经过实践考验，得到各级党委和政府的信任和肯定的。当然，传统体制内的记者和编辑以及媒介管理者，每年也要接受主管部门和行业协会的审查，那些违反伦理道德和法律规范的记者编辑会受到相应的法规惩戒，不合格的记者甚至会被吊销记者证。在网络时代，每个人只要拥有一部智能手机就能进行信息传播和视频直播，在平台上与粉丝群体互动交流，产生同频共振效应，甚至还可以有购物打赏以及其他的线上互动合作行为。由于这些购物打赏、情感效应以及合作行为不断突破伦理规制，从而带来法律风险和犯罪可能性。例如，各种视频直播打着涉黄的擦边球进行各种互动、送礼和打赏。因此，传统媒介与网络社会的传播内容千差万别，数量群体呈几何级增长，管理难度不可同日而语。在智媒时代，"'深度伪造'与'信息泄露'所体现的不再只是涉及信息真实、个人信息保护等问题，而是关系到数据伦理困境、算法伦理困境和伤害效果伦理困境，这些共同作用显示出的是整个社会对智媒传播秩序的不适应"①。智媒时代的"深度伪造"与"信息泄露"更容易扩散，对社会受众的伤害效果更为严重，查办和治理难度更大。因此，智媒时代需要严厉规范数据平台的组织管理，也要严格规范掌握网络数据的相关人士，因为任何个人和平台组织都有深度伪造和泄露信息的可能性，一旦出现则会给他人和社会造成严重的伤害，这是网络社会需要科学预防的伦理问题。

（三）从伦理自律到法规他律的行为转向

传统媒体人士都有平台空间和合法身份，多数人很珍惜自己的职业工作，在长期的新闻实践中能做到伦理自律，严格遵守新闻传播的法律规则。但在网络时代，信息

---

① 顾理平．具体困境与整体困境：智媒时代的传播伦理变革与研究转向［J］．传媒观察，2022（02）：46．

传播则是个体的自由权利，新闻的概念也被信息泛化，很多人打着言论自由的旗号，发出各种声音，对自我的传播行为随意任性，甚至用调侃与消解的方式来对待新闻的严肃性，采用讥讽与凌厉的眼光对待新闻事件的正能量传播。在自媒体传播中，由于信息大爆炸，很多传播者常会采取刺激的传播方式来博取眼球，把流量至上奉为圭臬。如果只用伦理道德来规范亿万网民，那是无法驾驭的艰难事情，必须依靠法律规范来管理这个庞大人群。既要对未成年人群体加强伦理法规的案例震慑与培育引导，还要将法治教育贯穿到中年群体和老年群体之中，用伦理教育和法治惩戒来规范亿万网民，如此才能减少网民的伦理越界和犯罪行为。靖鸣认为："人工智能技术在新闻传播领域的发展极其迅速，而相应的法律法规还存在许多空白点，需要建立强有力的法律法规和管理制度，一方面要维护人工智能技术对人类社会实现的价值，另一方面要最大限度地防止人工智能对人类社会产生的威胁。"① 在人工智能时代，信息技术掌握在不同的个体和平台组织手中，就会产生不同的传播效果与正反传播效应。如何发挥人工智能技术在媒介传播中的有利性，尽量规避信息技术带来的危害性，合用伦理自律与法规他律来科学治理，这是一个任务艰巨的重大问题，也是数智时代新闻传播必须面对的转向问题。

（四）从社会单体到系统工程的治理转向

在传统媒体时代，仅靠新闻主管部门和行业组织协会就能较好地管治新闻传播的内容审阅，也能较好地管理新闻从业群体。因为多数人都能在新闻采编中守护伦理道德，在新闻工作中爱岗敬业，在新闻实践中遵循法规。在数智时代，由于传播人群复杂，单靠新闻主管部门和行业组织协会难以驾驭管理，还需要网信办、公安、政法、安全以及教育等部门单位的深度参与。各级党委和政府要充分发挥领导力和统筹协调能力，如此才能把社会各方面的治理力量调动聚集起来，组建强大的网络治理共同体，科学规范和有效引导亿万网民的传播行为，形成行之有效的协同治理机制。诚如吴飞所言："数字化对公共价值是有影响的，如何在数字生活和数字实践中有效地保障这些公共价值，将是政府、平台和公民们的共同责任。"② 在数智时代，只有广大网民与平台组织在网络传播行为中遵守道德、敬畏法律，政府带头遵循伦理道德和法律规则，数据平台科学预防网络传播的伦理冲突和风险治理问题，才能减少网络传播的伦理失范和违法犯罪行为。因此，中国式现代化的网络风险治理必然充满着困难和挑战。

案例 4-3

帮老年人玩转互联网

移动互联网的诞生与发展，为我们带来许多便利，深刻改变了我们的生活方式。

---

① 靖鸣，娄翠．人工智能技术在新闻传播中伦理失范的思考［J］．出版广角，2018（01）：9-13.

② 吴飞．数字平台的伦理困境与系统性治理［J］．国家治理，2022（07）：20-25.

很多人感叹：没有手机和网络，我们寸步难行。然而，许多老年人并不适应移动互联网的生活，没有智能手机或者有智能手机但不会上网，甚至有些老年人连“触网”都是问题。

其实，老年人并不是抗拒移动互联网，相反却表达出强烈的学习意愿，只是需要时间来学习和适应。所以，全社会应对老年人使用移动互联网倾注更多耐心。不仅创造老年人“触网”的条件，还要帮助他们玩转互联网。达到这样的目标，需要多方协作，共同努力。

政策引导要全面有效。老龄化和数字化如今是中国社会发展的两大趋势，但两者并不对立。在制定发展数字化政策的过程中，要充分考虑老年人需求，引导社会、企业和家庭对老年人运用移动互联网等智能技术投入更多精力。例如，政府可以引导互联网企业对App等进行适老化改造；支持手机生产企业开发老年智能手机；引导社区等组织智能技术培训等。

市场开发要及时到位。如果真的能让老年人玩转移动互联网，对众多互联网企业来说将是一个巨大利好。中国现在60周岁以上人口超过2.5亿，这是一个庞大的市场和一片新蓝海。养老、健康、娱乐等方面都有着可观的市场空间。如果能够研发出一些适老化App或者智能终端设备，既满足了老年人的需求，又增加了数字经济的成色，这就形成了双赢局面。

社会关怀要温暖细心。社会关怀分为两个方面，一是社区等应加强培训，二是家庭要多多关心。社区是政策的主要执行者，在推动老年人使用移动互联网上起着举足轻重的作用。因此，社区应加强与老年人的沟通，采取举办课程、组织志愿服务、入户介绍等多种多样的方式方法，帮助老年人积极“触网”。家庭则要更多关心老年人。有时候子女为了省事，更愿意为父母等老人代劳。殊不知，这样容易造成老年人与移动互联网脱钩，而且还可能造成恶性循环。所以，在家庭生活中，子女应放心让老年人熟悉移动互联网，运用智能技术。当老年人能够随时视频聊天，偶尔进行网购时，家庭生活会变得更有乐趣。

当然，与此同时，也要正视老年人“触网”过程中出现的各种问题，加大力度打击电信诈骗，为老年人撑起一把安全的保护伞。

眼下，越来越多的老年人开始主动拥抱移动互联网，他们想要跟上时代的步伐。虽然“数字鸿沟”一直都存在，但相信经过努力，老年人一定能够顺利跨过这道鸿沟，真正享受到移动互联网的实用和便捷。①

在网络社会，“由于各行动者之间的利益诉求平衡受到了破坏，再加上技术迭代过

① 张一琪. 帮老年人玩转互联网［N］. 人民日报（海外版），2021-04-05.

快、媒介失忆恐慌和信息超载等因素所带来的负面影响，老年群体的媒介使用并没有进入良性发展轨道。对此，各行动者之间要通过互相配合，来化解其中存在的风险，加强异质性网络的稳定性，帮助老年群体更好地参与网络应用，更好地享受数字化时代的生活便利和生活乐趣”①。要想网络社会对不同年龄阶段人群的技术操作具有情境化、细致化与便捷化的特征，那就要搭建好人性化的网络平台，在网络操作设计时充分考虑社会所需，尽量不增添麻烦。老人群体在互联网时代虽然有着“难民”的身份标签，但保护好老年人群体的网络传播权利是党委、政府与社会应尽的职责，既要让他们使用网络技术来享受便捷生活和丰富情感世界，也要让他们对网络法规有一定的认识和了解，成为遵纪守法的网民，更要注意预防网络平台的诈骗行为。因为智媒时代具有极大的便利性，诈骗团伙精于利用各种骗术来诱导老年群体，通过虚构各种利益陷阱，诈骗老年群体的钱财，造成其精神伤害和经济损失，这是我们必须面对并预防的现实风险。

关键词

自律规范；法治变迁；治理重建

思考题

1. 如何理解网络传播伦理与法规的自律行为？
2. 如何理解网络传播伦理与法规的历史变迁？
3. 如何理解网络传播伦理与法规的创新变革？
4. 网络社会如何帮助老年群体走出“数字鸿沟”，玩转互联网？

---

① 赵泓，吴晓清．老年群体美篇使用实践与影响因素作用结构研究——基于行动者网络理论视角［J］．当代传播，2023（04）：105－108．

扫一扫

拓展数字资源

第五章　网络传播伦理与法规的话语规则

在传统媒体时代，只有少数人经过多重考核后才能进入媒体行业从事新闻传播工作。在自己的新闻职业生涯中，大多数人充满理想信念和专业主义精神，秉持“铁肩担道义，妙手著文章”的工作精神，有人甚至不惜用生命健康践行与诠释新闻精神，出现了邵飘萍、范长江、范敬宜等新闻大家，其知名度不亚于明星政要人物。这些新闻大家既用身体力行的职业精神昭示广大新闻工作者，也用优秀作品和人格魅力感染后人。互联网时代的新闻传播形态与格局发生了巨大变化，这是因为广大网民的自由表达可以更好地实现，网络传播的信息扩散与裂变效应也更好地凸显出来。习近平总书记指出：“让互联网成为我们同群众交流沟通的新平台，成为了解群众、贴近群众、为群众排忧解难的新途径，成为发扬人民民主、接受人民监督的新渠道。”① 因此，我们需要珍惜宪法赋予公民的表达自由权利，共同维护表达自由的健康传播环境。

第一节　网络传播权利是宪法赋予公民的基本权利

一、网络传播权利是宪法赋予公民的基本权利

言论自由是世界各国宪法的基本规定，我国《宪法》第三十五条规定：“中华人民共和国公民有言论、出版、集会、结社、游行、示威的自由。”② 同时，《宪法》第四十七条规定：“中华人民共和国公民有进行科学研究、文学艺术创作和其他文化活动的自由。国家对于从事教育、科学、技术、文学、艺术和其他文化事业的公民的有益于人民的创造性工作，给以鼓励和帮助。”③ 言论表达自由是媒体传播中的核心问题，主要用声音、文字、图片或者影像等方式来传播呈现；在互联网时代，可以用文字、声

① 习近平. 论党的宣传思想工作［M］. 北京：中央文献出版社，2020：195－196.

② 全国人大常委会办公厅. 中华人民共和国宪法［M］. 北京：中国法制出版社，2023：24.

③ 全国人大常委会办公厅. 中华人民共和国宪法［M］. 北京：中国法制出版社，2023：32.

音、图片、视频等单一方式或者组合方式表达，呈现方式个性化、多样化与场景化，传播已从新闻专业领域转为大众媒介时代，从文字声音转为亿万网民的立体化、共情化传播景象，可谓是“旧时王谢堂前燕，飞入寻常百姓家”。网络表达自由的重要意义可以从个人与社会两方面来理解。

（一）网络表达自由的个人意义

公民具有言论表达自由的重要权利，匈牙利诗人裴多菲有诗云：“生命诚可贵，爱情价更高。若为自由故，二者皆可抛。”一方面，自由本身是人作为人的首要标志，而表达自由又是自由概念的核心内容，在古希腊与古罗马时代，自由是公民与奴隶身份的重要区别，因此，“言与行则是人类存在的两种根本方式。言论的自由抒发能够使表达者享受到作为一个独立自主的自由人的满足，从而使其有做人的自尊感”①。另一方面，表达自由是个人增加知识与追求真理的重要方式。言论自由有助于推进我们学习知识，有利于我们去认识和探索未知世界，当我们能自由地认识社会事物的本来面目，并能自由表达对一切事物的认识看法时，真理就在与错误的斗争中凸显出来。如果没有言论表达自由，那么这就意味着处于一个独裁和专制的社会形态。在互联网时代，如果表达自由被威权所蒙蔽和遮掩，甚至被权力体制压抑不能有效传播释放的话，人们就容易失去正确认识社会的试错机会，也缺乏探索真理的好奇心和驱动力。即使被权力压制的意见是错误的，它也可能在某些时候表现出部分的真理力量，因为真理只是相对的合理性，真理要借助对立与冲突意见才能不断修正完善自身。在历史长河中，曾经公认的真理也不全都是绝对真理，随着时间、空间和人类认知能力的深化提升，真理也会变成谬误。若容不下后人对这些公认意见进行认知挑战与质疑反思，这些公认意见就会变成阻碍社会发展的教条主义，就会成为探索科学大道上的拦路虎。随着社会科学与自然科学的不断发展，网民对公认意见有新颖的观点论述，我们的网络社会需要新的阐释交流与争论交锋，才能不断推动社会进步。

（二）网络表达自由的社会价值

言论表达自由在社会发展中发挥重要的作用，这是古今中外无数事实证明的颠扑不破的真理，中华民族对此更有深切体会，所以才有“防民之口，甚于防川”的传播古训。中国古代强大的秦国之所以迅速灭亡，其中一个因素就是对表达自由的严厉苛责，缺乏人际交流的健康环境，缺乏信息传播的人性机制。“天下苦秦久矣”，民众只是耕田劳作和打仗的冰冷机械，而不是自由幸福的大写之“人”。我国唐代为何繁荣昌盛，其中一个重要因素就是言论自由的传播环境与百花齐放的人文氛围。一方面，言论自由有利于民主对话与社会交流。改革开放40多年来，中国逐渐形成了对内自由与

---

① 陈绚．新闻传播伦理与法规教程［M］．北京：中国人民大学出版社，2016：111.

对外开放的传播环境，言论自由促进了社会民主对话。每年全国两会的定期召开，正是民主对话与交流争辩的表现方式，让来自社会各界的人大代表与政协委员传播广大民众的真实声音。特别是各级党委和政府面临重大项目决策时，更需要创造言论自由的对话环境与批评碰撞的平台机制，如此才能把公民之间、不同群体之间的真知灼见立体化呈现出来，最终达成最大公约数的共识意见，这样更加有利于领导的科学决策与社会的健康运行。另一方面，言论自由对权力制约具有重要作用。言论自由既是对多数权力的制约，也是对政府公权力、司法权的制约。在社会民主实践过程中，出现不同意见，多数票、少数票与弃权行为是极为正常的，多数人的意见需要保护，但少数人的意见也需要尊重。只有让每个人都敢讲话，才会有更接近真理的话语在交流中出现。思想家伏尔泰说："我可以不同意你的观点，但誓死捍卫你说话的权利。"我国《宪法》四十一条前两款规定："中华人民共和国公民对于任何国家机关和国家工作人员，有提出批评和建议的权利；对于任何国家机关和国家工作人员的违法失职行为，有向有关国家机关提出申诉、控告或者检举的权利，但是不得捏造或者歪曲事实进行诬告陷害。对于公民的申诉、控告或者检举，有关国家机关必须查清事实，负责处理。任何人不得压制和打击报复。"① 检验社会言论自由的健康环境不仅是支持多数人的意见观念，还要体现在对少数人不同意见的保护程度。中国传统历史的表达自由是相对缺乏保护机制的，人们奉行沉默是金的处世原则，提倡迂回委婉的批评表达方式。从秦代"焚书坑儒"到清代的"文字狱"，促成这类悲剧不断发生，既有封建朝代的法规原因，也有地方各级政府推波助澜的恶性变异，最终极大地损害了国家利益，也深度伤害了民众之心，因而言论自由是关涉国家利益与民心向背的重大问题。

2024 年初河北迁西县老干部马树山因举报当地领导干部被逮捕、起诉的事件，让我们看到了公权力和司法权压制言论自由的典型案例。在新时代的法治社会，县委书记居然敢动用公权力和司法权来抓捕举报之人，招来舆论哗然。幸运的是，有最高人民检察院的介入和互联网的批评才得以快速纠正，重新对此案展开调查。因为"以举报形式对公职人员展开监督，既是每个公民的基本权利，也是反腐工作的重要制度保障，更是对社会公平和谐守护的必要举措。举报信的内容里有几成虚、几成实，应当由有管理权限的纪委监委调查，按照调查结果作出相应处理。即便举报内容经查并不属实，也要严格区分'诬告陷害'与'错告'的差异，在严惩诬告者的同时，保护错告者的个人信息，避免造成寒蝉效应，使人'不敢举报'"②。我们要多一分敬畏之心，出一分建设之力，共同创造有利于表达自由的传播生态与社会环境。

---

① 全国人大常委会办公厅．中华人民共和国宪法［M］．北京：中国法制出版社，2023：27.

② 杨鑫宇．以法律为准绳维护群众权益［N］．中国青年报，2024-01-21.

二、网络传播权利受到伦理与法律的保护

在法治中国，任何网民的网络传播权利都会受到法律保护，容不得行政权和司法权的随意干涉。我们不能因为要防止出现网络暴力和网络违法问题，就片面限制公民的言论自由。《网络安全法》第十二条第一款规定：“国家保护公民、法人和其他组织依法使用网络的权利，促进网络接入普及，提升网络服务水平，为社会提供安全、便利的网络服务，保障网络信息依法有序自由流动。”① 在大数据时代，个人信息的安全流动非常重要，为了预防被不法分子乱用骚扰，《个人信息保护法》第十一条规定“国家建立健全个人信息保护制度，预防和惩治侵害个人信息权益的行为，加强个人信息保护宣传教育，推动形成政府、企业、相关社会组织、公众共同参与个人信息保护的良好环境”②。在安全共建时代，任何个人与平台在搜集数据中都要遵循伦理与法规，共建数据保护的安全环境。《数据安全法》第九条规定：“国家支持开展数据安全知识宣传普及，提高全社会的数据安全保护意识和水平，推动有关部门、行业组织、科研机构、企业、个人等共同参与数据安全保护工作，形成全社会共同维护数据安全和促进发展的良好环境。”③ 网络表达自由权利在网络社会主要体现在以下四个方面。

（一）出版自由

在人人拥有麦克风的网络时代，每个网民都有传递信息、发表观点、交流意见、抒发情感和讲授知识等不受干涉的表达自由权利。书面传播也是一种重要的传播形态，我国宪法规定的出版自由，主要是公民拥有创作、发表、出版、发行书刊的权利，并可以在著述、发表与出版书刊中阐释自己的思想观点和批评建议。出版自由既是言论自由的表现形式，还是言论自由的自然延伸。思想家弥尔顿在《论出版自由》一书中深刻论述了出版自由对人类社会发展进步的重要性，“出版管制令不仅不能消除罪恶，反而会抹杀真理，而真理只有在自由争辩中才能愈加显示其真理的性质”④。弥尔顿的思想观念对中国社会传播自由观念产生了重要影响。当然，相较而言，出版自由对社会普通公民是比较难以接触的事情，毕竟要写成文章或完成书稿，制作出视频或者影像作品，需要较高的文化水平和经济投入。这对于从事各行各业的普通公民而言，难以付出时间成本和精力成本。在自媒体时代，智能手机突破了传统出版自由的藩篱，

---

① 中央网络安全和信息化委员会办公室，国家互联网信息办公室网络法治局．网信部门常用法律法规［G］．北京：法律出版社，2023：9.

② 中央网络安全和信息化委员会办公室，国家互联网信息办公室网络法治局．网信部门常用法律法规［G］．北京：法律出版社，2023：48.

③ 中央网络安全和信息化委员会办公室，国家互联网信息办公室网络法治局．网信部门常用法律法规［G］．北京：法律出版社，2023：41.

④［英］弥尔顿．论出版自由［M］．吴之椿，译．北京：商务印书馆，2009：47.

每个网民可以通过语音、文字、图片、音视频和行为动作等方式来进行自由表达，纸质文本变为数字文本、网络文本，这极大地丰富了公民的言论出版自由活动。原来处于可控制的传统新闻把关体系被打破，职业新闻“把关人”功能被逐渐弱化，新闻发布与信息传播从专业化门槛降低为大众化水平。正因如此，表达自由才更需要遵守社会伦理与法律规范，否则容易在言论交锋中产生社会极化现象，遭受伦理谴责批判或法律惩戒。

（二）创作自由

在自媒体时代，随着社会生产力的变革发展，大量民众从第一产业、第二产业转移到第三产业中来。经过多年的文化教育与科学训练，还有信息技术的赋能加持，广大网民可以通过智能手机和网络平台创作文学艺术作品，有些是简短文字的信息交流，有些是讥讽调侃的舆论批评，有些是创意新颖的时尚作品，有些是同振共情的视频作品，有些是论证有力的新闻调查，有些是现代魔幻的艺术图片，有些是客观求实的记录影像，有些是自由抒情的诗歌散文，有些是情节复杂的长篇小说。总而言之，互联网时代表达自由的环境，可以激发亿万网民对文学艺术的创作热情。网络社会的开放性需要百花齐放、百家争鸣的传播氛围，以此不断提升我国文学艺术的创作能力。因此，文学艺术不再只是少数人的独有专利，而是人人都可以参与和投入其中的大众事业。文艺大发展大繁荣需要释放大众创作自由的激情，鼓励其创作文艺精品。当然，每个网民在文学艺术创作与传播过程中都要遵守伦理法规和社会主义核心价值观，必须坚持以人民为中心的新时代文艺观，不能为了搏眼球流量而破坏社会伦理道德，更不能为了经济利益而违法乱纪。习近平总书记指出：“广大文艺工作者要讲品位、讲格调、讲责任，自觉遵守法律、遵循公序良俗，自觉抵制拜金主义、享乐主义、极端个人主义，堂堂正正做人、清清白白做事。要有‘横眉冷对千夫指，俯首甘为孺子牛’的精神，歌颂真善美、针砭假恶丑。对正能量要敢写敢歌，理直气壮，正大光明。对丑恶事要敢怒敢批，大义凛然，威武不屈。要弘扬行风艺德，树立文艺界良好社会形象，营造自尊自爱、互学互鉴、天朗气清的行业风气。”[①] 互联网时代给广大网民提供了文学艺术创作的新机遇、新舞台，但少了“后台”的仔细琢磨，“前台”的内容就会显得大而化之，越来越多的网络文学往往采用套路化、流水化、标准化的手段进行创作，只求在短时间内以最低的成本制造最大的噱头。如此便导致网络空间缺少的不再是作品的数量，而是内容精美、高质量的文艺作品。广大网民可以在伦理与法规范围内自由创作，尽情发挥自身的聪明才智，在网络平台中竞相展现才华光芒，书写不愧于时代的优美华章。

---

① 习近平．在中国文联十一大、中国作协十大开幕式上的讲话［N］．人民日报，2021-12-15．

（三）科研自由

科学研究主要包括自然科学与人文社会科学研究，二者相行不悖、相得益彰，国家需要加大在自然科学研究方面的资金投入，但也不能轻视人文社会科学研究。中国式现代化的经济发展与社会进步，离不开自然科学与人文社会科学研究的共同支撑，做科学研究需要自由宽松的社会环境和可靠的平台机制保障，还需要真金白银的经济投入，而不是空喊口号和大话允诺，否则难以激发广大科研工作者的创造热情和转化能力。习近平总书记指出："要建立让科研人员把主要精力放在科研上的保障机制，让科技人员把主要精力投入科技创新和研发活动。各类应景性、应酬性活动少一点科技人员参加，不会带来什么损失！决不能让科技人员把大量时间花在一些无谓的迎来送往活动上，花在不必要的评审评价活动上，花在形式主义、官僚主义的种种活动上！"① 近年来，中国遭遇了美国等西方发达国家的科技遏制与极限打压，例如华为被美国技术制裁，本质原因还是核心技术的争夺控制问题。这个深刻教训让我们更加明白，在市场经济和国际传播环境下，核心技术是买不来、要不来、化缘不来的深刻道理。今后不能忘记历史教训，如果自身科研技术不够强大精湛，发达国家还会对中国的科学研究进行打压限制，这是资本主义国家的本性所在。新时代国家高质量发展更离不开广大科学研究者，只有创造健康自由的科学研究环境，用良好机制吸引优秀人才加入科学研究队伍，不断优化完善科学研究的自由机制，激发广大科技人员的创造能力和创新转化水平，才能不断缩小我国与发达国家的科研水平差距。这是我们需要长久奋进的科学目标。

（四）其他传播自由

互联网时代的表达自由，除了言论出版自由、文学创作自由与科学研究自由之外，还有其他文化活动的自由。这需要网络社会的自由机制，如此才能激发广大网民的创新能力，也能舒缓网络社会的多元情绪，提升广大群众生活的幸福指数，增强广大网民的满意度。各级党委和政府对于网络社会的其他文化活动不能管治严苛，要保持"让子弹飞一会"的战略定力；当然也不能放任不管，任由其他文化活动野蛮生长。要有效平衡二者之间的关系，各级党委和政府就需提高现代化治理能力和管理水平。我国《宪法》第二十二条规定："国家发展为人民服务、为社会主义服务的文学艺术事业、新闻广播电视事业、出版发行事业、图书馆博物馆文化馆和其他文化事业，开展群众性的文化活动。国家保护名胜古迹、珍贵文物和其他重要历史文化遗产。"② 这充

① 习近平．在中国科学院第二十次院士大会、中国工程院第十五次院士大会、中国科协第十次全国代表大会上的讲话［EB/OL］．（2021-5-28）［2024-02-12］http：//www.xinhuanet.com/politics/leaders/2021-05/28/c_1127505377.htm.

② 全国人大常委会办公厅．中华人民共和国宪法［M］．北京：中国法制出版社，2023：19.

分说明，我国宪法保护言论自由的范围非常广泛，各级党委和政府与司法机关需要认真保护好广大民众充分享有的言论自由权利。随着网络社会的不断发展与治理完善，广大网民的宪法权利会越来越受到保护和重视，法治观念只会越来越深入人心。这就要求不管是体制内还是体制外的媒体从业者，还是亿万普通的网民，都应该以社会主义核心价值观为导向，在个体表达自由中，不违背社会伦理道德，不违反国家法律法规。

在法治社会，不管是普通公民还是被法院审判的被告，都需要赋予他们表达自由的权利。针对 2023 年 12 月被枪毙的劳荣枝杀人审判案件，网上对为何要聘请律师给她辩护展开了激烈争论，这正是网络时代表达自由的典型例证。我们生活在网络社会的多元化传播环境中，在伦理道德与法治认识上的分歧是真实而深刻的客观存在。"'法网恢恢，疏而不漏'，警方利用大数据成功抓获潜逃 20 年的劳荣枝，说明了这一点。以身试法终被绳之以法，劳荣枝伏法证明了这一点。劳荣枝罪行累累，死有余辜，从这一案例，人们期待并看到：法律的尊严绝不容挑战，正义的底线绝不容突破"①。2024 年 1 月 31 日"重庆子女坠亡案"与"弑母案"被告人被执行死刑，这两个案件都在挑战道德底线和法律红线。"张波和叶诚尘的罪行灭绝人性，伤天害理，令人痛恨，让人悲愤！他们的死刑判决符合法律规定，是法律对恶的严惩，对善的呵护，对民众热切关注的回应，对社会公平正义的维护"②。网络社会公众具有基本的伦理判断，张、叶两人为了私利，故意杀害两个孩子，这是天理不容、伦理不容、法律不容，通过网络传播，可以起到警示的正向作用。在网络社会，我们"任何人都没有剥夺他人生命的权利。吴案中所谓的'自杀解脱'，实际上是一种违法行为，是将自杀与某种目的相关联并造成严重的社会后果，扰乱了社会秩序、违反社会公共利益"③。公平正义只有通过公开的法律审判、聘请律师辩论才能消除各种分歧，否则难以确认客观事实真相。这正是网络时代给我们每个网民上的一堂生动有力的法治教育课，表达自由得以真切落实，正义得到彰显传播。

案例 5-1

整治网络戾气　弘扬社会正气

当今时代，网络的影响无远弗届。它在丰富社会生活、打开表达空间的同时，也

---

① 人民网. 致 7 人死亡！劳荣枝伏法彰显司法正义［EB/OL］.（2023-12-18）［2024-02-12］https://www.thepaper.cn/newsDetail_forward_25700154.

② 人民网. 张、叶被执行死刑是对法治与人伦道德最好的维护［EB/OL］.（2023-12-18）［2024-01-15］https://www.thepaper.cn/newsDetail_forward_26223436.

③ 人民网. 吴谢宇弑母案告诉我们为什么要家庭普法［EB/OL］.（2024-1-31）［2024-01-15］http://opinion.people.com.cn/BIG5/n1/2024/0131/c436867-40170507.html.

滋生了网络戾气的问题。或是进行人肉搜索，大肆泄露个人信息；或是使用网络暴力，恶意攻击谩骂；或是挑起对立情绪，激化社会矛盾。凡此种种，既给人们带来身心伤害，也污染网络空间、破坏公序良俗。

前不久，中央网信办决定在全国范围内启动为期1个月的“清朗·网络戾气整治”专项行动，聚焦网络戾气容易滋生的重点环节版块，围绕社交、短视频、直播等重点平台类型，坚决打击借社会热点事件恶意诋毁、造谣攻击，编造网络黑话、恶意造梗，煽动网上极端情绪等7方面问题。这一系列举措落地实施，有力遏制了网络戾气的传播和扩散，有助于健全防范治理网络戾气的制度机制，更好保障广大网民合法权益，维护良好网络生态。

社会需要秩序，公民需要良知，网络需要清朗。与现实社会相比，网络空间具有隐匿性、虚拟性的特征，容易使一些人失去言行的边界感和责任感，毫无节制地宣泄非理性情绪。比如在“网络厕所”这种网络戾气的“新马甲”里，有人直接晒出他人照片或网络言论，诱发攻击性言论；还有人通过“开盒挂人”将他人的个人信息公开到网上，以达到威胁、羞辱或报复的目的。动辄“对骂”“互撕”，污名化特定群体，有组织地恶意辱骂举报他人……网络戾气产生于虚拟空间，但对广大网民的伤害、对社会文明的践踏却是真实的；网络戾气若不加遏制，则网络空间的每个人、每个机构都可能成为受害者。

构建理性文明的网络环境，需要利剑高悬、抓好整治。在前段时间公布的《关于依法惩治网络暴力违法犯罪的指导意见》及典型案例中，对诸如“网上侮辱他人”“购买并通过信息网络发布个人信息”等行为，依法给予惩罚，形成良好的警示作用。也要看到，一些充斥网络戾气的言行打擦边球，尚不构成犯罪，由于参与者众多，执法成本也比较高，可通过这次专项行动查找问题漏洞，完善治理机制。只有坚持重拳出击，集中关闭一批严重违规、影响恶劣的账号群组，坚决取缔一批戾气聚集、问题突出的功能板块，从严查处一批履责不力、顶风作案的网站平台，让恶意攻击的人付出代价，让放纵戾气的平台承担责任，才能形成有效震慑、树立鲜明导向。进一步压实网站平台主体责任，摒弃拉踩引战、煽动对立、制造恐慌的‘有毒流量’，才能为平台长远健康发展营造良好环境，形成风清气正的网络氛围。

网络空间污浊，人人受其害；网络空间清朗，人人享其利。每个网民的言行都影响着网络风气，大家应该形成反对网络戾气的共识，并自觉抵制网络戾气。在热点事件中，是理性关注，还是被虚假信息带节奏？在公共讨论中，是文明对话，还是渲染极端情绪？多一些理性思考，少一些情绪宣泄；多一些求同存异，少一些党同伐异；多一些尊重包容，少一些对立对抗，就能从社会心理层面消除网络戾气滋生的土壤，为清朗网络空间奠定坚实文明基础。

网络空间是现实社会的延伸，是亿万民众共同的精神家园，应该是促进理性交流、激发社会活力、维护社会秩序的公共空间。政府部门、平台企业、广大网民携起手来，把专项整治与长效治理结合起来，把外部监管与自我约束结合起来，就能形成消除网络戾气的合力，共同构建理性文明、清朗健康的网络空间。①

在网络传播时代，每个人都有喜怒哀乐的情绪波动，也有悲欢离合的社会遭遇。有的个体面临生活不幸或不公待遇时，容易造成情绪极端化，于是通过自媒体或者网络平台发泄不满。但是，身为网络使用者，要时刻遵守“己所不欲，勿施于人”的伦理箴言。在网络平台，身处于不同利益圈层的网民往往极易从自身角度出发，进行利益得失的分析，在网络上发表言论或者恶意攻击，如此就会导致网络这一本来自由开放的平台成为怒骂平台。如果网民只为索取利益而忘记社会和谐安宁，只为宣泄极端情绪而丢掉社会伦理法规，这样的情绪抒发轻则伤害亲友群体，重则破坏网络社会的健康秩序。网络社会的情绪极端化与暴力伤害事件证明，只有控制好自我情绪与传播行为，满怀真心和传播善意，方能不断闪光，受到粉丝群体的尊重和赞赏。否则，非但不能舒缓情绪和解决问题，反而还会亮相出丑于网络空间。网络传播不是只考虑传播者的主观意愿，还要考虑到社会反应，尤其是一些具有网络影响力和号召力的明星和意见领袖，每一个信息传播都可能带来正反影响，因此更应当注意自己的言行举止。

第二节　网络传播的伦理约束与法规要求

互联网时代，网络表达自由并不是随意而为，而是有内容限制、行为准则和伦理规范的相对自由。网络传播也不是为所欲为的任性传播，世界各国宪法的言论自由规定都说明了这一权利的相对性和有限向度。中国传统文化奉行“祸从口出，言多必失”的伦理箴言，老子说“多言数穷，不如守中”，孔子说“君子敏于行而讷于言”。在社会交往中遵循“良言一句三冬暖，恶语伤人六月寒”“一言既出，驷马难追”等行为准则。从传统社会演变到互联网时代，照样需要伦理法规来维持网络的健康运行和规范秩序，否则部分网民的语言暴力和谎话诱导会造成更加广泛的破坏性和更深重的伤害性。

一、网络传播的环境限制

在漫长的言语交流与信息传播进程中，我们理解表达自由会受到硬条件和软环境的时代限制。汉字的表达空间主要局限于中华文化圈，因为其书写方式与西方字母文

① 李拯. 整治网络戾气　弘扬社会正气 [N]. 人民日报，2023-12-15.

字完全不同。而在互联网时代，汉字由于输入技术的变革创新，反而比西方字母文字输入更快捷高效，表达自由越发方便，传播影响越发广泛。有时一个语音、一段文字、一张图片、一个手势、一个行为、一个短视频等传播内容就会引发舆论海啸。当然，网络时代的表达自由也要受到硬软环境、内容限制与传播行为等方面的制约，不是个体或者群体想当然的任性传播行为。

（一）汉字传播的硬件技术发展

汉语、汉字是中国网络传播使用的主要语言文字，广大科技工作者为汉字输入技术的研发付出了巨大心血，而汉字的废立改革问题也存在过激烈的争议交锋。因为汉字系统在中国走向现代化信息传播过程中面临诸多难题，没有信息传播的现代化与科学化，就难有表达自由的大众化与普及性。一个域外学者对中国现代汉字传播进行研究后认为，“汉字维系了中国的统一，也抑制了中国的进步。汉字使中国保持了与其历史的联系，同时也使中国远离了黑格式的历史发展进程”①。随着输入技术的不断变革，汉字这个独立于世界文字的符号系统迎来了新生命活力，“汉字在电子媒介中广泛存在且增长惊人，读写能力普及，同时，随着外国人将汉字作为第二外语的学习兴趣不断上升，孔子学院和浸入式汉语早教课程也在世界各地推广开来，甚至有不少人出于对汉字的喜爱而将其文在身上。中文前所未有地成为一门世界文字。在20世纪的大部分时间里，大多数人都认为只有抛弃汉字，实现彻底的字母化，中文才能取得上述成就。然而事实并非如此，之前认为不可能的事，如今已成为现实”②。汉字硬件输入条件从不可能变成大众化，有效满足了华人文化圈表达自由的传播方式，成功树立了汉字传播的文化自信。

（二）网络传播的软环境机制建设

随着改革开放带来的经济发展，还有民主法治建设的不断进步与文化教育水平的提升，广大民众渴望有更好的表达自由的社会机制，对表达自由的健康环境需求越发突出。这需要从政治、经济、法律、文化、教育等软环境方面展开建设，而且软环境的建设发展比硬件建设更具挑战性。我国《宪法》第五十一条规定：“中华人民共和国公民在行使自由和权利的时候，不得损害国家的、社会的、集体的利益和其他公民的合法的自由和权利。”③ 这就是说，网络传播的表达自由不得与国家法律相冲突，不得与社会伦理秩序相冲突，不得与集体利益相冲突，不得与其他公民的合法权利相冲突。

---

① ［美］墨磊宁. 中文打字机：一个世纪的汉字突围史［M］. 张朋亮，译. 桂林：广西师范大学出版社，2023：28.

② ［美］墨磊宁. 中文打字机：一个世纪的汉字突围史［M］. 张朋亮，译. 桂林：广西师范大学出版社，2023：29.

③ 全国人大常委会办公厅. 中华人民共和国宪法［M］. 北京：中国法制出版社，2023：34.

这是一个基本的言论自由边界与法律法规界限，这点自由原则也在网络社会中验证着法国思想家卢梭的至理名言“人生而自由，却无往不在枷锁之中”。网络新媒体为亿万民众的言论自由创造了新机遇新舞台，客观塑造了多元互动与自由批评的表达空间。为了有效保护好个人信息与表达自由，《个人信息保护法》第十条规定：“任何组织、个人不得非法收集、使用、加工、传输他人个人信息，不得非法买卖、提供或者公开他人个人信息；不得从事危害国家安全、公共利益的个人信息处理活动。”① 同时，国家根据网络社会的不断发展颁布了保护表达自由的法律规范，如《网络安全法》《数据安全法》《反电信网络诈骗法》《英雄烈士保护法》《未成年人保护法》《民法典》等，这些法律法规都是对表达自由的软环境建设，为广大网民的表达自由提供了健康保障和行为准绳。

二、网络传播的内容限制

网络传播的内容限制主要体现在两个方面：一方面是私人权利保护限制，诸如个人的隐私权、名誉权、财产权以及受到公平审判的权利；另一方面是公共权利保护限制，诸如国家安全、社会秩序、伦理风俗、司法权威等方面都要遵守。

（一）私人利益的内容限制

网络传播的一个重要伦理规则和法规制度，就是对个体权利的保护，涉及隐私权、名誉权、财产权以及法律审判方面。《网络安全法》第十二条规定：“任何个人和组织使用网络应当遵守宪法法律，遵守公共秩序，尊重社会公德，不得危害网络安全，不得利用网络从事危害国家安全、荣誉和利益，煽动颠覆国家政权、推翻社会主义制度，煽动分裂国家、破坏国家统一，宣扬恐怖主义、极端主义，宣扬民族仇恨、民族歧视，传播暴力、淫秽色情信息，编造、传播虚假信息扰乱经济秩序和社会秩序，以及侵害他人名誉、隐私、知识产权和其他合法权益等活动。”② 法律一方面依法保护每个网民享有网络使用权利，另一方面清晰划定网络传播不得超越的边界底线。

在网络传播中，个人信息受到法律保护。《个人信息保护法》第五条规定：“处理个人信息应当遵循合法、正当、必要和诚信原则，不得通过误导、欺诈、胁迫等方式处理个人信息。”③ 信息安全成为网络传播的关键要素，没有经过本人同意，擅自将个人信息在互联网上传播，并产生恶劣影响或取得不法收入，都会受到法律制裁。《数据安全法》第八条规定：“开展数据处理活动，应当遵守法律、法规，尊重社会公德和伦

① 中央网络安全和信息化委员会办公室，国家互联网信息办公室网络法治局．网信部门常用法律法规［G］．北京：法律出版社，2023：48．

② 中央网络安全和信息化委员会办公室，国家互联网信息办公室网络法治局．网信部门常用法律法规［G］．北京：法律出版社，2023：9．

③ 中央网络安全和信息化委员会办公室，国家互联网信息办公室网络法治局．网信部门常用法律法规［G］．北京：法律出版社，2023：47．

理，遵守商业道德和职业道德，诚实守信，履行数据安全保护义务，承担社会责任，不得危害国家安全、公共利益，不得损害个人、组织的合法权益。”① 如今，一些组织或个人，利用大数据技术从事非法行为来获取巨额利益，这就需要政法机关提升斗争本领，坚决打击网络犯罪分子的嚣张气焰。

个人名誉权、肖像权受到伦理与法规的保护。我国《民法典》第一千零一十九条规定：“未经肖像权人同意，肖像作品权利人不得以发表、复制、发行、出租、展览等方式使用或者公开肖像权人的肖像。”② 在隐私权方面，国家也出台了法律进行保护，不能违法传播和公开个人隐私信息，“隐私权保护从根本上来说是对公民尊严的保护。智媒时代的到来给人们的生活和工作提供了越来越多的机会和可能性，但同时，公民隐私面临的挑战也越来越多。对隐私的保护，不仅仅是对隐私主体个人权利的保护和面子的维护，更是向人们尊严致敬”③。同时，《民法典》第一千零三十二条规定：“自然人享有隐私权。任何组织或者个人不得以刺探、侵扰、泄露、公开等方式侵害他人的隐私权。隐私是自然人的私人生活安宁和不愿为他人知晓的私密空间、私密活动、私密信息。”④

网络空间不是任性贪欢的法外之地，英雄烈士在中华民族精神构建中具有重要作用，我们更要保护好英雄烈士的名誉权与荣誉权，不能让英雄烈士牺牲了自己却遭受不法分子的精神污蔑和历史虚无主义解构，更不能接受国外媒介和无知人士的历史文化消解，随意传播关于英雄烈士的不良信息。《英雄烈士保护法》第二十二条规定：“禁止歪曲、丑化、亵渎、否定英雄烈士事迹和精神。英雄烈士的姓名、肖像、名誉、荣誉受到法律保护。任何组织和个人不得在公共场所、互联网或者广播电视、电影、出版物等，以侮辱、诽谤或者其他方式侵害英雄烈士的姓名、肖像、名誉、荣誉。任何组织和个人不得将英雄烈士的姓名、肖像用于或者变相用于商标、商业广告，损害英雄烈士的名誉、荣誉。”⑤ 国家颁布的《英雄烈士保护法》需要各级政法机关去扎根落地，使之成为带震慑力的规矩准绳，有效保护英雄烈士的名誉等。

（二）公共利益的内容限制

国家利益高于一切，国家安全也高于一切。近年来网民数量在急剧增长，但网民

---

① 中央网络安全和信息化委员会办公室，国家互联网信息办公室网络法治局．网信部门常用法律法规［G］．北京：法律出版社，2023：41.

② 中央网络安全和信息化委员会办公室，国家互联网信息办公室网络法治局．网信部门常用法律法规［G］．北京：法律出版社，2023：91.

③ 顾理平．面子里的人格尊严：智媒时代公民的隐私保护［J］．南京师大学报（社会科学版），2022（04）：128－138.

④ 中央网络安全和信息化委员会办公室，国家互联网信息办公室网络法治局．网信部门常用法律法规［G］．北京：法律出版社，2023：91.

⑤ 中央网络安全和信息化委员会办公室，国家互联网信息办公室网络法治局．网信部门常用法律法规［G］．北京：法律出版社，2023：74.

的文化素养和法规意识参差不齐，不少网民在信息传播中的随意性、无知性让人瞠目结舌。有些网民属于屡教不改的顽固分子，不学习、不了解国家法律法规，甚至故意在网络传播中损害国家与社会利益。我国《刑法》第二百九十一条之一规定："投放虚假的爆炸性、毒害性、放射性、传染病病原体等物质，或者编造爆炸威胁、生化威胁、放射威胁等恐怖信息，或者明知是编造的恐怖信息而故意传播，严重扰乱社会秩序的，处五年以下有期徒刑、拘役或者管制；造成严重后果的，处五年以上有期徒刑。"① 可见，网民在表达自由中要有相应的法规意识，特别是在公共空间不能发布虚假的内容或者编造传播恐怖信息，也不能故意传播虚假恐怖信息，否则，轻则会受到五年以下刑事惩罚，重则会受到五年以上的刑事制裁。

在互联网时代，为了预防公共利益被犯罪团伙侵害，必须有效做到内容传播的保密行为，坚决打击电信网络诈骗行为。《反电信网络诈骗法》第五条规定："反电信网络诈骗工作应当依法进行，维护公民和组织的合法权益。有关部门和单位、个人应当对在反电信网络诈骗工作过程中知悉的国家秘密、商业秘密和个人隐私、个人信息予以保密。"②

为了保障未成年人健康成长，预防未成年人群体陷入网络犯罪歧途，《未成年人保护法》第五十条规定："禁止制作、复制、出版、发布、传播含有宣扬淫秽、色情、暴力、邪教、迷信、赌博、引诱自杀、恐怖主义、分裂主义、极端主义等危害未成年人身心健康内容的图书、报刊、电影、广播电视节目、舞台艺术作品、音像制品、电子出版物和网络信息等。"③ 这是因为，未成年人还没有健康成熟的心智能力和对社会事件的分析判断力，也缺乏把控自己的情绪意志的能力，需要用伦理法规来教育引导，避免遭网络不良信息诱导而误入歧途。未成年人群体是国家未来发展的生力军，也是中国特色社会主义的建设者和接班人，他们的判断能力和识别能力还不够成熟稳定，容易受到侵害，必须在网络传播中对其进行重点保护。

为了遏制网民传播虚假信息，《中华人民共和国刑法修正案（十一）》第二百九十一条中增加一款规定："编造虚假的险情、疫情、灾情、警情，在信息网络或者其他媒体上传播，或者明知是上述虚假信息，故意在信息网络或者其他媒体上传播、严重扰乱社会秩序的，处三年以下有期徒刑、拘役或者管制；造成严重后果的，处三年以上七年以下有期徒刑。"④ 网络传播虽然便捷，但对于险情、疫情、灾情、警情等信息的

① 中央网络安全和信息化委员会办公室，国家互联网信息办公室网络法治局. 网信部门常用法律法规［G］. 北京：法律出版社，2023：97.

② 中央网络安全和信息化委员会办公室，国家互联网信息办公室网络法治局. 网信部门常用法律法规［G］. 北京：法律出版社，2023：59.

③ 中央网络安全和信息化委员会办公室，国家互联网信息办公室网络法治局. 网信部门常用法律法规［G］. 北京：法律出版社，2023：79.

④ 中央网络安全和信息化委员会办公室，国家互联网信息办公室网络法治局. 网信部门常用法律法规［G］. 北京：法律出版社，2023：97.

传播，不能随意编造谣言，这关涉到公共利益的有序维护。

案例 5-2

虚拟网络也要有真实边界

今天，许多公共事件都在网络上引起广泛关注和讨论。虚拟的互联网不断向公众展示其强大的信息传播能力，让潜藏在角落里的不法和失德行为不得不“直视阳光”，也让社会在激浊扬清中行稳致远。

然而硬币总有两面。我们有时也会发现，网络舆论场放大了一些本不该有的声音。有的人在网上利用人们的善良情感，泄私愤、填私欲、徇私心。竞争失败了，就在网络上捏造虚假事实，肆意诽谤竞争对手；恋爱失败了，就在网络上披露对方隐私，诋毁对方；非法利益落空了，就在网络上罗列、嫁接不相干事实，肆意攻击他人。甚至有个别所谓“网络大 V”，颠倒黑白、恶意炒作，把舆论监督做成了一门捞钱的生意。所以，我们既要看到网络舆论场革故鼎新的积极作用，加以鼓励；同时也要注意那些利用网络舆论场损害公共利益的行为，加以遏阻。最好的办法，就是用法律为虚拟网络舆论环境中的参与者构筑真实的权利边界。大凡网络上的言论，要么属于“事实陈述”，要么属于“意见表达”，要么是二者的结合。基于舆论监督的正当性要求，网络上的发言，只要事实陈述基本属实，意见表达没有逾越法律边界，那么这样的发言就是合法合理合情的，就是在言论的权利边界之内的，行为人理应受到法律的保护。但如果事实陈述中的事实，只是自己主观认定的“事实”，既没有任何证据支持，也没有任何权威的信息来源，那就可能构成对他人利益或公共利益的侵犯。有些“事实”，即使有证据支持，但如果属于个人的身份信息、私人活动信息、健康检查资料、犯罪记录等隐私，对外公布本身也可能构成对他人隐私权的侵犯。如果意见表达中的“意见”，已经超出就事论事的范围，演变为人身攻击，那也同样可能构成侵犯他人权益。以上这样的事实陈述和意见表达，就不合法律要求，就是在言论的权利边界之外的，不应受到法律保护。

对于网络舆论平台自身，也存在着权利的边界。当网络言论侵犯他人权利时，只要网络舆论平台接到侵权通知后采取了删除、屏蔽、断开链接等措施，它就可以躲入“避风港”，也算是履行了相应的义务。但法律也鲜明地树起了规则：如果网络舆论平台明知有人利用其平台发布侵权言论，而不采取必要措施的，它就要承担责任。

在互联网技术日新月异的今天，每个人都是网络的受益者。但如果对跨越权利边界的网络行为不加规范，则每个人都可能成为受害者。一旦我们习惯于不加甄别，纵容那些没有任何证据支持和权威信息来源的所谓爆料，我们自己很可能就会成为下一个被爆料的人，从而受到无辜的伤害。在没有权利边界的网络舆论场中，也就意味着没有规则和秩序可言。人与人之间难以形成稳定的预期和信赖，这样的舆论环境不仅无法激发出真知灼见，更会激化矛盾、加重偏见，理应引起我们的警示。

构建一个健康、成熟、理性的公共舆论空间，必须要以法律规范划定的权利边界作为基础。人类社会的实践早已启示我们，稳定的规则和秩序是我们开展一切活动的前提，是实现人类自身发展的首要条件。让互联网更好地在法律框架下运行，声音和观点才能传得更远、响得更久。①

第三节　公民网络表达权利的伦理规范

一、网民的知情权与表达权

在网络社会，只有广大网民及时知情了解信息，才能更好地行使表达自由的权利。任何网民都有权利了解涉及个人利益或者有关公共事务的真实信息。网络传播的知情权有广义与狭义之分。“广义的知情权主要是指公民、法人及其他组织知悉、获取官方与非官方信息方面的自由与权利，其义务主体既包括官方，又包括私人。知情权不仅是一种公权利，而且也带有浓厚的私权利性质。狭义的知情权基本上就是知政权，其义务主体应仅限于官方”②。公民知情权主要表现在以下三个方面。

（一）知情权是一项基本的人权

知情权是一项基本的人权。第二次世界大战结束后，知情权的重要性被不断凸显。1946 年联合国大会通过的第 59 号决议宣称：“情报自由是基本人权之一，且属联合国所致力维护的一切自由关键。”因为在战争期间一些国家盛行信息秘密主义，基于对导致战争根源之一思想专政与种族歧视的深刻反思，知情权与和平权、环保权成为人类的三大权利，这让我们明白知情权与其他两项权利一起并行传播的重要意义。知情权是保护公民的基本权利，这种权利可以让公民合法掌握信息主动权，从而优先做出事实判断，能够更好地帮助公民解决环境的不确定性问题，做出科学的行为改变。

（二）知情权是公民的宪法权利体现

知情权是广大公民具有民主权利的重要体现。人民群众如果没有知情权，选举权与参政权就无法实现。知情权也是广大民众监督政府、防止官员滥用权力的重要手段。

---

① 丁宇翔．虚拟网络也要有真实边界［EB/OL］．（2018－9－13）［2024－5－15］https：//www. cac. gov. cn/2018-09/13/c＿1123421885. htm.

② 陈绚．新闻传播伦理与法规教程［M］．北京：中国人民大学出版社，2016：127.

在网络社会中，亿万网民的参与监督，使政府官员更加注意自己的行为规范。在数字时代，公民知情权的落实主要依靠网络媒体宣传，手机、平板电脑都是落实知情权的重要载体，各级党委和政府也可以借助公众号“主动喂料”，积极传播各类主流信息。我国《宪法》第二条规定：“中华人民共和国的一切权力属于人民。人民行使国家权力的机关是全国人民代表大会和地方各级人民代表大会。人民依照法律规定，通过各种途径和形式，管理国家事务，管理经济和文化事业，管理社会事务。”① 既然一切权力属于人民，那公民就有权通过各种途径和多种形式了解一切保密之外的公共事务。《宪法》第二十七条规定：“一切国家机关和国家工作人员必须依靠人民的支持，经常保持同人民的密切联系，倾听人民的意见和建议，接受人民的监督，努力为人民服务。”② 国家机关工作人员要同人民群众保持密切联系，主动接受人民监督，那就需要向人民群众传递真实信息。广大民众只有了解真实信息才能更好地向各级党委和政府提出批评建议，否则官员就容易背离人民搞官僚主义或形式主义，甚至走向腐败堕落。回望党的十八大以来抓捕审判的贪官，认真梳理他们走向犯罪堕落的原因，其中之一就是行政长官在公共事务决策时的信息不透明、不公开，导致项目决策的形式主义和官僚作风，最终演变为贪腐财物的犯罪分子。各级党委和政府公开真实信息既是确保公民知情权的具体体现，也是预防公权力掌控人员腐败堕落的重要方法，因为公权力只有在阳光透明下才能更加健康运行，这是亘古不变的朴实真理。

（三）知情权是公民的法律权利体现

网络社会公民信息的知情权越发重要，必须得到法律法规的有效保护，否则容易被非法利用。在《个人信息保护法》第二十三条规定：“个人信息处理者向其他个人信息处理者提供其处理的个人信息的，应当向个人告知接收方的名称或者姓名、联系方式、处理目的、处理方式和个人信息的种类，并取得个人的单独同意。接收方应当在上述处理目的、处理方式和个人信息的种类等范围内处理个人信息。”③ 《民法典》第一千零三十七条规定：“自然人可以依法向信息处理者查阅或者复制其个人信息；发现信息有错误的，有权提出异议并请求及时采取更正等必要措施。自然人发现信息处理者违反法律、行政法规的规定或者双方的约定处理其个人信息的，有权请求信息处理及时删除。”④ 从《个人信息保护法》到《民法典》等法律出台，都是为了保护个人信息的知情权。当然，还需要各级司法机关去真正落实，这才是检阅知情权的关键能力，

---

① 全国人大常委会办公厅．中华人民共和国宪法［M］．北京：中国法制出版社，2023：6.

② 全国人大常委会办公厅．中华人民共和国宪法［M］．北京：中国法制出版社，2023：20.

③ 中央网络安全和信息化委员会办公室，国家互联网信息办公室网络法治局．网信部门常用法律法规［G］．北京：法律出版社，2023：50.

④ 中央网络安全和信息化委员会办公室，国家互联网信息办公室网络法治局．网信部门常用法律法规［G］．北京：法律出版社，2023：92.

以防被犯罪分子利用获取不当利益。公民经常收到的诸多垃圾信息、接到的骚扰电话，都是个人信息被非法获取造成的，虽然这些信息和骚扰电话没给公民造成重大伤害，但却给公民造成了不必要的困扰。

二、网络新闻从业者的职业权利

不论是传统媒体时代还是网络传播时代，新闻从业者都享有相应的权利。这些权利促使记者去坚守自己的职业岗位，努力寻找事实真相，客观报道新闻，做到“5W”的新闻传播者。国家也对新闻工作者的权利范围有相应的限制规定，每年会对新闻记者进行年检审查，对那些遵守法规的优秀采编者进行奖励，对那些违反法规的劣质采编者进行处罚，从而促使新闻媒介对社会进步发挥更好的职能作用。新闻工作者的传播权利主要体现在以下三个方面：

（一）新闻记者的采访权、写作权与传播权

采访权、写作权与传播权是新闻记者的三种基本权利。采访权指新闻记者为了获得新闻素材与事实证明的材料，需要对当事人或者新闻现场进行采访，只要记者不违背宪法与法律的规定，新闻当事人和当地部门就不能阻拦记者深入采访，更不能用“防火防盗防记者”的粗暴方式干预新闻采访工作，或者用党委和政府的新闻通报方式取代新闻现场的采访直播。记者只有获取新闻真实材料才能客观书写新闻，从而给公民呈现出事件的全貌，这有利于社会主体向大众公布信息，也有利于公民参政议政，同时还能够实现公民对社会各项事务的有效监督。网络社会获取新闻信息材料的方式多样便捷，但深入新闻现场进行一线采访，认真观察现场和搜集数据依然是一名记者的基本功和必修课，这有利于辨别新闻的真假性和信息的客观性，也是最能有效打动读者的传播方式，否则新闻素材就会掺假水分，也难以写出高质量、值得信赖共情的新闻稿件。如果有记者偷工减料、直接抄袭或转发部分未经核实的自媒体信息，就是在滥用传播权。

（二）编辑对新闻稿件的处置权

记者和编辑是新闻媒体的主要成员，因而编辑对新闻信息有权采取一定的增删、取舍和决定制作方式的业务权利，从新闻采访到写作编辑最终到出版发行，编辑对新闻稿件起着把关人的重要作用。新闻稿件的质量高低，也体现出编辑本身的新闻业务水平。无论是文字的编辑加工，图片的调色设计，还是视频的剪辑处理，都是新闻发布和信息传播的重要环节，也能充分考验编辑的业务能力。在互联网时代，不少自媒体人和新闻网站为了追求短平快或博人眼球的传播效果，发布的新闻信息常常会出现错别字和病句，甚至在一些文化常识、科学知识以及数据信息上屡次出错，这与编辑文化水平和责任感关系密切，更与网络新闻采编的制度有关，因而在新闻传播中编辑的把关角色格外重要。编辑只有不断提升自己的政治能力、文化素养和伦理道德水平，

认真做好本职工作，才能赢得别人尊重和信赖。

（三）对新闻来源保密的权利与义务

新闻工作者有权利和义务保护好新闻稿件以及新闻提供者的身份信息。首先，隐匿权是一种新闻权利，也是一种义务。对第三方而言，记者基于新闻自由而享有不暴露权利；记者对信息提供者是基于一种信赖关系而履行不暴露义务。其次，隐匿权的保护对象是提供消息的人。第三方提供消息之后，他们不愿意暴露自己的身份，这属于一种自我保护措施，目的是避免与报道有关方面产生利益纠纷，于是原本的私事就有了公共的传播性质。最后，隐匿权能发挥新闻媒介更大的传播作用。在新闻采访过程中，"隐匿权最初脱胎于记者的职业道德，现代社会对其保护的基本依据是言论自由，根本目的是保护公民的言论自由和知情权"①。有时为了真实、准确地传播新闻事件，特别是当新闻源要求记者不泄露其身份信息时，记者就要承担其所承诺的保护义务，否则会失去消息来源人的信任与支持。

三、网络信息与直播者的伦理规范

在互联网时代，从事网络传播的工作者越来越多，媒介行业内卷也越发严重，但也正是在这样的环境之下，才更加凸显伦理道德和法律准则的重要性。孔子说："富与贵，是人之所欲也，不以其道得之不处也。贫与贱，是人之所恶也，不以其道得之不去也。"在市场环境下，每个职业一旦饱和就会内卷，并不是人人拥有麦克风就都能带来名利双收的结果。市场经济的供需规律告诉我们，自媒体行业如今不是数量的问题，而是质量的问题。在改革开放初期，陈佩斯等人主演的电影作品招人喜爱，如今的绝大多数电影水平难以达到追捧效应，因为电影作品虽然有了数量但缺乏质量，单一的故事套路、拼凑的技术叠加不可能把观众吸引到电影院去消费观赏。改革开放以来的《人之初》《知音》《读者》等杂志很受读者欢迎，如今同众多"都市报"一起正在网络传播环境中艰难转型。改革开放以来的《西游记》《三国演义》《射雕英雄传》《水浒传》等电视剧能达到惊人的传播效果，而今的电视剧却很难得到受众的追捧，网络媒介的内卷生死也正在上演。

在互联网时代，没有精美的内容质量，没有共情叙事的传播效果，不可能得到受众的喜爱和追捧，更难在网络舞台上立足，绝大部分信息传播者和视频直播者都只是默默无闻的存在。我们要理解市场供需关系的客观规律，自媒体时代不是信息稀缺的时代，也不是缺乏视频直播的时代，而是缺乏高质量精品创造的时代。诚如何海翔所言："短视频内容生产门槛降低，社交属性强，一方面其易模仿性、高参与度、高互动性的特征契合了用户信息获取与消费的诉求；另一方面场景的移动化、表现方式的多

① 陈绚．新闻传播伦理与法规教程［M］．北京：中国人民大学出版社，2013：131.

样化、时间的碎片化使得短视频用户在心态上更加随意化、娱乐化以及情绪化，从而对建设清朗网络空间，构建互联网健康良性、向善向上的精神家园构成挑战。”① 维持好精品公众号与做好系列精美视频需要守正创新和“十年磨一剑”的经营功夫，需要向2023年火爆网络世界的刀郎团队一样，潜心专一出好作品，否则剑走偏锋只会来得快去得也快。在智媒传播时代，我们只有练好内功，不断提高作品的质量，才能长久驰骋网络战场，如果靠“星、腥、性”等话题来博取流量，虽然能贪得一时之欢，但很快便会烟消云散，最终走上违背社会伦理或违法犯罪之路，轻则受到伦理谴责被痛骂停播，重则遭遇永久封号和罚款惩戒。从个体来看，当初吴亦凡和郑爽有千万粉丝量追捧，如今或坐牢改造或被封杀；从网络平台来看，众多缅北平台公司被封闭摧毁就是有力佐证。在网络社会靠打擦边球来博取眼球流量会得不偿失，靠欺诈蒙骗来获取短暂财富违背本心，做事做人靠实力品质更值得信赖，我们要坚守基本伦理道德和法律法规，因为“天网恢恢，疏而不漏”。

案例 5 - 3

守住网络直播的伦理底线

近日，江西宜春一对夫妻意外身亡，留下8个尚未成年的孩子。随后，涉事家庭变成“网红地”，一些主播扎堆“围猎”8个遗孤，家属不堪其扰。12月10日，宜春政法委@平安宜春发出提醒：“请勿过度打扰！”

8个未成年孩子痛失双亲，成为遗孤，遭遇之悲苦，令人动容。一些网红闻之却“如获至宝”、蜂拥而至，不顾对孩子们造成“二次伤害”的可能，为的仅仅是博人眼球、增加流量。这种直播消费悲苦、冷血无情、毫无人性，不是病态是什么？对这类突破基本伦理底线的行为，就该旗帜鲜明地制止，依法予以严惩；对那些“动机不纯”的主播，该封号就封号。令人忧心的是，这样毫无底线的直播绝非仅此一例，而是屡见不鲜。

从由“夫妻播黄”顺线查出200余家平台直播涉黄、涉毒内容，到某地医生边诊疗边直播，罔顾患者隐私，再到此次众多网红争相消费痛失双亲的未成年人，我们不难发现，当下一些网络主播已然染上了一种为“博眼球”不择手段的“流量病”，一些网络直播行为正在肆意洞穿基本的社会伦理底线，而且大有成为一种现象的趋势。如果再不刹住这股歪风，只怕一些人会在“争先恐后”地比丑、比俗、比坏中，干出更多不可思议的事情。

网络直播是一种新的传播形式，它为草根“造星”提供了更多机会。对新传播形式我们应该报以善意的眼光。然而，对任何一种新传播形式来说，可以变的是传播的

① 何海翔. 短视频趋势下政务新媒体困境与进路 [J]. 中国出版，2022 (23)：30 - 35.

手段和表现形态，不能变的是尊重事实、明辨善恶、健康向上、志趣高雅等基本社会价值准则。互联网上，有的主播通过直播方式送流浪汉回家，引起社会对流浪汉群体生存困境的关注；一些网红线上销售农产品，助力武汉疫后重振，引发大量粉丝关注；一些基层民警直播反诈骗走红，被赞“正能量满满”等，这样的直播才有社会价值。

网络不是法外之地，直播不能毫无底线。为加强管理，相关部门早在2016年就出台了《互联网直播服务管理规定》，明确提出“主播实名制登记”，建立“黑名单制度”。今年全国“扫黄打非”办公室、公安部等部门又联合发布《关于加强网络直播规范管理工作的指导意见》，剑指直播行业乱象。进一步加强管理，对传播淫秽色情、无节操无底线内容的，对利用网络视听进行违法犯罪和侵害人民群众利益的，坚决打击、绝不手软，将为网络直播划定更明确的伦理底线；媒体对有猎奇、恐慌、色情、宣泄等色彩的直播平台、直播行为保持高度警惕，及时批评鞭挞、扬善抑恶，有助于提高公众的审美标准。

网络直播具有很强的个人色彩，相应的也应具备很强的公共特性——不能是非不分、善恶不辨、以丑为美，过度渲染；不能搜奇猎艳、一味媚俗、低级趣味，把作品当作追逐利益的“摇钱树”，当作感官刺激的“摇头丸”；不能粗制滥造、牵强附会，制造文化“垃圾”……期待相关部门以更有力的实招硬招，坚决刹住网络直播的无底线趋势，让健康向上的价值观成为流量经济的先决条件，继而把网络直播引入积极向上的发展轨道。①

这则新闻事件告诉我们，有些自媒体人员为了获取信息流量而忘记伦理底线和法律规范，这必然会遭受谴责和唾骂。网络流量固然重要，但伦理道德和法律规范不能丢失。如果为了成为网红而不择手段，甚至铤而走险践踏伦理法规，最终也会丢失粉丝而损伤身份。在网络时代，网民可以采取言语表达、短视频传播或直播方式进行营销圈粉，这是国家法律赋予公民的正当权利。但这个自由权利有边界，那就是不能突破社会公德的伦理底线，更不能践踏法律规则，否则会陷入杂乱无章的网络困境，这不是我们期待的网络空间传播生态。因此，只有每个网民做到既能表达自由，又不违背道德法规，真正实现权利的正确使用，才能共同打造一个健康有序、风清气正的网络社会。

关键词

网络传播权利；表达自由；社会责任；法律规范

---

① 李思辉. 守住网络直播的伦理底线［N］. 光明日报，2021-12-16.

思考题

1. 如何理解网络传播中的表达自由？
2. 如何认识网络表达中的社会责任与法规要求？
3. 如何实现网络表达的伦理道德与法律规范的有机统一？

第二部分

治理实践

扫一扫

拓展数字资源

第六章　网络虚假新闻与谣言信息的治理策略

网络社会每天都在生产海量信息，在流量至上的意识驱动下，不少自媒体采用博人眼球的传播方式，在互联网上发布各种未经证实的消息，用标签标注高流量的关键词，以吸引更多网民点赞、评论、转发，于是虚假新闻与谣言在网络空间流传开来。对这种现象如果不及时治理，必将给受众造成不良误导、心理恐慌或精神伤害。习近平总书记指出："真实性是新闻的生命，事实是新闻的本源，虚假是新闻的天敌。新闻的真实性容不得一丁点马虎，否则最真实的部分也会让人觉得不真实。"[①] 尽管中国政府根据网络社会的发展变化，适时出台了许多新闻职业道德规则与网络法律规范，但由于个人素质、文化教育、认知心理、平台审核、法律执行等因素，还有部分自媒体人员擅于打擦边球传播虚假信息、平台管理缺乏严格的信息筛查机制等多重因素，依旧有大量虚假新闻和谣言在网络空间中传播。在高质量发展进程中，我们更需要网络时代的真实新闻与真实信息，探究网络新闻与信息传播的真实性要求。

第一节　网络新闻与信息传播的真实性要求

一、网络新闻与信息传播的真实性要求

（一）真实性是新闻工作的生命线

在新闻传播事业中，真实性是新闻的生命线，也是新闻的本质属性，更是网络传播的伦理准则和法规底线。不真实就无新闻，真实性如同流淌在生命里的血液，人没有血液就没有生命，新闻离开了真实也就不再是新闻，而是虚假信息的流动传播。陆定一说："新闻就是新近发生的事实的报道。新闻的本源是事实，新闻是事实的报道，事实是第一性的，新闻是第二性的，事实在先，新闻报道在后。"[②]《联合国国际新闻

---

① 习近平．论党的宣传思想工作［M］．北京：中央文献出版社，2020：187．

② 中国社会科学院新闻研究所．中国共产党新闻工作文件［G］．北京：新华出版社，1980：188．

信条》第一条规定："报业及所有其他新闻媒介的工作人员，应尽一切努力，确保公众所接收的消息绝对正确，他们应该尽可能查证所有消息的内容，不能任意歪曲事实，也不可故意删除任何重要事宜。"在传统媒体时代，主要是采用语言、声音、图片与影像来报道新闻。传统媒介机构为了能够保证自身形象的权威性和公正性，新闻报道语言叙事讲求客观真实，图片拍摄客观真实，声音也要真切实感，不能剪接作假。在报刊出版中，遵循"三审三校"的出版原则，还有采编出版的科学制度，保障新闻传播的真实性原则。在广播传送中，声音要原声实感，声情并茂，不能用虚假的信息对待收听群众。在电视传播中，主要是用视听语言和图像来传播新闻，不管是现场直播还是编辑剪接加工后的新闻，都要遵守新闻客观性的生命原则。但在自媒体时代，传播者的概念被泛化，不仅传播机构变成了个人，专业型的记者编辑也变成了广大的普通网民，每天都可以生产海量信息。但并不是每条信息都能成为新闻，上新闻热搜的概率也极低，众多信息只是泥牛沉海的垃圾尘埃。能够挂在热搜上的事件，除了能够真正影响公众利益的新闻以外，涉及危机、明星、游戏、暴力、恶俗等的信息也有可能成为头条。

（二）新闻真实是指新闻报道的真实性

不论是在现实社会还是网络空间，都是先有客观存在的事实，然后才有新闻报道。人通过媒体来认识社会事物，因而需要用文字、图片、声音、视频以及其他符号形式来呈现事物的本质面貌。这就要求记者在采访过程中要把"5W"和一个"H"做真做实，分别为何时（when）、何地（where）、何人（who）、何事（what）、何因（why）与如何（How）。这是指一则新闻报道要具备5个"W"新闻因素，加上一个"H"要素，才能客观呈现出来。新闻事件中的时间、地点、人物、事件、原因、结果等各个要素必须真实、客观和准确，不能添油加醋、妙笔生花和混淆视听。新闻传播的对象必须是确实存在发生的客观事实，这需要新闻工作者在报道过程中明确事实、辨别真相，并认真核对细节和数据，确保真实性。习近平总书记指出："要根据事实来描述事实，不能根据愿望来描述事实，同时要坚持马克思主义立场、观点、方法，搞清楚是个别真实还是总体真实，不仅要准确报道个别事实，而且要从宏观上把握和反映事件或事物的全貌。"① 新闻记者在采访报道中，既要做到微观性的个别真实，还要做到宏观性的总体真实，并从宏观上把握和反映事物的全貌，这是更为高度的认识要求，如此才能成为一名优秀的记者。

（三）新闻真实是过程性与及时性的真实

新闻报道是动态发展的过程，由于现实世界是在发展变化中的，记者对新闻事件

---

① 习近平．论党的宣传思想工作［M］．北京：中央文献出版社，2020：187.

的认识也会发生变化，因为人在动态中认识事件的本质面目。诚如郑保卫所言："互联网可以快速、广泛、大量传播信息，但它本身却难以作出价值判断，为有效防范网络上的虚假有害信息，必须依法加强管理。"① 同时，新闻发生还有及时性的问题。有些记者为了抢占首播新闻而对事件产生片面认识，只报道新闻事件的部分内容，缺乏全面深入的理解，甚至违背伦理与法规的指向，从而导致新闻事件的反转问题。这就要求新闻记者在报道过程中不要急于求成，而是要全面认真核查，既要有时效性，还要有真实性和准确性，对新闻报道中的"5W"与一个"H"要力求真实全面，遵守新闻伦理道德与法律规范，避免出现虚假新闻和谣言信息。错误报道会给广大受众和网络平台带来危害，也会给媒体本身造成负面效应。

二、网络新闻真实性的重要意义

（一）新闻真实是人们认识现实事件的一种手段方式

现实生活中每天都会发生大量的新闻事件，人们可以用人文科学的方式去报道认识，也可以用自然科学的方式去报道理解，二者并行不悖，只是角度不同。传统社会从事新闻工作的人员主要来自人文社会科学领域，在自媒体时代，自然科学工作者也能够以传播者的身份加入新闻传播行业，这极大地丰富深化了新闻传播队伍的知识结构。自然科学工作者可以把那些非常专业、深奥难懂的学科知识用普通大众能够理解的文字语言、声音、图片或者视频方式传播出来，有利于专业知识的扩散传播，帮助社会人扩大知识面。这些自媒体也能够以专业性、趣味性吸引粉丝，发挥更好的大众传播效果。例如，有些有医学背景的自媒体工作者，通过专业的医学知识普及，弥补了传统人文新闻记者的知识不足，让广大群众得到了医学知识普及。这也启示人文学科的新闻记者需要有跨学科与新文科的知识架构，否则难以适应网络社会的新闻采编与信息需求。当然，作为"医务人员要站在患者和普通民众的角度，感同身受地理解和思考一些医疗问题。医疗自媒体要根据自身定位，兼顾不同群众的感受，对于不适合大众观看的图片和视频，至少要加以处理，并尽到提醒的义务。网络平台也应以医学人文和新闻伦理为原则，强化内容监管，帮助普通受众过滤掉他们不适宜观看的图片和视频"②。医疗自媒体或者其他理工科背景的信息工作者也要掌握新闻传播技巧，遵守传播伦理与法规，更加客观、真实、有趣地报道新闻事实，让受众更加喜爱自媒体新闻生产者，不断扩大知识面，提高信息受益度。

（二）新闻真实与现实事件具有差异性

新闻信息不可能做到绝对真实，一切新闻观点都是立足于新闻机构或者新闻人对

① 谢建东，郑保卫．中国共产党互联网思想的形成与发展［J］．传媒观察，2022，457（01）：5－15．

② 罗志文．医疗自媒体发文别忽视了公众感受［N］．健康报，2023－4－17．

事物、事件的看法。新闻报道是人们认识社会事件的重要方式，但新闻事实与现实事件有差异性，正所谓“一千个读者就有一千个哈姆雷特”。由于媒介载体、地理空间和文化不同，对新闻事件的报道角度和价值取向也会有所不同。虽然新闻事实是对现实事件的最新客观反映，但由于现实事件在变化发展，新闻报道经过一段时间沉淀后，回头看还会有不够完善求实的地方，甚至有漏洞错误的地方，这也是记者在报道新闻时的难题，可以说这就是信息扩散中的传播变异或阐释变异。

传统媒体的新闻报道要经过“三审三校”的编辑流程才能出版，而网络时代更加追求短平快的传播效果，特别是广大自媒体，为了博取流量和轰动效应，更容易夸大其词甚至产生偏见错误，这就需要我们对新闻真实建立核查制度。新闻真实与现实真实是个体与一般的关系，也是普遍与特殊的关系。新闻真实是相对简单与纯粹的认识，而现实真实则是复杂多样的存在，难以通过新闻真实全面地呈现出来，需要多角度的新闻理解和意义阐释。习近平总书记说：“新闻媒体是社会舆论的发射器，也是社会舆论的放大器。如果只看到黑暗、负面，看不到光明、正面，虽然报道的事情是真实发生的，但这是一种不完全的真实。”① 因此，我们的新闻报道，既需要报道光明、正面的社会事件，也要把网民监督和舆论导向真正做起来，二者是统一融合的存在体，而不是对立矛盾的报道关系。

（三）新闻真实是维系社会秩序的一种重要方式

舆论是大众生成的多元意见，反过来又会制约和影响大众。舆论信息的真实性可以维护社会稳定秩序。现代社会如同大浪淘沙，随着报刊与广播电视的传播而兴起，特别是中国接入网络 30 年以来，不论是体制内的媒介工作者，还是体制外的广大自媒体，只有认真做好新闻内容，既给人带来新闻真实与光明希望，也敢于批评社会黑暗和揭示不足的工作者，才能得到更多受众的支持追捧。如果时常制造虚假新闻来博取眼球，也许能赢得一时流量和粉丝追捧，但社会市场机制定会筛选出信息虚假者，将其从社会媒介队伍中淘汰出局，这是媒介世界的历史考验与传播规律。诚如陈绚所言：“新闻伦理是媒体自我约束的职业规范，不具有外在强制性。从根本上讲，主要是自律问题、良知问题，是从业者的一种精神契约。”② 不管是传统社会还是网络社会，新闻真实与信息真实都是维系社会健康运行的重要方式。如果生活在一个信息虚假、尔虞我诈的新闻传播环境中，就会形成“三人成虎”的传播谬误，每个人都要付出更多生活成本，只有极少数人获得丰厚利益，这不是善治有序的健康社会。人类传播史告诉我们，没有真实诚信的信息沟通，就难有正确认知与健康有序的媒介生态，因而新闻

① 习近平．论党的宣传思想工作［M］．北京：中央文献出版社，2020：187－188.

② 陈绚，李伟．论网络传播真实性为根本的精神契约：从新闻伦理视域看网络传播伦理的构建［J］．青年记者，2017（12）：20－22.

报道与信息传播需要遵循相应的伦理与法规，保持真实诚信的社会环境，努力做到不欺骗他人的信息传播，如此才能有利于每个人的健康生活与价值判断，也有利于维护社会安全稳定。

案例 6-1

让网络虚假新闻无所遁形

开局一张图、内容全靠编，以剪贴、拼凑、胡编等手段，炮制涉社会案事件、国际时政等热点议题相关虚假新闻；通过伪造新闻演播室场景、模仿专业主持人播报等手段，伪装权威新闻媒体，以假乱真误导公众……近段时间以来，网络虚假新闻已成为扰乱网络传播秩序的毒瘤。

假新闻、假主播层出不穷，给互联网用户带来困扰。种种乱象，不仅传播错误信息，破坏清朗网络空间，还可能挑动网民情绪，影响社会稳定，危害不容小觑。不久前，国家网信办开展“清朗·规范重点流量环节网络传播秩序”专项行动，全面清理违规采编、违规转载、炮制虚假新闻等扰乱网络传播秩序的信息，全面排查处置仿冒“新闻主播”等违规账号。各网站平台积极履行社会责任，严格开展自查清理工作。持续打击和治理网络虚假新闻，净化了网络空间，也有助于提高群众对虚假新闻的警惕。

也应看到，随着互联网技术与应用的发展，一些新现象新问题不断出现，给网络虚假新闻的治理带来了新挑战。当前，自媒体平台多元多样，用户范围越来越广，传播力不断增强。借助这些平台，网络虚假新闻一旦出现，传播速度加快，造成的不良影响也会更加严重。比如，一张图片配上几行说明的虚假新闻，很快就能“转载破万”。此外，随着人工智能、虚拟现实等技术的使用，网络虚假新闻的生产更加快捷，更容易以假乱真，让普通人难以分辨图文、视频内容的真实性，网友感慨：“现在，有图也不一定有真相。”因此，打击新闻“李鬼”，既要猛药去疴、重典治乱，也应与时俱进、创新治理举措。

作为信息内容管理第一责任人，网络平台有责任完善举措，有力应对花样百出的网络虚假新闻。当前，有的网络平台已经可以通过技术手段识别疑似虚假信息、人工智能生成信息，但对用户的提示、对信息的删除等有时并不及时；有的网络平台对于虚假新闻、仿冒账号仅是一删了之、一封了之，对于其“换个马甲”继续发布虚假新闻缺少有效防范；对于虚假新闻发布者的处理，网络平台与执法司法部门配合联动有待加强。就此而言，有关平台应及时优化措施，改进虚假信息判定处置机制，加强对违法账号的身份识别，积极配合执法监管。

此外，相关部门也应严格执行相关规范，创新举措应对监管挑战。2023 年 1 月起施行的《互联网信息服务深度合成管理规定》，明确要求深度合成服务提供者和使用者不得利用深度合成服务制作、复制、发布、传播虚假新闻信息，并规定了一系列监管制度。目前，生成式人工智能服务管理办法已向社会公开征求意见。公安、网信等部门应严格执行相关规则，履行监管职责。不久前，甘肃公安部门就借助技术手段破获一起利用人工智能生成虚假新闻的案件。有关方面及时研判新问题、总结新经验，保持整治网络虚假新闻信息的高压态势，适时完善务实管用的监管举措，才能让网络虚假新闻、虚假新闻发布账号无所遁形、无处藏匿。

面对花样不断翻新的网络虚假新闻现象，坚持聚焦问题、多措并举、久久为功，依法惩治违规者，坚决切断传播链，及时澄清假信息，才能更好守护亿万网民共同的精神家园，让互联网空间更加天朗气清。①

在网络传播中容易产生虚假新闻和谣言信息，完全不同于传统媒体时代。当然，传统媒体时代也有虚假新闻与谣言信息，尽管新闻机构想要无限地靠近真实，但也仍然免不了在独家新闻、实时新闻的抢先播发中，未能从全方位角度对新闻事件进行思考，导致新闻具有片面性，给虚假新闻和谣言信息以可乘之机。对于网络时代的虚假新闻与谣言信息，政府部门需要加大惩戒力度，提升治理能力，注重网络平台的内容审核。网络平台要提升新闻编辑人员的文化素养和理论水平，把控好网络平台的质量管理，不能为了追求速度而忘记真实质量，不能为了经济利益而忘记社会效益，不能用虚假新闻来代替真实事件，如此欺骗受众只会得不偿失。政府部门需要管好网络平台与自媒体的信息传播，加大伦理与法规的执行力度，提升对自媒体信息从业者的管理科学性，提高广大自媒体的媒介素养。此外，从青少年群体到中年群体，直至老年群体，都要加强媒介素养与伦理法规学习，真正做到内化于心、转化于行，给社会创造良好的舆论氛围。

第二节　网络虚假新闻与谣言信息的表现形式

在互联网时代，虚假新闻与谣言信息呈现出多样化与虚拟化特点，传播手段呈现出时空化与智能化特点。诚如胡泳所言："人工智能的最新进展有可能加剧虚假信息的数量、速度、多样性和病毒式传播，使内容创建过程和虚假信息活动的实施自动化。一个关键问题是人工智能的应用将在多大程度上改变过去主要是手动操作的情况，这方面还有许多未知数。"② 人工智能改变了过去手动操作的传播情形，虚假信息活动实

① 金歆．让网络虚假新闻无所遁形［N］．人民日报，2023-5-30.
② 胡泳．人工智能驱动的虚假信息：现在与未来［J］．南京社会科学，2024（01）：96-109.

施更加自动化与精准化，给政府与媒介行业带来更大的管理难度和治理挑战。这需要从源头上开展综合治理，体制内媒体人员和广大自媒体工作者都需要增强伦理意识与法治观念，同时各级政法机关要加大惩戒力度，提升网络治理能力，只有综合施策，久久为功，才能有效控制虚假新闻与谣言信息的肆意蔓延。

一、语言文字上的夸饰渲染与想象发挥

在互联网时代，语言表达具有多样形式，新闻叙事需要朴实风格，强调实事求是与严谨逻辑，小说写作需要想象力与神秘感，突出夸饰渲染与大胆想象，这是两种截然不同的语言风格。网络传播中的虚假新闻与谣言信息，在语言表达方面常用夸饰渲染来表达子虚乌有或模棱两可的事情，还抱着“吹牛不犯死罪”的心态，采取夸大渲染博人眼球的模式，基于零星信息胡编乱造。例如：在农作物的生产量化上，本来是“亩产千斤”的客观表达虚夸写成“亩产1000公斤”；在工人的收入上，本来普通工人的收入是“每月8000元”，但虚假写成工人收入是“每月8000美元”；在涉及官员明星的绯闻事件上，对贪腐金额与男女关系的情节描述，常用夸饰手法来吸引读者流量；在医药治疗上，本来是服用药品后会有一定的疗效功能，结果像“鸿茅药酒”虚假宣传那样成为神奇药物；在美容润肤方面，本来是涂抹粉霜后会滋养神采，结果虚假宣传为青春永驻的神奇功效；在老年人的养生补品上，本来是服用补品会有预防疾病的疗效功能，结果是虚假宣传长生不老的神丹妙药；在知识求财方面，本来是阅读经典书籍后，能帮你理解财富增长的基本原理，但虚假宣传为如何快速成为亿万富翁的“葵花宝典”；在视频文本的观赏方面，本来观看健康向上的视频后会让人心情愉悦，但结果包装成黄色赤裸的诱人套餐。

网络社会的虚假新闻常用夸饰渲染与神奇想象，这既与我们亿万网民的心理接受和行为习惯有关，也与意识争夺和传播利益有关。网络世界是争夺注意力的世界，平淡无奇、普通乏味的东西难以引起注意，而充满神秘和大胆想象的作品则以“非同寻常”的形式吸引到更多网民关注。如果有人受到虚假新闻与谣言信息的宣传蛊惑，那就可能会给个体或者群体带来不同程度的财物损失和精神伤害。现今虽不能消灭网络语言的虚构夸饰，但也要常态化斩断虚假新闻与谣言信息的利益传播链，每个网民都需要擦亮眼睛、开动脑筋去辨识这些网络语言的隐含意义和夸张修辞。诚如隋岩所说：“夸张、戏谑、幽默、讽刺等是网络语言常用的修辞手法，有时通过夸大的细节和浮夸的表达方式来表达情感，增强效果。”①

二、视频上的混淆视听与移花接木

在传统媒体时代，由于视频制作成本高、缺乏硬件设备，这项技术只掌握在少数

① 隋岩，等. 网络语言与社会表达［M］. 北京：科学出版社，2021：149.

人手里，还没有“飞入寻常百姓家”的传播场景。如今，每人拥有一部智能手机，于是养成了随手拍摄视频的行为习惯，形成“无视频、不生活”的热闹场景。这些视频经过简单的加工剪接和技术合成，就能够在网络上进行传播，但新闻真实本身就难以实现。普通网民的一台手机、一个角度、只言片语，或许只是事情的一个方面，既有可能为弱者讲理，也有可能成为坏人的帮凶，超越伦理与法律的规定范围，造成混淆视听的虚假新闻，也容易成为谣言信息的来源。尤其是抖音、快手、小红书等平台，已成为各种信息的“大本营”。2021 年，英国 BBC 在中国拍摄视频，把中国的军事演习活动变成中国维护疫情的镇压行为，这本质上违背了新闻的真实性和客观性原则，但 BBC 还振振有词，说成是“新闻自由”权利。“作为一家有 99 年历史的西方老牌媒体，BBC 如今沦落至声名狼藉甚至接到‘逐客令’，难道不该反思吗？中国依法为各国记者在华采访提供支持和便利，但对那些恶意诋毁攻击中国的媒体，绝不欢迎。BBC 应当反躬自省、吸取教训，就涉华假新闻向中方作出公开道歉。若继续甘当反华势力意识形态工具，那么它的未来无疑是极为暗淡可悲的”①。这是国际媒体在中国视频传播上的移花接木，最终造成被驱逐出境的后果。

无论是广大自媒体还是网络平台，虚假视频的制作与传播主要体现在商业产品的包装宣传上，把假冒伪劣产品包装成优质产品，以获取丰厚利润。还有广告视频中的虚假宣传，通过虚假包装把劣质产品当成优质产品来吸引消费者购买，不断扩大营销宣传功效。正如鲍德里亚所言：“广告既不让人去理解，也不让人去学习，而是让人去希望，在此意义上，它是一种预言性话语。”② 中国如今的生活产品丰富多样，但优质产品还不能满足广大客户的消费需求，因为优质产品意味着要投入更多人力物力财力。视频虚假信息的扩散传播是让消费者相信这些普通产品的优质感和性价比，借助明星名人、经典书籍、原生态概念、健康养生、传统手法、祖传秘方、历史文化、美味涵养、专家院士、先进科技、民族风情以及外国品牌等包装噱头宣传，而一些消费者也有贪图便宜的心理，二者相互接触则会产生“化学”反应，再加上网络平台，易产生裂变式的传播效果，最终造成大量消费者上当受骗的结局。

三、语音上的人工合成与虚假播放

在传统媒体时代，虚假新闻与谣言信息更多是语言、图片或口头上的呈现形式，而新媒体在语音上的合成效果更加逼真，这些合成声音能模仿各种声音格调，给人身临其境的真实体验，因而更容易造成虚假新闻与谣言信息的扩散传播。如今，制作者

---

① 央视国际锐评评论员．BBC 被逐出中国市场咎由自取［EB/OL］．（2021－02－13）［2024－01－23］．https：//news. cctv. com.

② ［法］让·鲍德里亚．消费社会［M］．刘成富，全志钢，译．南京：南京大学出版社，2014：119.

利用各种声卡、显卡、滤镜等软硬件手段，通过性别、容貌、声音等要素转变，形成一种以假乱真的传播效果，已经在破坏网络传播的伦理规则和法规秩序。在网络传播场景中，这些语音合成技术呈现出多种花样，可以把男人的声音伪装成女人的声音，把老年人的声音伪装成年轻人的声音，把粗犷豪放的声音伪装成娇嗲妩媚的声音，把忧患沉郁的声音伪装成轻松活泼的声音，把平缓抒情的声音伪装成急促加鞭的声音，把悲痛哭泣的声音伪装成喜气连连的声音，还有自然界和动物界的配合声音。总之，只要是你喜欢和期待的声音，网络媒体都可以组合而成。这些合成声音虽然能带来一定的趣味性，但一旦被运用到新闻事件和事物认知上，就极易违背新闻传播的真实性、客观性原则，导致南辕北辙、乱假成真的问题，这对新闻而言是不可触碰的底线。因此，合成技术本身并非破坏性的技术，关键要看用在哪里、怎么用。新闻传播需要原汁原味的真实材料，而不是技术合成的虚假产品。

四、图片上的技术运用与张冠李戴

传统媒体对图片的真实性要求高，具有严格规范的可靠性特征，而在网络传播中，技术与图片的配合很容易张冠李戴，达到以假乱真的目的，造成虚假新闻与谣言信息的扩散传播。对于经常上网和刷屏的现代人而言，欣赏图片和观看视频能产生身临其境的真实感，带来丰富的沉浸式体验。"'有图有真相'，长短镜头的运用，增强了网络观众的信任感和参与感。"[①] 我们既要积极参与网络社会的图片欣赏，也要辨识这些图片的真实性与客观性，避免被虚假图片误导而遭受利益损失或精神伤害。

在人工智能时代，Photoshop 等专业修图软件的出现，正在改变图片信息的真实性，挑战网络传播的伦理底线。网络图片可以把男人扮成女人，黑色扮成白色，丑陋扮成美丽，矮矬的扮成高挑的，老态的扮成年轻的，瘦小的扮成丰满的，肥胖的扮成苗条的，总之，一切按照你心中的需要来扮演。在互联网的消费传播中，网络图片已成为网络传播的重要载体，也是公众日常生活视觉化的文化表征。网络用户穿行于由视觉符号拼接而成的虚拟社会之中时，能在对视觉符号的解读中认识他人与社会，并寻找到自身的定位。然而，这些图片有真有假、有美有丑、古今搭配、中外融合，有些图片需要具备专业素养才能理解拍摄的背景和意义。

五、数据上的逻辑混淆与不切实际

在大数据时代，数据搜集比较容易实现，但虚假新闻与谣言信息偏离了数据逻辑的真实性和科学性，进而产生夸张性、偏见性，这需要我们拥有逻辑推演能力、科学计算能力和实践检验能力，否则就容易被各种数据所误导。这些年来恒大公司的项目

---

① 靖鸣. 短视频传播伦理失范及其对策［J］. 中国广播电视学刊，2018（12）：24－27.

破产和一些地方经济的“爆雷”，核心上就是数据统计中的作假行为，最终导致资不抵债。每年有众多大小公司注消，其中一个因素就是数据上的逻辑混淆与不切实际，最终导致破产消亡。

数据造假在网络传播中非常普遍，数据上的逻辑混淆与不切实际主要体现在商业投资利润上。网络上的股票投资、生活中的彩票买卖以及政府项目的投资收益，这些经济数据很容易包装造假，直到被媒体曝光和政法机关的法律审判，才能揭开这些数据上的造假逻辑，有时会到达骇人听闻的地步，这是网络时代必须预防警惕的地方。诚如靖鸣所言：“如果单单把责任推给程序设计者显然是不合理的，所以，为每一则智能新闻分配责任人是有必要的，由他们做好新闻的审核和检验，做到人机责任的捆绑，在机器人客观公正的基础上加上新闻工作者的专业把控，能够有效避免人工智能技术所导致的传播伦理失范问题的产生。”① 因此，在网络社会中，一些人容易被虚假新闻和谣言信息所误导和欺骗，这些数据是利益链上的失真行为，本质上是违背伦理法规的欺诈行为。

六、认知上的不合常识与怪异行为

在虚假新闻与谣言信息的传播中，容易出现既不符合生活规律和文化常识的行为，也不符合科学认识上的逻辑推理，因而表现出诸多怪异行为，这需要提升受众的文化理解力和科学鉴别力。互联网时代的网民受过不同程度的知识熏陶和科学训练，但不少人在网络社会中不相信历史教训和文化知识，陷入求神拜佛的迷信牢笼中；也不相信科学原理和公式定律的逻辑推论，而是陷入跪拜“大师”的糊涂困境，对网络信息缺乏最基本的认知逻辑和常识判断。在 2012 年，互联网上流传着“世界末日”的谣言信息，这来源于《圣经》中的一个古老预言，在科学发达的今日依旧还有不少人相信，保持“宁可信其有，不可信其无”的焦虑心态，最终也没看到世界末日的到来，全年陷入焦虑不安的亚健康状态，这倒是为美国电影《后天》形成了很好的市场宣传和推广效应。此外，每当发生重大灾害事件后，在各种自媒体与网络平台中就会流传与灾难相关的虚假新闻和谣言信息，进而会出现灵异性、占卜性的谣言传播。

进入信息革命以来，我们可以做到“可上九天揽月，可下五洋捉鳖”，但对自然界与浩瀚太空还有很多未知的地方，这告诫我们不能盲目自大、骄傲自满，要保持敬畏之心和探索之心，不能用虚假新闻和谣言信息来对待这些未知领域，防止被别有用心者蛊惑人心以达到不可告人之目的。曾一果认为，“技术伦理要求数字生命、赛博人和 ChatGPT 都能够得到充分发展，前提是它们只有服务于人类，而不是完全取代和全面超越人类。人工智能时代，伦理困境既从根本上影响了技术与人的关系，也影响到了

---

① 靖鸣，娄翠. 人工智能技术在新闻传播中伦理失范的思考［J］. 出版广角，2018（01）：9－13.

技术自身的发展，因此人类必须从技术伦理的角度去应对技术的发展”①。人类诸多未破解的难题，给虚假新闻和谣言信息带来可乘之机，我们要用知识文化与科学原理来破译解释，保持镇定之心和清醒头脑，否则就会陷入虚假新闻与谣言信息的牢笼藩篱。这是每个网民必须面对的信息困境，也是需要政府和科学界不断破译的传播难题，不能做鸵鸟行为和掩耳盗铃之事。因为虚假新闻与谣言信息不会自动消散，需要每个公民、政府部门和社会各界合力攻克，一起维护网络传播空间的风清气正和法规秩序。

案例 6-2

落实平台责任，清朗网络空间

越是信息泛滥，人们对准确权威信息的需求便越迫切。最近，快手联合包括共青团中央、正义网、中国警察网等在内的百家政务号，发起了治理谣言专项行动，通过设立辟谣专区，开设官方辟谣账号，对权威机构的辟谣视频进行优先和集中展示。2022 年以来，已处理 44.6 万条不实信息。

这样的“自净化”举措，自然会受到欢迎。

《中国互联网络发展状况统计报告》（第 52 次）显示，截至 2023 年 6 月，我国网民规模达 10.51 亿，互联网普及率达到 74.4%。每天，信息洪流潮涌而来，既占据了网民大量精力，也时刻考验着网民的判断能力。在这种情况下，各方形成合力、共护网络秩序、净化精神家园，显得格外重要。清朗网络空间，加强源头治理很关键。网络空间，开放、互动、共享，此时此处的信息，能瞬时被万里之外的用户看到。这既是互联网的魅力所在，也存在一些不良、不实信息传播的隐患。2021 年 9 月，《关于进一步压实网站平台信息内容管理主体责任的意见》发布，提出网站平台履行信息内容管理主体责任的工作要求。前不久举办的中国网络文明大会上，“让网络谣言无处遁形”网络辟谣标签专项工作也正式启动……种种善策，为推动网络空间更清朗起到了巨大作用。

在这个过程中，网络平台的作用不可忽视。网络平台既是用户获取信息的重要渠道，也是信息内容管理的首要责任主体，在坚持正确价值取向、参与互联网治理、维护网民合法权益等方面责无旁贷。腾讯联合 10 余家机构、高校、企业共同编制《基于人工智能技术的未成年人互联网应用建设指南》，进一步保护未成年群体上网安全；微博集中整治利用谐音字、变体字等“错别字”发布、传播不良信息的违规行为；B 站开展虚拟主播恶意内容及言论治理专项行动……一些网络平台主动压实责任，优化技术手段，回应网民需求，这样的行动还可以更多些。

---

① 曾一果. 人工智能迷思与数字技术伦理的现实建构 [J]. 新闻与写作，2023（04）：24-30.

有表达就有责任，有自由更要有担当。海量信息充盈的网络空间，或许有一些不完美，但我们已经回不去没有网络的时代。唯有更好地完善规则、净化环境，筑牢治理防线，我们才能迎接更清朗的网络世界，拥抱更美好的未来。①

中国网民人数有近11亿的庞大体量，网络传播不等于完全自由与任性放纵的信息传播，自媒体在新闻传播与视频直播中也要遵守社会伦理规则，更要落实法律规范，因为自媒体的背后主要是成年人的传播动机。从伦理与法律的角度看，成年人的传播行为需要承担社会伦理和法律责任。所以，自媒体在表达自由时，不论是言语还是声音，不论是图片还是短视频，不论是行为动作还是特殊符号，都要做好自己内容传播的把关人，为自己的言行举止负责任，承担一切法律后果。任何自媒体平台都不能为了流量而侵犯社会伦理，更不能为了经济利益而违纪犯法，否则定会得不偿失，轻则被伦理批评和网警教育，重则被永久封号和法律审判。

第三节　网络虚假新闻与谣言信息的法规治理

在传统媒体中虚假新闻和谣言信息本来就天然存在，在网络时代还会持续传播下去，有时还有蔓延扩散的极化趋势。我们无法做到完全消灭虚假新闻和谣言信息，这是网络社会传播机制所决定的客观问题。正如胡泳所言："虚假信息的广泛分布所带来的风险对监管和治理提出了要求。这些风险包括日益增加的社会不信任和社会冲突、政治观点的两极化和对政治运行的干扰、为防止新闻业造成的破坏以及对公民的健康、安全和环境的威胁。从公共利益的立场出发，治理需将这些风险降至最低。"② 我们对虚假新闻和谣言传播并不是束手无策，任其野蛮生长和蔓延传播，而是可以建立相应的伦理教育和法规方式，把虚假新闻和谣言信息控制在一定的传播范围内，最大程度减少虚假新闻和谣言信息给社会带来的震动和伤害，这是网络社会现代化治理的重要任务。

一、注重新闻从业者的行为自律

俗话说："三百六十行，行行出状元。"我们如果选择从事新闻传播行业，那就要遵循新闻行业的基本要求——决不能说假话，绝对不要去相信和传播谣言信息，正所谓"造谣言者可耻，传谣言者可悲，信谣言者可怜"。人类是高智商物种，对世间万物有内化认识的能动性本领，有认识事物与反思自己的思维能力。首先，自律行为是一

---

① 曹雪萌. 落实平台责任，清朗网络空间［N］. 人民日报，2022-09-16.

② 胡泳. 人工智能驱动的虚假信息：现在与未来［J］. 南京社会科学，2024（01）：96-109.

个内心感悟的认识过程。慎思笃行是人类自我进步、自我反思的最高境界之一，人的这个认识社会事件的感悟过程就是自律行为的思维导向。如果记者明知这个新闻事件是虚假的，还要故意传播给其他人，那就是一个不合格的新闻从业者，也是一个可耻可悲的谣言传播人。其次，当新闻从业者明知这个社会事件是虚假新闻或者谣言信息，但面临着物质利益的诱惑时，是选择坚守新闻真实还是选择物质利益，能充分考验新闻工作者的自律定力，因为外界的物质诱惑与利益勾引终究是要通过内在的自律认识才能产生作用。自律是关键，但仅靠自律无法显示社会制度的刚性，还要靠外在的伦理法规来监督，通过社会评价帮助新闻从业者建立基本的荣辱观，摒弃侥幸心理，看清头上顶着的利剑，明白犯错者轻则要受到社会伦理批评，重则要受到法律的严肃惩戒。

二、鼓励行业内部的批评监督

习近平总书记指出："要把权力关进制度的笼子里，一个重要手段就是发挥舆论监督包括互联网监督作用。这一条，各级党政机关和领导干部特别要注意，首先要做好。对网上那些出于善意的批评，对互联网监督，不论是对党和政府工作提的还是对领导干部个人提的，不论是和风细雨的还是忠言逆耳的，我们不仅要欢迎，而且要认真研究和吸取。"① 鼓励行业的内部批评监督不是奉行连带惩罚制度，而是鼓励专业的人做专业的事，因为内部人士更加熟悉新闻本行业的虚假与真实，也最先捕捉到发生的谣言信息。因此，要把网络虚假新闻和谣言信息传播管控好，离不开行业内部的批评监督，主要是专业监督、作风监督以及管理监督等方面。

首先是新闻批评监督。新闻学作为一门专业学科，需要专业人才主管指导。无论是报刊还是图书出版，无论是广播电视还是网络新媒体，都是非常专业的工作，不能以简单粗暴的方式来对待，只有在新闻内部展开批评监督才能更好地规范发展。其次是新闻作风监督。专业人更懂新闻专业的作风水准，有没有掺水作假，这需要专业人士的鉴别和审查，那些歪风邪气的新闻作品，需要一身正气和具备专业水准的人来涤荡清理，从而明辨是非、指出真假。最后是管理监督。新闻媒介的工作管理，涉及利益纠纷和人事关系。党的十八大以来抓捕审判的新闻管理干部，很多人当初也是朴实纯真、一身正气、奋发向上的新闻记者或编辑人员，但当他们掌控新闻管理权力后，也易走向腐败堕落境地。这说明媒介管理者并不是金刚不坏之身，经常开展自我批评和内部监督，及早发现管理者的不作为和乱作为，是非常重要的监督环节，否则会给党的新闻事业带来更大损失和伤害。

---

① 习近平．论党的宣传思想工作［M］．北京：中央文献出版社，2020：196－197.

三、加强网络平台的审查规范

互联网快速发展的时代，网络平台的规范审查越发重要，那些虚假新闻和谣言信息没有平台的推波助澜就很难形成气候，因此，平台要对虚假新闻和谣言信息进行科学治理。诚如胡泳所言："互联网平台责无旁贷，需要让针对阴谋内容的事实检查和算法降级在此发挥作用，切实充当好把关人。这是因为，任何人都拥有在互联网上共享事物的能力，已经消除了过去在广泛传播之前对信息予以甄别和把关的做法，致使没有专门知识的人可以用阴谋论或其他虚假信息来填补空白。"① 首先是对网络平台的把关人审查。如果把关人没有过硬的政治素养和伦理法规底线，那些虚假新闻和谣言信息就会蔓延扩散。"打铁还需自身硬"，网络平台要建立一支忠诚、干净、有担当、能力过硬的采编队伍，这样才能在市场经济考验中不被物质利益腐蚀渗透，才能坚守新闻底线和伦理法规，忠诚于新闻传播的真实价值。其次是新闻主管部门对网络平台的审核管理。网络平台作为市场化的企业经营单位，常会把经济利益放在首位，这就需要发挥新闻行政部门的管理功能，既要让网络平台发挥新闻传播的重要作用，也要发挥市场效益的经济作用，二者相行不悖。最后是发挥社会公众的投诉监督作用。网络平台对于社会公众来说是强势一方，我们要建立公开投诉的监督渠道，如果没有社会受众的投诉监督，任何网络平台都会集裁判员和运动员于一身，网络平台与广大自媒体也会更加任性所为，这种体制必然导致傲慢自大，也容易滋生腐败堕落。因此，社会监督是网络平台的外部存在力量，也能维护社会受众的新闻合法权益。

四、提升受众的媒介素养

我国网民数量庞大，接触互联网的时间长短不一，媒介素养参差不齐，面对互联网的技术革新与快速变化，必须加强网民的自我主动式学习，使之不断适应网络发展的高要求，真正做到活到老学到老。诚如胡泳所言："提高网络素养，归根结底就是要掌握虚假信息的常用手段，这样才能够精确识别并反击。很重要的一点是，个人可以通过关注多种多样的人和观点，来保护自己免受虚假信息的侵害。依靠少数见解相同的新闻来源，限制了人们可获得的材料范围，并增加了成为骗局或虚假信息受害者的可能性。"② 首先是鼓励网民学习人文社会知识。在互联网时代，人人拥有一部手机，但我们要成为手机的掌控主人，提升自我管控能力，而不是被智能手机或者网络平台所控制，沦为机不离手的奴役劳工，或是沉醉于网络空间的"信息茧房"。我们必须认识到网络信息的有利元素，但是不能"异化"为网络信息的一部分，成为被监管失控

---

① 胡泳. 人工智能驱动的虚假信息：现在与未来［J］. 南京社会科学，2024（01）：96-109.

② 胡泳. 人工智能驱动的虚假信息：现在与未来［J］. 南京社会科学，2024（01）：96-109.

的对象。在传统社会，学习知识受到很多限制，在互联网时代方便快捷，可以利用手机或者网络平台来学习文学、历史、地理、经济、管理、心理、艺术、伦理与法律等多方面的知识文化，搜集资料与拍摄视频，还能传播信息与分享快乐，而不只是沉迷在冗余的社交信息与抖音短视频的娱乐氛围中，或者沉醉于游戏升级、无限竞赛或长篇追剧中不能自拔，忘记现实生活的人际交流、健康锻炼和能力提升，更不能脱离现实社会沉醉于网络虚拟空间。我们要把现实社会与网络空间统一起来，二者相互促进发展，从而认知事物的真相，明辨是非。其次是鼓励网民学习理工科方面知识。人生有涯而学无涯，虽然理工科知识有专业难度，但可以借助手机或者网络平台学习数学、生物、医学、计算机、化学、物理等学科的基本常识，不断拓展自己的知识广度、提升自己的知识深度，进而在面对理工科常识时不至于表现出茫然无知的态度。把自然科学知识用于社会生活，可提升自我的媒介素养和认知判断力，避免被他人或网络组织欺骗。这是人生中要长期保持的奋进学习与实践运用状态，否则就会在网络社会化进程中被无情淘汰。

五、不断健全网络伦理与法规

网络社会在快速发展，从职业伦理道德角度，我国不断修订新闻从业者职业道德，一共公布了五个不同版本的新闻从业者职业道德规定，这些职业道德规定一脉相承。社会主义核心价值观也是网络社会公德的重要组成部分，从学校到社会工作者都要学习贯彻执行，使之入脑入心，转化为现实成果。当然，提升伦理道德有一个规律浸润的过程，我们要尊重社会伦理化的客观规律，不能急于求成，否则会适得其反。

我国入网 30 年来，先后出台了《网络安全法》《数据安全法》《个人信息保护法》《英雄烈士保护法》《反电信网络诈骗法》，修订了《未成年人保护法》等法规。这些法律规范也在不断产生治理威力，不管是红极一时“凉山”网红事件，还是嚣张跋扈的“缅甸”诈骗事件，在政法机关的坚决打击下，相关诈骗分子和核心人员都遭到了应有的经济惩罚或刑法审判。我国的法律规范也要与时俱进不断完善，适应网络社会的发展需求，为社会发展保驾护航。诚如杜骏飞所言：“但愿在数字交往的未来，万类交往、互利共生能成为一种成体系的现实，成为一种兼具复杂科学性和普世精神的意识形态，数字人类或将借此实现自由平等、相互调谐的交往性，并建立起一种前所未有的数字文明。”① 当然，这是学者描绘的理想状态，我们的网络社会离这个理想状态还有漫长艰难的路程要走，还有很多困难需要克服，我们需要砥砺前行，朝着这个美好社会不断奋进。

---

① 杜骏飞. 数字交往论（3）：从媒介化到共同演化 [J]. 新闻界，2022（03）：14-23，69.

六、提高网络治理的综合能力

在互联网时代，要治理虚假新闻与谣言信息，不能仅靠单一的治理方式，还要采取综合手段来对待，如此才能产生更好的社会治理效果。当然，社会综合治理方式意味着付出更多的人力成本、经济成本以及行政成本，但该付出的成本还得付出，否则网络病症长久不治，社会运行还会付出更大代价。诚如胡泳所言："我们相信，人工智能驱动的人类活动的未来可能是不可避免的。然而，如果社会现在就采取行动，那么未来可能不会完全具有破坏性。减少和打击虚假信息需要全社会的努力，政府、技术平台、人工智能研究人员、媒体和个人信息消费者都负有责任。"①

所谓综合治理，主要是治理方法的综合方式、治理技术的综合攻克与治理力量的综合聚集。首先是治理方法的综合策略。我们首先把网络虚假新闻和谣言信息当成综合性难题来对待，然后是切割成块状形，而这些难题不仅是伦理法治的问题，还有宣传教育的问题、提升网民自律的问题、网络平台的问题、国外输出的问题，不能采取单一的治理方法，而要采取两种或者多种方法来对待，这样才能对症下药，综合施策。其次是网络技术的综合攻关。网络新闻与谣言信息涉及技术难题，这需要聚焦专家的核心技术，对那些虚假新闻与病毒谣言进行清理扫描，找出扩散传播的技术关卡，逐一破解后设置防盗门和隔火墙，特别是要对网络平台的技术审核人员进行伦理与法规教育，让他们用科学技术的机制设置来阻塞网络虚假新闻与谣言信息的蔓延传播，这是技术的重要环节。要让网络技术掌握者为亿万网民诚信服务，而不是为非法利益集团服务。最后是要聚焦政府多个部门的综合力量。我们发现网络治理难题，牵涉到方方面面，需要公检法、网信办、教育局、社区等多方合力参与，需要在党委领导下进行综合治理，牵一发而动全身，集中优势治理力量对症下药才能把那些网络虚假新闻与谣言信息的老大难问题逐一解决，否则很多问题只能束之高阁，或者说难以彻底解决。因此，必须走综合治理道路，才能把中国网络社会打造成健康明朗的美好空间。

案例 6－3

提高网络综合治理效能

党的二十大报告提出："健全网络综合治理体系，推动形成良好网络生态。"互联网在便利群众生活、孕育创新创造、推动产业升级、促进高质量发展的同时，也带来一些新问题新挑战。发展好、运用好、治理好互联网，不仅是推进国家治理体系和治理能力现代化的重要内容，也是满足人民群众美好生活需要的迫切要求。新时代新征程，我们必须深入学习贯彻习近平总书记关于网络强国的重要思想，树立系统观念，

① 胡泳．人工智能驱动的虚假信息：现在与未来［J］．南京社会科学，2024（01）：96－109.

坚持走中国特色治网之道，不断完善网络综合治理体系，综合运用法律约束、道德教化、行业自律、技术监管等多种方式，推动网络综合治理效能持续提升。

强化法治保障作用。习近平总书记强调："坚持依法管网、依法办网、依法上网"。党的十八大以来，以习近平同志为核心的党中央高度重视网络法治建设，一体推进全面依法治国和建设网络强国，我国网络安全和信息化事业取得重大成就，网络综合治理体系基本建成。提高网络综合治理效能，需要继续筑法治之基、行法治之力、积法治之势。要毫不动摇坚持党对网络法治建设的全面领导，确保依法治理网络空间的正确方向；立足互联网的技术特性与发展趋势，提高立法的前瞻性、创新性和针对性，确保立法紧跟技术进步，回应网络空间治理现实需求；把握好发展和安全、活力和秩序、开放和自主等辩证关系，以高质量的网络法治体系及其有效运行保障网信事业创新发展。

重视德治教化作用。习近平总书记指出："法治和德治不可分离、不可偏废，国家治理需要法律和道德协同发力。"网络空间容易出现表达情绪化、偏激化等现象，对于网络空间治理，德治不可或缺。要推进网络文明建设，弘扬新风正气，广泛汇聚向上向善的力量，共建网上美好精神家园。加强道德指引、强化道德约束，充分发挥道德的教化作用。坚持弘扬主旋律、传递正能量，加强网络伦理建设，培育文明自律的网络行为，倡导遵德守法、文明互动、理性表达，用社会主义核心价值观滋润网络空间、涵养网络生态。

发挥行业自律作用。习近平总书记强调："调动城乡群众、企事业单位、社会组织自主自治的积极性，打造人人有责、人人尽责的社会治理共同体。"当前，要针对平台垄断、算法歧视、大数据杀熟、数据泄露等社会关注的互联网治理问题，推动互联网行业加强自律。互联网平台企业要树牢合规意识，把依法依规、遵守公序良俗作为企业经营管理的底线；在遵守法律法规的前提下，以社会利益和经济利益相统一为原则，建立公平、透明、非歧视的平台治理规则，加强平台生态圈内部治理，营造良好的平台营商环境；加强行业组织建设，推动行业制定自律规范，促进互联网企业相互监督、共同发展。

体现技术支撑作用。习近平总书记指出："要全面提升技术治网能力和水平"。网络空间是信息技术发展的产物，并在技术创新的驱动下处于不断演变的过程中。有效治理网络空间，离不开技术思维和技术手段，必须遵从基本的技术逻辑，善于运用互联网技术和信息化手段开展工作。要理顺互联网"去中心""去监管"的技术特征与网络空间"有中心""有监管"的治理需求的关系，提升对互联网技术发展的驾驭能力，深入挖掘技术本身蕴含的治理潜能，加大技术人才培养力度，积极探索创新手段加强技术治网。只有善于运用最新技术手段感知网络空间态势、强化信息监管、畅通信息通道、辅助决策施政，才能更好防范和化解风险，增强预防、发现、处置能力，赢得网络空间治理的主动与先机。①

在网络传播时代，国家不断根据社会发展而适时出台法律规定，也在修改完善网络社会的职业伦理规范，这是为了适应网络社会的治理需要。当然，这些法律规范首先要能推动社会经济发展与国家繁荣，要能维护社会安全与健康运行。法律只有在一个个具体的网络案件执行与严肃审判过程中才有效力，否则挂在墙上产生灰尘反而损害了法律的尊严和威信。健全网络伦理与法规，需要各级党委和政府、团体组织与平台公司带头执行，更需要每个公民去遵循伦理道德与法律规范，如此才能坚定亿万网民的伦理道德与法治信仰，这也是我国要成为社会主义法治国家的奋进目标。

关键词

网络新闻；真实性；虚假新闻；虚假信息；治理规范

思考题

1. 如何理解网络新闻与信息传播的真实性要求？
2. 如何认知网络虚假新闻与谣言信息的传播形式？
3. 如何构建网络虚假新闻与谣言信息的治理机制？

---

① 胡水晶. 提高网络综合治理效能［N］. 人民日报，2023-09-20.

扫一扫

拓展数字资源

第七章　网络空间安全与传播行为的治理策略

新时代中国如何科学管理好庞大的网民群体，是涉及网络空间安全与治理能力现代化的客观问题。习近平总书记指出："网络安全和信息化是相辅相成的。安全是发展的前提，发展是安全的保障，安全和发展要同步推进。我们一定要认识到，古往今来，很多技术都是'双刃剑'，一方面可以造福社会、造福人民，另一方面也可以被一些人用来损害社会公共利益与民众利益。从世界范围看，网络安全威胁和风险日益突出，并日益向政治、经济、文化、社会、生态、国防等领域传导渗透。特别是国家关键信息基础设施面临较大风险隐患，网络安全防控能力薄弱，难以有效应对国家级、有组织的高强度网络攻击。"① 这为新时代的网络安全提供了行动方向，需要亿万网民去认真遵循，也需要各级党委政府去真抓实干。

第一节　网络传播与国家安全的客观要求

中国30多年的网络传播与管理实践告诉我们，网络空间安全有序是亿万网民之福，网络空间混乱不堪是亿万网民之祸。网络空间安全关系到网民的健康生活和国家的繁荣稳定，是一荣俱荣、一损俱损的核心问题，这也是新时代我国政治稳定、经济发展、社会和谐、民众幸福与国际交往的客观要求。因此，我们要完善科学机制，有效应对网络风险挑战，确保网络的安全健康运行。

一、网络安全是政治稳定的基本要求

在数字时代，现实社会的安全隐患相对来说容易排查，而网络社会的健康安全则更有其复杂性。如今的网络空间已成为亿万网民的聚散之地，每个网民都有对国家时事政治的关心与探问之情，也有对各级党委和政府提出批评建议的传播行为，这是宪法赋予公民的合法权利。古人云，"知屋漏者在宇下，知政失者在草野"，网络社会民

---

① 习近平. 论党的宣传思想工作［M］. 北京：中央文献出版社，2020：201-202.

众的意见表达比传统社会更容易裂变扩散，更容易产生传播效应。遇事绕道走和当鸵鸟隐身行为早已不适合网络时代的政治安全要求，网络舆论宜疏不宜堵，要在网络传播与解决实际问题中增强政治判断力、政治领悟力、政治执行力，为建设开放稳定的政治环境创造条件。网络安全需要各级党委和政府部门积极应对危机传播，虚心倾听网民声音，正确解答民众的疑难困惑，及时回应网民的意愿和关切，对一些大是大非问题要加以舆论引导。正如杜俊飞所言："网络社会的治理理念就有必要调整为：对话、协商、疏导、利用。简言之，网络时代的政治沟通必须注意到，即使是政府发声、宣传工作，也并不仅仅是单向撒播和灌输教育，而要基于公关意识做多主体沟通。"①

在自媒体与网络平台的信息传播中，有些人传播真知灼见的批评建议，有些人则打着批评建议的幌子，造成虚假信息的情绪极化，甚至把煽动闹事作为传播目标，最终演变为网络暴力的聚集地。这既违背了社会伦理道德，也触碰了国家法律法规的底线，因而网络社会的政治安全显得尤为重要。习近平总书记指出："坚持团结稳定鼓劲、正面宣传为主，也不是说就当好好先生、当东郭先生、当开明绅士。对社会上存在的思想认识问题，要加强正面引导，通过摆事实、讲道理，明辨理论是非、澄清模糊认识。对重大政治原则和大是大非问题，要敢于交锋、敢于亮剑。对恶意攻击、造谣生事，要坚决回击、以正视听。"②

二、网络安全是经济发展的基本要求

我国还是发展中国家，经济工作是党委和政府的中心工作，这就需要通过发展经济来提升综合国力，通过发展经济来改善人民生活，不断把中国式现代化的复兴征程向前推进。但经济发展离不开稳定的网络安全环境，没有牢固可控的网络安全保障，没有健康向上的舆论氛围，经济发展就无从谈起，营商环境也会受到破坏，经济社会甚至还会走倒退之路。网络经济体现为"互联网＋"，例如京东、淘宝都是网络经济的重要平台。在网络社会，我们既要稳步推进经济发展，又要遵循网络安全的运行路径，不能为了挣钱而违背社会伦理，更不能越过法律法规的红线。实践证明，"中国经济几十年来的持续发展，向来是实打实干出来的，是一步一个脚印走出来的。但面对美西方一轮接一轮的舆论战，面对外界对中国经济缺乏全面了解和信心，面对复苏乏力的世界经济亟须稳定之锚的现状，我们大声唱响中国经济光明论非常必要，对全球发展也十分有利"③。网络社会的金融安全是重大风险防范领域，需要网络平台和亿万网民的精心守护，否则会带来重大经济损失。在网络社会，我们依旧要遵循"君子爱财，

① 杜俊飞. 网络社会治理共同体：概念、理论与策略［J］. 华中农业大学学报（社会科学版），2020（06）：1-8.

② 习近平. 论党的宣传思想工作［M］. 北京：中央文献出版，2020：189.

③ 郑韬. 我们为什么要唱响中国经济光明论［N］. 光明日报，2024-3-10.

取之有道”的伦理古训。当然，安全法规也要随着网络社会的发展继续修改完善，不能墨守成规或僵化不变。

从境内“凉山网红事件”到境外的“缅甸诈骗团伙”“老挝诈骗团伙”，还有不时发生的“杀猪盘”事件，再到其他自媒体与网络平台空间出现的诈骗问题，这些网络欺诈问题对经济的安全健康运行产生了严重的负面影响。在网络运行过程中，不少自媒体与网络平台疯狂追求金钱物质，早已超越正当营利的法规界限，这本质上违背了财富增长原理，是对崇尚诚实劳动和合法经营的伦理挑战。如果这种传播行为不断蔓延开来，必然会打破原有实体经济的健康发展，对那些诚实经营的劳动群体造成心理阴影，最终会冲击破坏网络社会的安全运行。网络经济诈骗与“杀猪盘”事件，轻则会毁坏一个人的健康成长，重则会摧毁一个家庭的幸福美满，这需要我们坚定维护网络社会的经济安全，尊重经济发展的一般规律和特殊规律。

在网络传播中，或隐或显地存在着对民营企业歧视的舆论洪流，从李宁“大佐帽事件”到佛山“海天酱油事件”，再到“农夫山泉躺枪事件”，这股舆论收获了一大波流量与眼球关注，最终伤害了一些民营企业的健康发展。“我们可以看到，一些自媒体所谓的‘意见领袖’为了博眼球，为了赚取流量红利，刻意扭曲事实，散布极端言论，对民营企业进行丑化打压。回顾事件的来龙去脉，我们不仅看到了民营企业家在遭遇网络暴力后的无奈，更看到了舆论场上带节奏、编故事、煽动对立情绪的可恶性。这不仅是针对某家企业的网暴，更是对广大网友善心的网暴。”① 新时代更要为民营企业发展创造安全良善的舆论氛围，构建健康运行的经济体制，不要被自媒体和网络平台带偏节奏，各级党委和政府部门要及时澄清真相，打击虚假谣言，避免网民情绪的极化扩张，为健康安全的经济社会发展保驾护航。

三、网络安全是社会生态的基本要求

在传统现实社会，人与人之间交流发展是看得见和容易把控的关系，是在有限的物理时空中发生的交往行为和利益互动；在网络社会，由于突破了交往空间的地域限制，各种虚拟身份与利益争夺都表现出来了。有些网民在现实社会是假恶丑之人，在网络上则伪装成一个真善美的人；有些网络平台在线下表现出人性美好的虚情假意，在网络运行中则是精密组织的诈骗团伙，两面性的典型反差让人瞠目结舌，这就需要我们认清网络诈骗分子和犯罪团伙的本来面目，坚决维护好网络社会的健康运行，构建一个安全善治的社会环境。诚如王利明所言：“在数字时代，民法所面临的也绝不仅仅是数据的问题，还涉及如基因编辑、虚拟艺术作品、人工智能侵权、自动驾驶、机器人主体地位、区块链引发的各种财产权益保护等，都是因为数字技

① 市场那么大，容得下两瓶水［N］. 浙江日报，2024－3－5.

术的发展所带来的民法问题。”①

网络社会伴随人工智能技术发展还在快速变化，亿万网民的安全需求也越发突出，保障好广大网民的安全生活是各级党委和政府的本职工作。网络社会的健康安全关系着千家万户，我们的衣食住行与生老病死都需要网络平台。当然，网络社会归根到底是由人和不同组织构成的平台社会，而不是其他元素组成的虚拟存在。网络社会的交往行为从现实社会进入云端空间后，更需要安全环境来保护运转。如果没有安全可靠的交往机制和保障平台，就会发生更多损人害己的矛盾纠纷和悲剧事件，难以维持网络社会的健康运行。网络安全既关系到人民群众的切身利益，也关系到国家的经济社会安全。隐形潜在的风险比现实社会的风险更大，也更难防控。诚如拜厄姆所言：“我们开发和使用技术，为的是培养有意义的人际联系。这一路上有歧途、有错乱、有灾难，也有欣喜。我们与什么样的人、形成什么样的联系，这些问题一直在不断发展的过程中。”② 不管是现实社会还是在网络社会，终归是由不同人群和不同行业所组成的，不能任由一些群体或者行业来毁坏其他群体或行业的健康生活，进而打破网络社会的安全传播生态。民众在现实社会中需要安全保障，在云端交往中也需要安全保障，只是网络安全治理更为复杂、更具挑战性。

四、网络安全是精神文化的基本要求

社会主义文化大发展大繁荣离不开网络传播的推波助澜，网络社会的亿万网民不仅需要丰裕充足的物质生活，还需要丰富多彩的精神生活。每个网民都可以运用自媒体尽情分享快乐心情，分享美丽图片和视频作品，既可以传播鲜活的新闻事件，也可以分享大自然的春夏秋冬，还可以分享人生的喜怒哀乐，或者分享工作生活与文旅美食，互联网给每个网民提供了不同于传统媒体时代的便利条件和自由空间。诚如蔡骐所言：“只有理解自拍的风格表征与传播机制，把握自拍的内在冲突与现实意义，规范青少年的自拍行为，我们才能够真正建构良好的传播环境，促进青少年亚文化的健康发展。”③ 青少年作为网络社会的重要传播群体，他们的传播行为具有不同于其他群体的风格特征，需要我们去探索、分析、研究，需要去同情理解和正确引导，以共建共享健康向善的网络文化。

当然，在网络社会不能只是沉迷于低级、媚俗的娱乐生活，还需要建设健康向善的精神文化。在自媒体与网络平台传播中的肆意谩骂、撕裂仇恨、散播谣言、狂热追星、伤风败俗、黄色泛滥、崇美媚日、侮辱烈士与解构英雄等行为，都是对精神文化

---

① 王利明．迈进数字时代的民法［J］．比较法研究，2022（04）：17－32．

②［美］南希．K．拜厄姆．交往在云端：数字时代的人际关系［M］．董晨宇，唐悦哲，译．北京：中国人民大学出版社，2020：181．

③ 蔡骐，文芊芊．风格表意与认同建构：青少年网络自拍亚文化［J］．现代传播，2020（12）：142－146．

安全的冲击，既违背了社会主义核心价值观，也是在走向违法犯罪的深渊。在传播外来文化之时，我们必须坚定文化自信、文化自觉和文化自强，站稳“以我为主”的基本立场。对于外来文化，我们要取其精华去其糟粕，不能盲目崇拜和照单全收，淡化文化安全意识，沉迷于外来文化构建的意识形态和价值观念中不能自拔。习近平总书记指出：“中华优秀传统文化是中华民族的精神命脉，是涵养社会主义核心价值观的重要源泉，也是我们在世界文化激荡中站稳脚跟的坚实根基。增强文化自觉和文化自信，是坚定道路自信、理论自信、制度自信的题中应有之义。如果‘以洋为尊’‘以洋为美’‘唯洋是从’，把作品在国外获奖作为最高追求，跟在别人后面亦步亦趋、东施效颦，热衷于‘去思想化’‘去价值化’‘去历史化’‘去中国化’‘去主流化’那一套，绝对是没有前途的！”① 我们在网络传播中，要坚持中国特色社会主义的道路自信、理论自信、制度自信、文化自信，通过对中华优秀传统文化的创造性转化和创新性发展，推出更多质量高和竞争力强的精美文化产品。

五、网络安全是网络生活的基本要求

在新媒体时代，每个网民都是现实生活与网络生活的结合体。互联网拓展了广大民众的信息传播渠道，改变了大众的生活习惯。每个中国网民都要珍惜维护安全稳定的网络空间，确保网络空间的意识形态安全，时刻牢记国家安全意识，坚定保障我们生活秩序的健康运行。诚如王利明所言：“在数字时代，对数据等安全性的需求日益增加，与事后的损害赔偿相比，保障数据等的安全对权利人而言意义更为重大。因为数据越安全，对信息主体权益的保障也越充分。我国民法典、个人信息保护法等法律为适应此种权利保护需求，在个人信息的保护方面强化了对数据等安全性的保护。”②

无论是国际上的“俄乌战争”和“巴以冲突”，还是国内的“香港修例风波”和“锁链女事件”，网络媒介都充当了在舆论上推波助澜的角色。我们要及时关注、分析和研判网络平台的舆论走向，不让热点事件影响民众的正常生活。习近平总书记指出：“网络空间是亿万民众共同的精神家园。网络空间天朗气清、生态良好，符合人民利益。网络空间乌烟瘴气、生态恶化，不符合人民利益。谁都不愿生活在一个充斥着虚假、诈骗、攻击、谩骂、恐怖、色情、暴力的空间。”③ 历史事实证明，没有网络社会的安全传播生态，芸芸众生每天的衣食住行都会成为难题，广大网民的健康生活就无法保障，任何繁荣景象都将成为泡影。

---

① 习近平. 在文艺工作座谈会上的讲话［N］. 人民日报，2015-10-15.

② 王利明. 迈进数字时代的民法［J］. 比较法研究，2022（04）：17-32.

③ 习近平. 论党的宣传思想工作［M］. 北京：中央文献出版社，2020：196.

六、网络安全是国际交往的基本要求

在互联网时代，中国与世界各国的交往日益密切。我们深刻感受到与外界交往的互利性和重要性，这不仅加快了国家发展的时代进程，也在深刻影响着每个网民的交往行为和生活方式。我们在和国外网民、团体、组织的交往过程中，既不能草木皆兵，也不可麻痹大意。网络空间虽然是全球化的公共空间，但中国网民在国际网络空间中要有防护意识，时刻绷紧安全这根弦，否则有可能会遭受意外损失或者在认知上产生偏向。诚如吴飞所言："中国在国际话语权竞争中还面临诸多挑战，主要包括西方国家官方话语的排挤与打压、西方媒体的歪曲与污蔑、发展中国家的猜疑与不信任、国际话语规则的制约与限制、中国学术话语的缺位。尤其值得关注的是，国际话语权博弈处于新技术对传统媒体生态的结构、大数据和云计算变革的挑战。"①

在网络社会，"随着信息化、数字化的飞速发展和广泛应用，国家秘密的存在形态、处理方式发生深刻变化，必须注重技术防护与管理措施双管齐下，构筑起集人防、物防、技防于一体的综合防范体系，确保国家秘密安全"②。如今，在海南自由贸易港及其他经济特区，来中国学习、经商、旅游以及工作的外国人背景非常复杂，而中国人走出国门的交往群体也在日渐壮大。国人在对外交往中，需要保持强烈的安全意识，谨防被国外人士、间谍或国际组织不知不觉地套取国家安全信息，更不能被金钱美色所诱惑迷倒，进而损害或者出卖国家利益，这是国际网络交往中特别需要注意的安全事项。广大国内网民只有把守护国家的保密知识和安全意识融入大脑并付诸行动，才能在国际网络交往中经受住考验，做一个爱国守法的网民，共筑网络安全"防火墙"。

案例 7-1

携手共筑网络安全"防火墙"

召开网络安全博览会、网络安全技术高峰论坛，展示新产品和新技术、交流方法和经验；举办各类网络安全技能比赛，推动筑牢"头脑中的防线"；开展网络安全进基层活动，用方言快板小曲传唱网络安全知识……在2023年国家网络安全宣传周中，全国各地举办了内容丰富、形式多样、特色各具的活动，宣传网络安全理念、普及网络安全知识、推广网络安全技能，在全社会营造了共同构筑网络安全防线的浓厚氛围。

互联网发展日新月异，极大拓展了人类生产生活空间，网络安全也成为国家安全的重要组成部分。没有网络安全就没有国家安全，就没有经济社会稳定运行，广大人

① 吴飞．网络空间国际规则场域中的中国话语权困境［J］．当代传播，2021（03）：卷首语．
② 李兆宗．加强保密法治建设，筑牢新时代国家秘密安全防线［N］．人民日报，2024-2-28．

民群众的利益也难以得到保障。近年来，我国网络安全工作取得积极进展，网络安全政策法规体系不断完善，网络安全工作体制机制日益健全，全社会网络安全意识显著提高，广大人民群众在网络空间的获得感、幸福感、安全感不断提升。国家网络安全宣传周从 2014 年开始每年举办一届，今年已是第十届。10 年来，国家网络安全宣传周深入开展网络安全进社区、进农村、进企业、进机关、进校园、进军营、进家庭等多项重要活动，让网络安全观念愈加深入人心。

网络安全建设成效明显，但网络空间仍不太平，网络安全工作任重道远。从世界范围看，网络安全威胁和风险日益突出，侵犯个人隐私、侵犯知识产权、散布虚假信息、实施网络诈骗等违法犯罪行为已成为全球公害。在我国，各类网络违法犯罪时有发生，数据安全和侵犯个人隐私问题、关键信息基础设施安全防护问题日益凸显。面对十分复杂的网络安全形势，必须将网络安全摆在重要位置，坚持多管齐下，加强综合治理，形成从技术到内容，从日常监管到打击犯罪的综合治理合力。

在维护网络安全的众多举措中，不断增强全民网络安全意识和技能至关重要。习近平总书记对国家网络安全宣传周作出重要指示，强调“举办网络安全宣传周、提升全民网络安全意识和技能，是国家网络安全工作的重要内容”。每个人都有责任做正能量的传播者、网络安全的维护者，携手共筑网络安全‘防火墙’。网络安全教育必须抓在经常、重视日常、积功平常。只有全民网络安全意识和素养增强了，技能提高了，网络安全工作才会基础扎实、推进有力。

集中宣传是有效提升全民网络安全意识和技能的方式之一。比如，坚持问题导向，围绕网络安全领域新政策、新举措、新成效，针对个人信息保护、数据安全治理、关键信息基础设施安全防护、电信网络诈骗犯罪防范、数字平台健康发展、青少年健康上网等社会热点问题，及时展开宣传；创新方式方法，多采用直播、短视频、公益短剧、益智游戏、线上课程等形式，同时与宣传展览、巡回讲座、技能大赛、社区讲解、互动体验等做好结合。通过创新性的内容供给、立体化的传播矩阵、针对性的受众投放，深入开展宣传教育，必能取得突出效果。

网络安全为人民，网络安全靠人民。每个人都不断提升网络安全意识和技能，齐心协力共同努力，一定能打赢网络安全的人民战争，实现网络强国梦。①

在一年一度的“网络安全”宣传周活动及日常的网络管理工作中，我们要把网络安全的重要意义广泛传播开来，在青少年群体成长过程中植入安全意识和防护本领，一直贯穿到中年群体与老年群体，真正把网络安全转化到日常生活和工作行为中去，坚定做好网络安全的风险预防和技术治理，建立网络运行的科学机制和管理体系。网

① 李林宝．携手共筑网络安全“防火墙”［N］．人民日报，2023－10－18．

络安全是我们不能马虎大意的原则，是任重而道远的艰巨目标，但不管多么艰难也要坚定守护，别无巧劲可施、捷径可走。

第二节 网络传播空间的安全法规

在互联网时代，网络安全是全新的博弈疆域，正在发生着一场场看不见硝烟的战争。每个网民在网络传播中必须遵守伦理道德和法律法规，掌握网络安全技术，增强网络安全防范的过硬本领，否则就有可能会遭受物质损失或精神伤害。为了适应互联网的安全发展，我国先后颁布了《中华人民共和国国家安全法》（以下简称《国家安全法》）、《网络安全法》《个人信息保护法》《反恐怖主义法》《未成年人保护法》等法律，并在宪法、刑法以及民法典中对安全工作提出了具体要求，对保护国家安全和公民安全发挥了重要作用。我国《宪法》第五十四条规定："中华人民共和国公民有维护祖国的安全、荣誉和利益的义务，不得有危害祖国的安全、荣誉和利益的行为。"① 1993 年 2 月颁布的《国家安全法》就对网络安全风险提出预防管制，第五十九条规定："国家建立国家安全审查和监管的制度和机制，对影响或者可能影响国家安全的外商投资、特定物项和关键技术、网络信息技术产品和服务、涉及国家安全事项的建设项目，以及其他重大事项和活动，进行国家安全审查，有效预防和化解国家安全风险。"② 2016 年 11 月全国人大常务委员会通过的《网络安全法》共七章七十九条，其中第五条规定"国家采取措施，监测、防御、处置来源于中华人民共和国境内外的网络安全风险与威胁，保护关键信息基础设施免受攻击、侵入、干扰和破坏，依法惩治网络违法犯罪活动，维护网络空间安全和秩序"，同时在第七条中规定"国家积极开展网络空间治理、网络技术研发和标准制定、打击网络违法犯罪等方面的国际交流与合作，推动构建和平、安全、开放、合作的网络空间，建立多边、民主、透明的网络治理体系"③。2021 年 6 月全国人大常务委员会通过的《数据安全法》共七章五十五条，其中第六条规定"各地区、各部门对本地区、本部门工作中收集和产生的数据及数据安全负责。工业、电信、交通、金融、自然资源、卫生健康、教育、科技等主管部门承担本行业、本领域数据安全监管职责。公安机关、国家安全机关等依照本法和有关法律、行政法规的规定，在各自职责范围内承担数据安全监

① 全国人大常委会办公厅. 中华人民共和国宪法［M］. 北京：中国法制出版社，2023：34.

② 中央网络安全和信息化委员会办公室，国家互联网信息办公室网络法治局. 网信部门常用法律法规［G］. 北京：法律出版社，2023：70.

③ 中央网络安全和信息化委员会办公室，国家互联网信息办公室网络法治局. 网信部门常用法律法规［G］. 北京：法律出版社，2023：8.

管职责”[①]。在我国，破坏网络安全方面的罪行主要体现为煽动罪、泄密罪、冒犯信息主权罪等。网民在网络传播中要谨言慎行，否则容易触犯法律，轻则会被追究民事责任，重则会遭到刑事惩戒。

一、网络煽动罪

在网络社会，因为质疑某个危机事件处理不公，或者因为自然灾害事件，或者安全管理事件，或者其他社会性群体事件，都可能会在网络空间中引发煽动和暴力升级。某些人或者某些组织就会利用自媒体在网络平台发表极端言论和暴力语言，进而造成社会混乱、恐惧与聚众斗殴等严重问题。网络煽动性信息是指“国内外不法分子歪曲事实或者捏造虚假事件，在互联网上大量传播故意误导网民、煽动情绪、严重扰乱社会秩序，引起社会骚动，甚至导致重大突发性事件产生的有害信息”[②]。2023 年 12 月修订的《刑法》（十二）中有数十项针对危害国家安全和社会稳定的犯罪行为，其中有五条涉及煽动性言论，即“煽动颠覆国家政权罪，煽动分裂国家罪，煽动恐怖活动罪，煽动民族仇恨、民族歧视罪，煽动暴力抗拒法律实施罪”[③]。这五条罪行在网络传播中容易发生，每个网民和平台组织都需要注意。

（一）煽动颠覆国家政权罪

我国《宪法》第一条规定：“中华人民共和国是工人阶级领导的、以工农联盟为基础的人民民主专政的社会主义国家。社会主义制度是中华人民共和国的根本制度。中国共产党领导是中国特色社会主义最本质的特征。禁止任何组织或者个人破坏社会主义制度。”[④] 因此，任何个人或者组织在网络空间中不准发布有关颠覆国家政权的言论，也不能有任何在网络上造谣与传播的违法行为，轻则会受到训诫谈话，重则会受到拘役、刑事审判等法律惩戒。我国《刑法》第一百零五条规定：“以造谣、诽谤或者其他方式煽动颠覆国家政权、推翻社会主义制度的，处五年以下有期徒刑、拘役、管制或者剥夺政治权利；首要分子或者罪行重大的，处五年以上有期徒刑。”[⑤]

（二）煽动分裂国家罪

本罪是指煽动分裂国家、破坏国家统一的行为。《刑法》第一百零三条规定：“煽动分裂国家、破坏国家统一的，处五年以下有期徒刑、拘役、管制或者剥夺政治权利；

---

① 中央网络安全和信息化委员会办公室，国家互联网信息办公室网络法治局．网信部门常用法律法规［G］．北京．法律出版社，2023：40．

② 黄瑚．网络传播法规与伦理教程［M］．上海：复旦大学出版社，2018：136．

③ 参见 2023 年 12 月 29 日全国人大常委会通过的《刑法》（十二）．

④ 全国人大常委会办公厅．中华人民共和国宪法［M］．北京：中国法制出版社，2023：5．

⑤ 李立众．中华人民共和国刑法总则［G］．第十七版．北京：中国法制出版社，2024：165．

首要分子或者罪行重大的，处五年以上有期徒刑。”[①] 在网络时代，容易形成煽动性言语行为，特别是当国家面对重大危机事件时，一些别有用心的言论容易演变成煽动性的言语传播行为，激发不明真相的群众对国家和社会采取不理性的言语攻击、恶意中伤甚至引发暴力事件，而煽动是指“行为人以语言、文字、图像等方式对他人进行鼓吹煽动，意图使他人接受或者相信所煽动的内容或去实行所煽动的分裂国家的行为，而并非行为人自己实行，这是煽动分裂国家罪与分裂国家罪的根本区别”[②]。这就告诫每个网民和社会组织，以语言、文字、图片、视频、音频等方式煽动分裂国家都是不许可的，这也是不可逾越的法律红线。

（三）煽动恐怖活动罪

在网络社会，每个公民既要提高反恐意识，也要加强对恐怖主义的戒备心理。国家安全部门和电信技术单位要及时阻断恐怖主义相关网络视频的传播，不给恐怖主义提供传播土壤和扩张空间。2015 年 12 月，全国人大常务委员会通过了《反恐怖主义法》，第十七条规定“各级人民政府和有关部门应当组织开展反恐怖主义宣传教育，提高公民的反恐怖主义意识”，还在第十九条中规定“网信、电信、公安、国家安全等主管部门对含有恐怖主义、极端主义内容的信息，应当按照职责分工，及时责令有关单位停止传输、删除相关信息，或者关闭相关网站、关停相关服务。有关单位应当立即执行，并保存相关记录，协助进行调查。对互联网上跨境传输的含有恐怖主义、极端主义内容的信息，电信主管部门应当采取技术措施，阻断传播”[③]。2024 年 3 月 23 日，俄罗斯莫斯科音乐厅发生恐怖事件后，经俄罗斯官方的初步调查，就是恐怖分子在网络进行招募、教学和推动发生的极端行为，值得我们警醒和科学预防。

（四）煽动民族仇恨、民族歧视罪

我国是一个有 56 个民族的多民族国家，平等、团结、互助、和谐是民族关系的基本原则。各民族应该像石榴籽一样团结，铸牢中华民族共同体意识，任何民族矛盾问题都不能演变成民族仇恨或民族歧视。我国《宪法》第四条规定：“中华人民共和国各民族一律平等。国家保障各少数民族的合法的权利和利益，维护和发展各民族的平等团结互助和谐关系。禁止对任何民族的歧视和压迫，禁止破坏民族团结和制造民族分裂的行为。”[④] 网民在自媒体或者网络空间要注意民族之间的言语交流和传播行为，不能煽动民族误解、民族歧视、民族仇恨，否则会受到训诫谈话或法律惩

① 李立众．中华人民共和国刑法总则［G］．第十七版．北京：中国法制出版社，2024：164.
② 邵国松．网络传播法导论［M］．北京：中国人民大学出版社，2017：35.
③ 中央网络安全和信息化委员会办公室，国家互联网信息办公室网络法治局．网信部门常用法律法规［G］．北京：法律出版社，2023：71.
④ 全国人大常委会办公厅．中华人民共和国宪法［M］．北京：中国法制出版社，2023：7.

罚。《刑法》第二百四十九条规定：“煽动民族仇恨、民族歧视，情节严重的，处三年以下有期徒刑、拘役、管制或者剥夺政治权利；情节特别严重的，处三年以上十年以下有期徒刑。”① 这告诫每个网民都要切实维护民族团结，不做损害民族团结的违法事件。

（五）煽动暴力抗拒法律实施罪

所谓煽动暴力抗拒法律实施罪，是指煽动群众暴力抗拒国家法律、行政法规实施的非法行为。煽动主要是指鼓动性言语或者文字劝说、引诱，进而促使他人去实施犯罪活动，而且煽动的内容表现为抗拒国家法律的实施，煽动的对象必须是民众群体。如果煽动民众是以和平或者静默的方式抗拒国家法律实施，则不能构成本罪。值得注意的是，即使是和平或静默的方式，也必须遵守中国的伦理法规，网络上的敏感性语言也不能随意使用。《刑法》第二百七十八条规定：“煽动群众暴力抗拒国家法律、行政法规实施的，处三年以下有期徒刑、拘役、管制或者剥夺政治权利；造成严重后果的，处三年以上七年以下有期徒刑。”②

二、网络泄密罪

在网络社会，自媒体或者平台组织存在着有意或者无意中造成泄密的可能性，这不仅会给自己和组织带来麻烦，也给国家和社会造成损害，因而要注意遵守保密原则。网络泄密罪在《刑法》施行中体现在以下三个方面。

（一）故意泄露国家秘密罪

本罪的主体是国家机关工作人员等特殊群体，因为国家机关工作人员才有机会掌握和了解国家秘密。当然，社会上非国家机关工作人员也可能触犯本罪，但在性质上不是渎职罪。“本罪在客观方面，行为人必须具有违反国家保密法的规定，故意泄露国家秘密，情节严重的行为。所谓泄露，就是行为人把自己掌管的或者知道的国家秘密让不应该知道的人知道。”③ 网络社会中的泄密方式具有多样化特征，既可以是口语化的泄露、书面文字的泄露，也可以用交实物的方式泄露，如通过影印、拍照、复制等方式进行泄露。因而任何国家工作人员或者社会组织，都要谨言慎行，不可麻痹大意。这里所指的泄露国家秘密，主要是将涉密信息在网络空间内传播、更改或者是用作其他不当用途。《刑法》第三百九十八条规定：“国家机关工作人员违反保守国家秘密法的规定，故意或者过失泄露国家秘密，情节严重的，处三年以下有期徒刑或者拘役；情节特别严重的，处三年以上七年以下有期徒刑。非国家机关工作人员犯前款罪的，

---

① 李立众．中华人民共和国刑法总则［G］．第十七版．北京：中国法制出版社，2024：569.

② 李立众．中华人民共和国刑法总则［G］．第十七版．北京：中国法制出版社，2024：651.

③ 邵国松．网络传播法导论［M］．北京：中国人民大学出版社，2017：53.

依照前款的规定酌情处罚。”①

（二）为境外窃取、刺探、收买、非法提供国家秘密、情报罪

新时代中国对外开放日益扩大，国人与外国人交流往来的机会多、复杂化，因而要有保守秘密和情报的安全意识，不能在财色诱惑中迷失方向，进而在有意无意中对外提供国家秘密或者重要情报，给国家带来损失。我国《刑法》第一百一十一条规定：“为境外的机构、组织、人员窃取、刺探、收买、非法提供国家秘密或者情报的，处五年以上十年以下有期徒刑；情节特别严重的，处十年以上有期徒刑或无期徒刑；情节较轻的，处五年以下有期徒刑、拘役、管制或者剥夺政治权利。”②

（三）非法获取国家秘密罪和非法持有国家绝密、机密文件、资料、物品罪

我国《刑法》第二百八十二条规定：“以窃取、刺探、收买方法，非法获取国家秘密的，处三年以下有期徒刑、拘役、管制或者剥夺政治权利；情节严重的，处三年以上七年以下有期徒刑。非法持有属于国家绝密、机密的文件、资料或者其他物品，拒不说明来源与用途的，处三年以下有期徒刑、拘役或管制。”③ 从犯罪的主观方面来看，即行为人明知是国家秘密而故意窃取、刺探、收买，或者行为人明知自己不能持有而通过非法行为来持有占据，且不能说明来源和用途。这两个罪名主要是以非法获取或者非法持有为特征，而不论行为人获取或非法获取的国家秘密是否泄露，都要接受刑法条款的规定处罚。

三、冒犯国家信息主权

中国接入互联网 30 年来，国家信息主权被赋予更加丰富的内涵和意义，日益凸显出价值地位。早在 1993 年颁布的《国家安全法》第二十五条规定：“国家建设网络与信息安全保障体系，提升网络与信息安全保护能力，加强网络和信息技术的创新研究和开发应用，实现网络和信息核心技术、关键基础设施和重要领域信息系统及数据的安全可控；加强网络管理，防范、制止和依法惩治网络攻击、网络入侵、网络窃密、散布违法有害信息等网络违法犯罪行为，维护国家网络空间主权、安全和发展利益。”④ 在传统媒体时代，侵犯国家主权的行为比较容易管控，如今电子邮件、QQ、博客、微博、微信等方面的新媒介功能日益彰显出来，但这些信息流动的随意性、分散化与多样态，也给信息主权管理带来困难和挑战。因此，打造一个让亿万网民既能

---

① 李立众．中华人民共和国刑法总则［G］．第十七版．北京：中国法制出版社，2024：1009.
② 李立众．中华人民共和国刑法总则［G］．第十七版．北京：中国法制出版社，2024：166.
③ 李立众．中华人民共和国刑法总则［G］．第十七版．北京：中国法制出版社，2024：656.
④ 中央网络安全和信息化委员会办公室，国家互联网信息办公室网络法治局．网信部门常用法律法规［G］．北京：法律出版社，2023：70.

安全放心使用、国家信息主权又能安全保障的管理体系，已成为网络社会的重大任务。现实社会有国土边界，网络社会也有虚拟空间的疆界，通过 IP、5G 等技术，也能管好网络空间。传统国家主权空间是以地理边界为划线范围，而国家信息主权则以网络空间为范围管制。网络主权应当理解为传统国家主权在网络空间的自然延伸与适用，进而使国家主权从传统物理空间扩大到网络虚拟空间，这对我国网络空间的安全治理具有重要意义。“从本质上来讲，网络主权并非一种新的权利，而只是国家主权在当下一种新的表现形式和主权范围，即一国能够独立自主地且不受别国干涉管理与控制本国的互联网基础设施及网络空间。”①

中国对信息主权的管制主要体现在以下两个方面：

首先，在政策制度方面，中国坚持和平发展，奉行防御性的网络安全空间战略。2015 年，习近平总书记在乌镇互联网大会上提出了“信息主权”概念并特别指出：“《联合国宪章》确立的主权平等原则是当代国际关系的基本准则，覆盖国与国交往各个领域，其原则和精神也应该适用于网络空间。我们应该尊重各国自主选择网络发展道路、网络管理模式、互联网公共政策和平等参与国际网络空间治理的权利，不搞网络霸权，不干涉他国内政，不从事、纵容或支持危害他国国家安全的网络活动。”② 这就是说，传统国家主权不容干涉和侵犯，互联网时代的信息主权也是如此。不能以大欺小、恃强凌弱，不能实施网络霸权。而在网络层面以“黑客”等非法形式攻击相关网站，窃取国家绝密、机密文件、资料、物品等，也是网络传播中不能许可的违法行为。

其次，在网络合作方面，中国致力于参与全球网络治理的国际对话体系。习近平总书记指出：“完善全球互联网治理体系，维护网络空间秩序，必须坚持同舟共济、互信互利的理念，摒弃零和博弈、赢者通吃的旧观念。各国应该推进互联网领域开放合作，丰富开放内涵，提高开放水平，搭建更多沟通合作平台，创造更多利益契合点、合作增长点、共赢新亮点，推动彼此在网络空间优势互补、共同发展，让更多国家和人民搭乘信息时代的快车、共享互联网发展成果。”③ 中国是网络大国，拥有将近 11 亿人的网民数量，网络空间潜藏着无限机遇与美好希望。中国信息主权安全是全球网络之大幸，共同分享中国网络成果，全球网络空间安全也有利于中国网络社会的健康运行。这是信息时代互联互通与互利共赢的命运共同体关系，而不是“零和博弈与赢者通吃”的旧观念。党的十八大以来，中国通过建设“一带一路”的倡议，加强了与“一带一路”沿线国家在网络基础设施、数字经济、网络安全、文化交流等方面的推进

① 徐敬宏，侯彤童，胡世明．新媒体传播伦理与法规［M］．北京：清华大学出版社，2023：170.

② 习近平．在第二届世界互联网大会开幕式上的讲话［EB/OL］．（2015 - 12 - 16）［2024 - 01 - 29］https：//www. gov. cn/xinwen/2015-12/16/content _ 5024712. htm.

③ 同上。

合作，这正是中国网络发展的生动体现。

案例 7-2

以《国家安全法》为依据全面维护网络空间安全

最近二三十年，网络和信息技术日益广泛惠及人类生活，但网络和信息安全所受威胁也与日俱增。出于不正当经济动机、反社会心理、狭隘极端主张、恐怖目的乃至非正义国际政治图谋等各种复杂原因，各国网络和信息系统无不受到威胁，我国也深受其害。刚刚公布施行的我国《国家安全法》，以总体国家安全观为根本指引，为全面维护国家网络空间安全奠定了重要法律基础。

《国家安全法》高屋建瓴地使用了"网络空间主权"这一概念，这在我国法律中还是第一次。这一概念在我国法律上的应用，具有重要意义。由于网络空间的电子性、虚拟性，因而在处理网络空间事务时是否应当受作为现代国际法基石的主权原则支配，是国际社会目前面临的重大问题。《国家安全法》明确规定"维护国家网络空间主权"，表明我国坚定主张网络空间活动也应遵循主权原则。这就以法律形式明确宣示了我国的重要立场，并为我国处理网络空间事务明确了根本原则，要求我国各领域开展网络空间活动、处理网络空间事务时，尊重他国主权，并且反对任何国家在网络空间侵害别国主权。

《国家安全法》规定要"实现网络和信息核心技术、关键基础设施和重要领域信息系统及数据的安全可控"，突显了维护网络和信息安全的核心任务。网络空间的核心技术、关键基础设施和重要领域，包括大型服务器、光缆系统及其相关硬件设施设备和软件系统，以及金融、电信、能源、交通等国计民生重要行业的网络和信息系统，它们的安全无疑是网络和信息安全的基础和关键。目前世界上已有一些国家在这方面受到过大规模攻击破坏，世界各国特别是网络和信息发达国家，对这方面的防范工作已予高度重视并采取了切实措施。我国将在《国家安全法》的规范下，采取有力措施，进一步加强这些基础和关键领域的安全管控。

《国家安全法》关于"建设国家网络与信息安全保障体系"的规定，体现了总体国家安全观的战略思想和工作方法。由于网络与信息技术应用已经覆盖到国家和社会生活的方方面面，整个社会网络化、信息化程度越来越高，网络和信息系统遭受攻击将造成巨大破坏，而维护网络与信息安全的工作范围极其广泛，所以，提高网络和信息安全保护能力不能仅靠某些方面单打独斗，必须构建涵盖安全技术和安全管理各个方面的安全保障体系。在安全技术方面，要激励全社会各方面的积极性，推动网络和信息安全防护以及救援和恢复等安全技术产品的不断发展进步。在安全管理方面，必须不断完善网络和信息系统研制、生产、维护、使用者的行为规范，构建完备的以明确权利义务为内容的安全管理制度。

以大数据技术发展应用中的安全保护为例，《国家安全法》与各类组织和广大公民的生产生活密切相关。大数据技术已经在社会管理、经济生活、科学研究等各个领域得到越来越广泛的应用，这是不可阻挡的发展趋势，是推动社会发展进步的技术力量，但大数据也潜伏着重大安全隐患，这项技术如果被滥用也将带来巨大危害。《国家安全法》中没有出现“大数据”一词，但法律中所体现的立法精神、所规定的法律原则和许多制度条款都与大数据的采集、生成和使用密切相关。《国家安全法》规定了“公民、组织的权利和义务”，从大数据角度看，这里的“组织”尤指具有大数据生产能力的网络企业，不得生产、提供危害国家安全的大数据产品，同时，其他组织和人员也不得违法传播和使用危害国家安全的大数据。

《国家安全法》的实施除了直接适用外，还将制定配套法律法规规章。我国已经出台了不少关于网络安全管理的法律法规规章和司法解释，在《国家安全法》公布施行后，还需根据这部法的规定以及国家面临的新情况，修订补充相关法律法规规章，这是落实总体国家安全观的题中应有之义。网络和信息安全所受威胁更多来源于人为因素，所以，网络和信息安全保护要更加重视运用法律手段。通过完善知识产权法以及民事商事领域其他相关法律制度，鼓励和推动网络和信息安全保护技术的发展进步；通过完善行政管理相关法律制度，明确各类管理机构职责，规范企业和其他组织以及广大公民的网络和信息行为，构建良好的网络和信息安全秩序；通过补充完善刑法相关制度，惩治破坏网络和信息安全的犯罪行为。正如《国家安全法》所规定的，“加强网络管理，防范和依法惩治网络攻击、网络窃密、散布违法有害信息等网络违法犯罪行为”，国家将进一步出台具体管理措施和法律规定。由此可见，建设国家网络与信息安全保障体系的任务将是繁重和艰巨的。①

在网络社会，我们需要把《网络安全法》《数据安全法》《个人信息保护法》等法律落到实处，对这些法律法规条文进行系统整理，在社会各个领域尤其是中小学教育中进行宣传，同时结合一些典型案例展开警示宣教。我们要积极学习网络安全的先进技术，将之贯彻到社会工作的各个地区、各个单位，贯穿到学习和工作始终，形成一种群策群防的强大力量，真正将网络安全的法律法规落在实处。这才是网络社会的安全治理之道，也是我们必须勇于担当的重大责任和历史使命。

---

① 肖凤城. 以《国家安全法》为依据全面维护网络空间安全［N］. 人民日报，2015－7－21.

第三节 网络空间信息的安全治理

一、树立正确的网络安全观

从传统社会转入网络社会，网民生活的安全环境发生了巨大变化。对此，首先要树立总体的国家安全观，有正确理念指导安全发展，才能产生更好的风险治理效果。习近平总书记指出："要树立正确的网络安全观，加强信息基础设施网络安全防护，加强网络安全信息统筹机制、手段、平台建设，加强网络安全事件应急指挥能力建设，积极发展网络安全产业，做到关口前移，防患于未然。"① 我们不能仅从个体和单位组织来看待网络安全，网络安全关系到全国安全，是牵一发而动全国的紧密关系。网络安全是动态发展而非静止不变的构建状态，我们要紧跟信息技术的变化调整安全保护，紧跟网络社会发展进行动态升级。还有网络安全是开放的而非封闭的形态，在网络社会关起门来搞不好安全保护。我们要积极学习先进信息技术，加强对外合作、交流、互动，如此才能提升网络安全水平。

网络治理体系是一个复杂的智能体系，网络社会的安全管理是共同的而非孤立的存在体。新时代做好网络安全管理，需要在各级党委的统筹协调下，积极发挥好政府、企业、社会组织和广大网民的共同担当，共筑网络社会安全的铜墙铁壁。正如方兴东所言："中国网络治理已经形成以党委和政府居于核心，其他主体居于外围、不同程度参与其中，多元治理主体共同构筑的'同心圆'治理结构。"② 因此，只有树立正确的安全观，才能科学指挥网络安全的健康运行，才能扎实建设网络安全的保障体系。

二、掌控好网络安全的核心技术

做好网络社会的安全保障工作，需要从硬件和软件两个方面着手建设，如此才能掌握网络安全的核心技术。习近平总书记指出："一方面，核心技术是国之重器，最关键最核心的技术要立足自主创新、自立自强。市场换不来核心技术，有钱也买不来核心技术，必须靠自己研发、自己发展。另一方面，我们强调自主创新，不是关起门来搞研发，一定要坚持开放创新，只有跟高手过招才知道差距，不能夜郎自大。"③

---

① 习近平. 论党的宣传思想工作［M］. 北京：中央文献出版社，2020：301.

② 方兴东，徐可，钟祥铭，等. 中国网络治理30年："一体多元模式"的演进历程与规律启示［J］. 传媒观察，2023，477（09）：54-65.

③ 习近平. 论党的宣传思想工作［M］. 北京：中央文献出版社，2020：199.

古人云："工欲善其事，必先利其器。"从硬件设施方面来看，需要加大资金投入，加强网络安全核心技术的产品研发，培养能熟练操作安全技术的人才队伍。网络平台的硬件设施必须保证质量，不能搞成豆腐渣式的劣质工程。我国各级政府要把有限资金放在刀刃上，精打细算用好经费。网络平台与社会企业要在数据运行实践中接受安全考验，并在实战对决中总结经验教训，提升网络安全的掌控力。

从软件建设角度来看，需要提升网络安全的内涵治理。软件核心技术要掌握在爱国守法的行家手里，各个单位都要下大力气进行培训学习，积极引进国外的技术专家，壮大软件建设的科技队伍。同时，对本地区本单位的软件环境和机制建设进行实质性改革，努力突破一些阻碍技术发展的利益障碍，形成尊重人才、爱护人才、钻研技术和奖励技术开发的良好体制。只有硬件设施与软件环境相互配合、协调发展，才能更好地实现网络安全发展。正如杜俊飞所言："网络社会治理不是一个在线管理系统，更不再是一个主动的政策议程，它已演变为一种政治制度因应社会变革的全方位。随着国内外政治、经济、社会等领域发生深刻变革，互联网已成为可能影响中国未来，尤其是治理政策走向的最大变量。"①

三、全天候研判网络空间的安全态势

人工智能时代的网络安全态势更加严峻复杂，需要全天候研判，在科学预防中见微知著，迅速果断处理安全危机，把安全问题消灭在萌芽状态。要同时监管国内网络空间和国际网络空间，完善并健全网络安全运行机制。习近平总书记指出："感知网络安全态势是最基本最基础的工作。要全面加强网络安全检查，摸清家底，认清风险，找出漏洞，通报结果，督促整改。要建立统一高效的网络安全风险报告机制、情报共享机制、研判处置机制，准确把握网络安全风险发生的规律、动向、趋势。"② 从国内网络空间的安全态势来看，我国网民数量庞大、群体多样化，管理起来很不容易，这需要各个省市自治区、港澳台地区以及重要行业的网络安全管理部门齐抓共管。金融、能源、电力、通信与交通等领域的神经枢纽，是网络安全管理的重中之重，容易首先成为遭受网络攻击的目标，特别需要全天候的监控管理。只有打造好安全强大的网络保护体系，遇到问题才能不慌忙不惧怕，把安全危机遏制在萌芽状态。

作为网络大国，我国在监督网络域外安全风险中，经常遭遇国际网络安全治理的误解和不公待遇，这需要我们认真解决，据理澄清。正如方兴东所言："网络空间的特

---

① 杜俊飞. 网络社会治理共同体：概念、理论与策略［J］. 华中农业大学学报（社会科学版），2020（06）：1-8.

② 习近平. 论党的宣传思想工作［M］. 北京：中央文献出版社，2020：204.

殊性决定了网络治理很大程度上‘国内问题就是国际问题，国际问题就是国内问题’。中国要走出‘14 亿思维’走向‘80 亿思维’，成为国际网络治理的主导性力量。”① 我们需要及时把握好国内网络安全与国际网络安全相结合的治理转向，这是由网络大国向网络强国跨越的必由之路。

四、增强网络安全的预防能力和威慑力

“凡事预则立，不预则废”。提前预防、提前研判、提前分析是确保网络安全的重要前提。在网络时代，网络安全是一场没有硝烟的博弈战争，我们首先要有网络安全的预防能力。习近平总书记指出：“人家用的是飞机大炮，我们这里还用大刀长矛，那是不行的，攻防力量要对等。要以技术对技术，以技术管技术，做到魔高一尺、道高一丈。”② 古人云“知己知彼，方能百战不殆”，才能做到“兵来将挡、水来土掩”的从容不迫，这种本领需要各级党委和政府通过下功夫、投本钱、引人才与改体制等方式进行综合提升，要把网络安全的预防能力、威慑能力、处理能力和恢复能力融为一体。空喊口号和临时抱佛脚既不可取，也会阻碍和损害国家网络安全管理工作的进一步发展。

只有过硬的技术本领才能产生震慑效果，才能有力抵御国际网络空间的安全攻击和霸凌行为。自己会战方能止战，打铁还需自身硬。只有铸造网络安全的铜墙铁壁，才能在网络战争中产生威慑力，才能在数字变革中赢得主动权。中国面对网络技术带来的社会治理困境挑战，网络治理长期处于被动防御态势，但“随着中国整体实力和网络实力的崛起，这种战略态势已经开始发生明显调整。中共中央、国务院 2022 年发布的‘数据二十条’中明确提出‘深入参与国际高标准数字规则制定，构建适应数据特征、符合数字经济发展规律、保障国家数据安全、彰显创新引领的数据基础制度’。包括启动 RCEP、申请加入 TPCPP 和 DEPA、发起《全球数据安全倡议》等在内的举措，都呈现出面向全球开放的积极防御战略态势，这也是中国网络治理历史性的转变”③。

五、提升网络安全的宣传教育水平

网络安全的宣传教育，需要从学生群体和社会群体两大方面去着手。《网络安全法》第十九条规定：“各级人民政府及其有关部门应当组织开展经常性的网络安全宣传教育，并指导、督促有关单位做好网络安全教育工作。大众传播媒介应当有针对性地

① 方兴东，徐可，钟祥铭，等. 中国网络治理 30 年：“一体多元模式”的演进历程与规律启示 [J]. 传媒观察，2023，477（09）：54 - 65.

② 习近平. 论党的宣传思想工作 [M]. 北京：中央文献出版社，2020：204.

③ 方兴东，徐可，钟祥铭，等. 中国网络治理 30 年：“一体多元模式”的演进历程与规律启示 [J]. 传媒观察，2023，477（09）：54 - 65.

面向社会进行网络安全宣传教育。”① 从小学到大学的学习阶段，都要植入网络安全的教育课程，让学生扎实掌握网络安全的知识技术和操作能力，从内心深处认识网络安全的重要价值，熟练掌控网络安全的技术本领，认真遵循网络安全的伦理法规，做个学法、知法、懂法与守法的明白人。青少年是中国社会主义事业的建设者和接班人，中小学阶段也是学习安全本领的好时机，孩子们有探索网络世界的好奇心和驱动力，把美好青春用在刀刃上，如此才能发挥更好的学习功效。诚如杜俊飞所言：“在宣传、对话、协商过程中，破除对立思维，求同存异，重视公共领域建设，与社会各阶层共塑‘我们’效应，达成最大程度的观念公约与理性共识。”②

从社会宣教的合力功效来说，我们既要在各个单位开展网络安全教育，也要在公共空间开展安全教育，用文字、图片和短视频的传播方式进行立体化的安全教育。另外，还要通过纪录片、电影作品以及短视频来开展具象化教育，如同 2023 年的影片《孤注一掷》和《热搜》，这样才能产生同频共振的传播效果。当然，网络安全工作也要量力而行，不能过犹不及，搞一些高大上的形象工程浪费人力财力，需要秉承实事求是的精神去真抓实干。诚如胡泳所言：“提高网络素养，归根结底就是要掌握虚假信息的常用手段，这样才能够精确识别并反击。很重要的一点是，个人可以通过关注多种多样的人和观点，来保护自己免受虚假信息的侵害。”③ 开展网络技术与伦理法规教育，就是要让每个网民在实践中提升辨识水平，增强网络安全的认知能力和风险抵御能力，避免陷入网络安全的泥潭之中而受到意外损失，这也是网络安全宣教的初衷。

六、构建网络安全的保障体系

网络安全工作面临着严峻复杂的斗争形势，我们需要保持重在落实的干事作风。这个艰巨任务不是仅靠一个人、一个部门、一个行业和一个地区就能顺利完成的，而是需要构建立体安全的保护体系。习近平总书记指出：“要提高网络综合治理能力，形成党委领导、政府管理、企业履责、社会监督、网民自律等多主体参与，经济、法律、技术等多种手段相结合的综合治网格局。”④ 从党委领导方面来看，这需要行家里手的安全引领，只有自己是一桶水才能满足社会发展的安全需要；从政府管理方面来看，需要提升政府各部门的管理水平，不能造成九龙治水、越管越乱的困境局面，需要高

① 中央网络安全和信息化委员会办公室，国家互联网信息办公室网络法治局．网信部门常用法律法规［G］．北京：法律出版社，2023：10.

② 杜俊飞．网络社会治理共同体：概念、理论与策略［J］．华中农业大学学报（社会科学版），2020（06）：1-8.

③ 胡泳．人工智能驱动的虚假信息：现在与未来［J］．南京社会科学，2024（01）：96-109.

④ 习近平．论党的宣传思想工作［M］．北京：中央文献出版社，2020：301.

效协同的网络治理能力；从企业履责方面来看，需要建立科学有效的规章制度，不能为了经济利益而忘记国家社会安全，企业在经营运行过程中必须履行好安全职能，处理好经济利益与社会安全的平衡关系；从社会监督来看，需要建立监督保护的体制规则，让社会监督者有底气能硬气地去做好本职工作；从网民自律来看，这需要提升网民文化素养与自律能力，从内心深处认清网络安全的重要性，感受违背伦理道德的批评羞耻，敬畏违法犯罪的罚款成本、拘役逮捕甚至刑事追责，把网络安全法刻在心里并付诸行动。

网络社会的安全治理，需要严格的伦理道德治理体系和法律法规治理体系，归根到底是要转变传统的治理方式，从传统的官僚化、科层制与政府型转为法治化、智能化、专业化与社会化的管理方式。诚如杜俊飞所言："网络社会治理应当从封闭走向开放，从单一性走向多样性，从虚拟性走向现实性，从孤立性走向协同性，从意识形态化走向务实发展化，通过不断凝聚网络社会力量，有效地反哺现实社会治理，如此，才能形成多主体协同参与的统一战线，建成具有中国特色的网络社会治理共同体。"① 这种网络治理共同体的重点任务是要改革权力利益来进行重新组合，从而实现数字社会的安全要求，最终形成"党委领导、政府负责、民主协商、社会协同、公众参与、法治保障、科技支撑"的社会安全治理体系，这是一种多主体协同参与的网络社会治理模式。

案例 7-3

共同推动构建网络空间命运共同体迈向新阶段

互联网是人类共同的家园。无论数字技术如何创新发展，无论国际环境如何风云变幻，每个人都在网络空间休戚与共、命运相连。2023 年 11 月 8 日，习近平主席向 2023 年世界互联网大会乌镇峰会开幕式发表视频致辞，强调"我们要深化交流、务实合作，共同推动构建网络空间命运共同体迈向新阶段"，倡导发展优先、安危与共、文明互鉴，提出构建更加普惠繁荣、和平安全、平等包容的网络空间的三点主张，为各国携手构建网络空间命运共同体注入强大正能量。

当今世界变乱交织，百年变局加速演进，如何解决发展赤字、破解安全困境、加强文明互鉴，是我们共同面临的时代课题。在此形势下，中国没有独善其身，而是同世界各国加强合作，共同探寻解决之道。习近平主席提出共建"一带一路"倡议、全球发展倡议、全球安全倡议、全球文明倡议，就是希望和世界各国一道，实现经济发展，改善民生，互利共赢，让团结代替分裂、合作代替对抗、包容代替排他，共同建

① 杜俊飞. 网络社会治理共同体：概念、理论与策略［J］. 华中农业大学学报（社会科学版），2020（06）：1-8.

设持久和平、普遍安全、共同繁荣、开放包容、清洁美丽的世界。实践告诉我们，坚定践行真正的多边主义，推动共建“一带一路”更高质量、更高水平的新发展，推动落实全球发展倡议、全球安全倡议、全球文明倡议，推动构建人类命运共同体，才能应对各种全球性挑战，共同创造人类更加美好的未来。

互联网日益成为推动发展的新动能、维护安全的新疆域、文明互鉴的新平台，构建网络空间命运共同体既是回答时代课题的必然选择，也是国际社会的共同呼声。2015 年，习近平主席在第二届世界互联网大会开幕式上提出了全球互联网发展治理的“四项原则”“五点主张”，倡导构建网络空间命运共同体，这一理念得到国际社会广泛认同和积极响应。新时代的中国网络空间国际合作，在构建网络空间命运共同体的愿景下，不断取得新成绩、实现新突破、展现新气象。实践充分证明，推动构建网络空间命运共同体，将为构建人类命运共同体提供充沛的数字化动力，构筑坚实的安全屏障，凝聚更广泛的合作共识。前进道路上，中国将始终秉持构建网络空间命运共同体理念，同国际社会一道，共同构建更加普惠繁荣、和平安全、平等包容的网络空间。

互联网发展需要大家共同参与，发展成果应由大家共同分享。随着新一代信息通信技术加速融合创新，数字化、网络化、智能化在经济社会各领域加速渗透融合，深刻改变人们的生产方式和生活方式。同时，不同国家和地区在互联网普及、基础设施建设、技术创新创造、数字经济发展、数字素养与技能等方面的发展水平不平衡，影响和限制世界各国特别是发展中国家的信息化建设和数字化转型。习近平主席指出：“我们倡导发展优先，构建更加普惠繁荣的网络空间。”只有深化数字领域国际交流合作，加速科技成果转化，加快信息化服务普及，缩小数字鸿沟，在互联网发展中保障和改善民生，才能让更多国家和人民共享互联网发展成果。

安全是发展的前提，一个安全稳定繁荣的网络空间，对世界各国都具有重大意义。必须深刻认识到，网络安全是全球性挑战，没有哪个国家能够置身事外，维护网络安全是国际社会的共同责任。同时，《联合国宪章》确立的主权平等原则是当代国际关系的基本准则，同样适用于网络空间。习近平主席指出：“我们倡导安危与共，构建更加和平安全的网络空间。”只有尊重网络主权，遵守网络空间国际规则，深化网络安全务实合作，有力打击网络违法犯罪行为，加强数据安全和个人信息保护，才能妥善应对科技发展带来的规则冲突、社会风险、伦理挑战，更好维护网络空间安全。

文明因交流而多彩，因互鉴而发展。互联网是传播人类优秀文化、弘扬正能量的重要载体。打造网上文化交流共享平台，促进交流互鉴，有利于共同推动网络文化繁荣发展，丰富人们精神世界，促进人类文明进步。习近平主席指出：“我们倡导文明互鉴，构建更加平等包容的网络空间。”只有加强网上交流对话，促进各国人民相知相亲，推动不同文明包容共生，才能更好弘扬全人类共同价值。只有加强网络文明建设，促进优质网络文化产品生产传播，充分展示人类优秀文明成果，积极推动文明传承发展，才能共同建设网上精神家园。

信息革命时代潮流浩荡前行，网络空间承载着人类对美好未来的无限憧憬。前进道路上，顺应互联网发展大势，推动网络空间互联互通、共享共治，携手构建网络空间命运共同体，就一定能让互联网更繁荣、更干净、更安全，更好造福世界各国人民。①

网络空间安全是国家安全体系的重要内容，也是当今最前沿、最重要的研究领域之一。在每年一度召开的乌镇互联网大会上，网络空间安全都是热门话题。网络数字技术在快速发展，技术与利益的融合容易滋生假恶丑的伦理问题，甚至走向违法乱纪的犯罪道路，这需要我们坚定社会主义核心价值观，落实习近平总书记关于国家安全和网络安全的重要讲话和重要指示批示精神，从伦理修养和法规素养上去教化亿万网民，同时也要从体制规范上进行改革完善，从国际网络空间的技术角度加强保护，构建安全有序的网络空间命运共同体。

关键词

网络安全；伦理法规；“一体多元”；安全治理体系

思考题

1. 如何理解网络安全在媒介传播中的客观要求？
2. 如何理解网络传播空间安全的法规内涵？
3. 如何实现网络空间信息传播的安全治理？
4. 如何理解网络空间命运共同体的构建关系？

① 本报评论员．共同推动构建网络空间命运共同体迈向新阶段［N］．人民日报，2023－11－09．

扫一扫

拓展数字资源

第八章　网络视听传播的治理策略

移动互联网的快速发展，智能手机和平板电脑的广泛普及，改变了媒介传播的生态环境，为网络视听传播的兴盛创造了有利条件。新媒体时代的网络直播、短视频、网络纪录片、网络剧、网络综艺、网络大电影和微电影、网络视频广告等各类视听产品，改变了传统广播电视媒体单向的线性传播方式，以多元化、快捷性的方式更加受到网民群体的青睐追捧。但网络视听传播中违反社会伦理道德和法律法规的问题日渐突出，必须加强对各类新媒体视听传播主体的伦理批评、教育引导和法规监管，以确保其朝着健康有序的方向发展。

第一节　网络视听传播的伦理道德

一、网络视听传播节目的主要类型

要分析网络视听传播中的伦理失范问题，首先要了解当下网络视听传播节目的主要类型。

（一）网络直播

网络直播通常是指利用视讯方式进行的网络现场直播活动，基本上有两种形式：一是把电视节目放在网络上进行直播；二是用智能手机等移动终端独立采集信号后在网上进行直播。前者一般是电视台的同步推送，最常见的网络直播主要是指后者。网络直播涉及秀场直播和垂直领域直播。秀场直播一般是作秀式的表演直播，如对话、聊天、才艺、唱歌、跳舞等；垂直领域的直播通常是以行业分类或聚类分众的群体喜好为主，如展示美食、旅游、游戏、育儿、化妆、汽车、图书等内容。秀场直播具有实时性特征，依靠与网红“面对面”的方式吸引眼球流量，以粉丝打赏模式为财富变现路径；垂直领域直播主要是通过产品销售来盈利。

以网红为主角的网络直播，带来的是媒体、经济与文化的三者联动价值，直播为网红提供了生存场域，网红促成了直播产业的兴旺发展。在众多网红的推动下，网络直播业已得到了快速发展。像映客直播，能占据热搜榜前列的网络主播基本上都有了自己的“家庭”团队，主播们通过各种秀场直播，吸引了大量粉丝打赏。此类套路被纷纷模仿和复制，使许多网红实现了获利目标。但是，由于网络直播具有成本低、监管难、利益大、传播快等特点，一些网红人物在直播过程中会对社会政策和产品内容进行过度阐释或歪曲偏向，甚至违背伦理道德、违反法律法规。因此，网络直播也成了网络视听传播的重点监管治理对象。

（二）短视频

短视频是指通过网络高频推送的、方便人们利用移动端收看的短片视听产品。这些视频内容多元、形态鲜活，交互性和用户体验性都很强，时长由几秒钟到几分钟不等。一般 3 分钟左右的短视频传播效果较好。网红经济时代，随着快手、抖音和微信视频号等视频网站的兴起，短视频已出现井喷现象，并且成了深受网络用户青睐的新型视听节目。短视频的内容主要有三大类型：一是笑话、段子、恶搞和具有曲折情节的短故事；二是虽然无情节但有看点和刺激点的纯娱乐内容；三是微纪实作品。在网上传播的短视频，容易模仿、扩散传播和升级发酵，催生了大量网红，具有长期性、扩散性与变异性特征。短视频的发展势头很猛，在制作数量、播放频次、覆盖范围等方面，已经超过了传统电视媒体的长视频，但随之派生出来的治理问题也日渐突出。

（三）网络纪录片

网络纪录片是一种通过纪实手段对真实事件和典型人物进行美学表达的网络视听载体。正因为网络纪录片的题材选择、内容取舍和叙事形态的自由度更高，因此部分拍摄制作人员的社会责任感和传统电视媒体的从业人员存在较大差距，随之带来的伦理失范和法规问题也比传统媒体的纪录片更严重。网络纪录片作为视听新媒体的类型之一，由于缺乏及时有效的伦理引导与法律规范，还没有形成良性发展的创作生产格局，监管与规制措施还不完备和成熟。从各视频网站播放的纪录片内容来看，“很少涉及主流题材领域，与传统电视媒体相比，在许多方面还是缺位的”①。纪录片不是娱乐产品，无论是传统电视媒体上的纪录片还是网络纪录片，都必须突出社会意义，追求文化价值，尤其是要体现社会主义核心价值观，以获取积极正向的传播效果。当下网络纪录片的题材取向正在朝底层、边缘、探险、猎奇方面转向，朝着感官化、私人化、世俗化、娱乐化的方向加速倾斜，创作者的商业逐利不断削弱文化纪实的正当价值。

（四）网络剧

网络剧既有单元剧，也有连续剧。连续剧与电视剧一样，也是以剧集形式进行传

---

① 冯悦．网络纪录片创作的守正与创新［J］．东南传播，2023（04）：44－46．

播，需要提前进行网络播出授权，只是它主要或者是首先在网络平台播放，并比电视更加自由，用户可以随意点播，一般时长为10分钟或者半个小时左右，有时根据内容需要也会适当延长。由于网络剧的题材具有非常明显的年轻态与青春化特征，具有一定的“快餐文化”特征，因此制作时会主要锁定青年用户群体，播放以爱奇艺、腾讯视频和优酷这三大流媒体平台为主。从流媒体平台播放的网络剧来看，主要有悬疑、罪案、警匪、侦探、推理、爱情、娱乐、武侠、科幻等类型，注重IP改编的创意。有的是完全按照原著；有的是不改变经典人设，但对故事情节进行改动；有的是对经典人设和故事情节都有所改动。

从传统电视剧到网络剧，不仅是播放主平台的升级革新，剧集的类型也在迭代演进。一是网络剧既是对传统电视剧的继承和沿袭，也是对传统电视剧的创新和发展；二是网络剧创作者根据用户对内容的求新求快需求，更敢于冒险和试错，因此创新速度更快、进化周期更短、类型也更多。网络剧从构思、制作到宣传发布，整个流程更加注重反映流行文化，更加符合视听新媒体的发展趋向，更加迎合网络用户的兴趣偏好。对于网络剧，国家广电总局的审核标准是参照传统电视媒体，实行的是“先审后播”，采取统一尺度，以确保正确的政治方向、舆论导向和价值取向。为了有利于具体执行，重点加强对国产网络剧的监管，国家广电总局专门发布了《关于国产网络剧片发行许可服务管理有关事项的通知》，对符合播放条件的网络剧、网络微短剧、网络大电影、网络微电影、网络动画片和网络综艺等也实行许可证制度。

（五）网络大电影与网络微电影

网络大电影与网络微电影都是信息社会的消费产品，是指由团队制作、互联网首发、片长超过1个小时、故事结构完整的视听产品，具有网络观看、分享、评论的媒介传播属性。流媒体头部平台爱奇艺于2014年提出网络大电影概念后，就专注传播网络大电影，同时还开始与其他公司合作拍摄此类电影作品。网络大电影既有传统院线播放电影的故事情节和刺激维度，也有与网络用户收看趋向一致的契合度，已成为网络视听传播中的重要内容。然而，有的网络大电影为了寻求具有刺激性和市场化的热度卖点，会融入一些色情、暴力和极端元素，越过伦理道德与法规的底线。因此，只有加强对创作、制作、播放的全流程监管，才能确保网络大电影健康发展。

网络微电影与网络大电影相比，不但投资少、时长短，而且题材与内容具有明显的碎片化特征。网络微电影的创作拍摄门槛不是很高，许多人往往通过智能手机就可以制作出一部网络微电影，并以植入式广告来获得经济收益。由于网络微电影和短视频存在着共通之处，不但概念有冲突，边界也比较模糊，因此，网络微电影有时也被归属于短视频的范畴，只是它比短视频更具情节性，叙事脉络也更完整。

（六）网络综艺

网络综艺就是在互联网平台播出的综艺节目。网络综艺既有传统电视综艺的影子，即对电视综艺的内容传承，又有根据网络视听传播特点的创新发展。由于网络综艺主持人大多来自传统电视媒体，因此在触发用户笑点、逗乐用户方面通常会沿袭电视综艺的做法。然而，网络综艺的用户构成与电视综艺的观众群体却有所不同，前者的传播对象主要是年轻人，并且互动性更强。网络综艺作为传统媒体与新兴媒体结合的产物，从内容选择、产品宣发到媒介支持都与电视综艺节目存在着差异，并且传播者和受众之间的互动交流也是即时性的，如网络语言、弹幕、表情包等流行元素的巧妙植入，使其充满着视听新媒体的形态特征。需要引起重视的是，对弹幕这种视听新媒体的伴随文本，在监管时也有盲点和难处，必须借助先进的技术手段来加以伦理规制。

（七）网络视听新媒体的基本特征

网络视听新媒体主要有以下特征：一是互动性，就是此类作品在信息之间、传者与受者之间都有很强的交互动性；二是体验性，视听新媒体作品更加注重用户的感受，给了用户更多的沉浸式体验；三是多维性，内容范围覆盖面广，不但反映现实生活，还涉及未来世界等科幻想象空间；四是便携性，视听新媒体作品不但接收端通常为移动端，甚至连拍摄制作的工具也多为智能手机；五是实用性，视听新媒体作品的题材主要来源于日常生活，创作灵感也来自现实生活，对人们的学习、工作和生活会带来实际帮助；六是智能性，“目前智能技术已渗透到了视听新媒体作品的创作之中，从而使作品的艺术想象力更加丰富”①。

二、网络视听传播伦理失范的具体表现

网络视听传播中的伦理道德是指人们在利用互联网进行视听信息传播时必须遵循的价值理念、道德规范和行为准则。这既是对网络视听传播主体行为是否正确的判断，也是保障网络视听传播行业健康有序发展的重要保障。网络传播伦理风险属于人为风险，如果不加以引导规范，非常容易引起社会群体的焦虑和烦躁，从而危及现实社会的健康运行。

在网络视听传播中，庸俗媚俗低俗、炫耀奢侈消费、宣扬腐朽生活，甚至恶搞愚弄他人的内容时常出现，因而造成网络视听传播行为违规违法，导致网络传播效果失衡，不但违反伦理道德，还会触犯法律底线。像小程序、短视频凭借便捷、交互性强等优势，在网络购物中的推介功能已非常突出，但因对商品和服务的夸大宣传而引发的矛盾纠纷也在猛增。仅 2023 年，上海市消费者权益保护委员会就受理网购商品投诉近 10.15 万件。其中，小程序和短视频的营销问题主要是一些小微企业虚称其售卖的商品是工厂直销，“价格低廉，并贴上‘爆品补贴’等标签，以营造甩卖氛围来诱导消

① 宿志刚，谢辛．视听新媒体概论［M］．北京：人民邮电出版社，2019：29－30.

费者购买"①。无论是网络直播还是短视频作品，除了侵害他人的名誉权、隐私权、个人信息保护权和著作权外，还以各种噱头实行营销传播，还有不少内容涉黄涉暴，严重挑战社会伦理道德与法规底线，导致受众和用户批判思维能力降低，最终损害了广大消费者的切身利益，并冲击亿万网民对社会主义核心价值观和法律法规的尊崇信仰。

（一）短视频创作中的娱乐化倾向

短视频实行视觉符号与听觉符号的双通道复合传播，因而比其他视听产品具有更强的体验感和沉浸性，它虽然篇幅短小，但内容多样、传播便捷，能够依托网络平台和移动端快速传播。雄厚的资本力量强势注入短视频传播市场后，借助大数据分析和智能算法推荐等技术，不断生产和传播追求感官刺激的娱乐内容，使短视频传播逐渐偏离了正常轨道。一是资本逻辑驱使的短视频生产主要以盈利增值为目的，迎合的是部分网民的猎奇心理，通过直观的视听符号刺激网民感官，让他们沉浸于娱乐泛化之中而难以自拔。二是资本主义文化霸权在文化消费领域的逻辑延展，使文化消费主义逐渐突破时空局限并渗透蔓延到了短视频领域，让各类视频文化消费产品与各种娱乐形式持续涌现，营造出了全民狂欢的视听文化消费景观。三是个体娱乐诉求与社会转型趋势的聚合，以及现代社会人们之间激烈的竞争、高强度的工作、快节奏的生活，放大了个体的娱乐诉求，淡化了自我价值的实现。"有些短视频则由于能完美契合公众的个体心理，为大家摆脱痛苦和追求欢乐提供了可能"②。

（二）"新黄色新闻"短视频的泛滥

近年来，有一种以黄色大字幕作为标题，其中还有简单"采访"的短视频经常出现在社交媒体平台上，虽然内容浅薄，但却能带来一定流量。此类被称为"新黄色新闻"的短视频已成为当下舆论关注的新焦点。虽然"新黄色新闻"沿袭了"黄色新闻"的说法，但早在自媒体发端初期，就有人对网络时代黄色新闻的传播现象进行过分析，认为内容低俗、抄袭原创、标题党等乱象都可以归属于网络黄色新闻。随着抖音、快手和微信视频号等视频平台中内容的多样化，短视频正在逐渐趋向"黄色新闻"化。虽然某些视频网站的"新黄色新闻"与19世纪末兴起于美国的黄色新闻在表现形式上有所差异，但两者的传播模式则非常相像，核心目标是通过涉及"黄色元素"的夸张标题与低俗内容来进行多级传播。

网络平台"新黄色新闻"短视频的表征有以下三种。一是内容虚假、要素缺乏。此类短视频看上去轻松幽默，但内容虚假且缺乏新闻要素，这不是新闻而应该属于段子，要么是传播虚假信息，要么是自编自导自演的摆拍。二是制作粗糙、套路重复。

---

① 刘浩．小程序、短视频营销问题突出［N］．中国消费者报，2024－1－18.

② 徐俊松，吴家华．视觉文化视域下短视频泛娱乐化传播对青年价值观的冲击及应对［J］．江汉大学学报（社会科学版），2024，41（01）：66－75.

此类短视频的制作通常有套固定模板，模式化、程式化现象严重。如开始是用黄色大字标题加上网友评论，随后用紧张悬疑或轻松欢快的背景音乐配合当事人采访。这种流水线生产的标准化视频又被许多媒体大量地复制粘贴，传播的负面效应在不断扩大。三是依靠“标题党”夺人眼球。有些短视频为了吸引公众的注意力，通常会用耸人听闻或容易产生歧义的词汇制作标题，用“标题党”为虚假信息和低俗内容披上外衣后，再通过新媒体平台进行广泛传播。

“新黄色新闻”短视频泛滥的主要原因有以下几个方面。一是与主流严肃的硬新闻相比，“新黄色新闻”短视频由于存在着一定的戏剧性、娱乐性和趣味性，方便人们利用碎片化时间收看，能缓释人们的生活压力。二是制作门槛很低，方便了自媒体生产短视频产品。由于视频制作的日渐简单化，任何人都可以利用简单的拍摄剪辑设备制作短视频，因而大量自媒体人在各类新媒体平台发布“新黄色新闻”短视频就成了常态。三是过度追逐流量成为竞争的焦点。由于新闻娱乐化能够提升平台自身的影响力和用户的关注度，“从而获取更大的推广效益和广告效益，因此‘新黄色新闻’短视频的传播问题就越来越严重了”①。

（三）纪实类视听传播中的弄虚作假

摄影技术自19世纪末诞生以来，从原先的照相、电影和电视发展到了今天的网络视听传播，但纪实类视听作品传播中真实性问题一直是业界和学界争论的重要焦点。一是以直播和短视频为代表的网络视听传播正在重构社会公众的认知；二是网络平台上充斥着大量通过形式上的真实性来掩盖内容虚假的纪实类视听作品，并以吸引用户流量的途径诱导着制作者进行类型化生产。在网络传播中，“由于纪实类视听产品的生产主体已经多元化和平民化，而不再是传统的电视媒体和专业影视公司，因此，真实性已经成为一个非常突出的问题”②。目前网络传播中的一些短视频作品，普遍存在着内容不实、导向不正、格调不高、形态单一、同质化严重等问题，既污染了网络传播环境，又败坏了社会风气。尤其是在当下文生视频技术的支撑下，有人还深度伪造大量虚假短视频，如伪造演播室场景、滥用AI虚拟主播、假冒主流媒体等，以此来误导网民的流量消费。

（四）街拍中的猎奇心理

智能手机像素的技术提高，使街拍成为普通网民用来分享日常生活的方式，也成了一些网红通过猎奇传播和时尚祛魅吸引粉丝、扩大流量的重要手段。所谓街拍，就是有人用智能手机在公共场所随意拍摄并把视频上传至网络的行为。拍摄者一般会把

---

① 裴悦文．短视频新闻中“新黄色新闻”现象探究［J］．新闻世界，2024（01）：31－33.

② 周勇，周梦雪．被异化的“原生态”：对视听传播真实性问题的历史考察与再反思［J］．国际新闻界，2023，45（11）：25－40.

街拍的地点选择在街道、商场、车站、旅游景点等人群聚集地，捕捉大众生活的元素，尤其是利用受众的猎奇心理，发布一些涉及明星或官员的街拍图片，而任何在现场的普通民众都有可能成为拍摄对象。

人们一般都具有猎奇心理，移动网络时代的猎奇话题更容易吸引网民的注意力。在注意力经济的刺激下，自媒体和网络平台都会参与街拍，从而使街拍逐渐成了一种日常普遍的社会现象。网红为了吸引粉丝，通过猎奇进行炒作；MCN 机构为了流量，编造剧情演绎故事；平台为了鼓励用户生产内容，纵容摆拍甚至造假行为。在抖音平台上经常可以看到的街拍短视频，虽然都有简单的故事情节，但大多是经过事先策划的表演，人物、时间、地点、道具、服装等都是精心安排的。由于能够给网民带来冲击力很强的观看体验，因此拍摄者既可以在网络空间走红，还能够实现流量变现。

街拍的侵权问题主要有以下几个方面。一是侵犯公民的隐私权。街拍的涉及对象多、传播范围广、影响力大，很容易侵犯他人的隐私权，如有的变态拍摄者会聚焦公共场所女性的身体部位，或者是损害社会公共利益。这些短视频一旦上传到网站，还会派生出诸如诽谤和侮辱等行为，严重侵犯被拍摄者的隐私权。二是侵犯公民的肖像权。未经本人同意并以营利为目的的街拍，属于侵犯他人肖像权的行为。街拍地点主要是公共场所，公众在被拍摄时往往自己并不知道。街拍短视频虽然只是在网上进行分享，并没有拿去做肖像广告，但拍摄者是为了流量，不管在当时是否套现，都应该看作是营利行为。三是侵犯公民的名誉权。公共场所比较复杂，如果随便在网上传播就会影响他人的名誉，损害他人的人格尊严。如 2023 年 6 月广州地铁 8 号线发生的“大叔被疑偷拍自证清白后仍遭曝光”事件，由于拍摄者擅自将短视频上传网络，结果引发全网关注，“不但侵害了大叔的名誉权和人格尊严，还对社会造成了不良影响”①。

案例 8-1

“点读机女孩”事件背后：MCN 机构营销乱象不容忽视

近日，“点读机女孩”高君雨自曝患罕见脑瘤并接受手术的视频因场景季节不符引发网友质疑，登上热搜。随后，杭州市余杭区互联网违法和不良信息举报中心发布通报称，该系列视频确为“库存视频”，于 2023 年 9 月拍摄，2024 年 2 月剪辑制作并被高君雨的签约 MCN 机构“豁然开朗”配以近期发生的文字发布到互联网。事发之后，高君雨妈妈和 MCN 机构先后道歉。

“点读机女孩”作为许多人的青春回忆，其罹患癌症的不幸遭遇令网友同情，也有众多网友在评论区给予祝福。但无论如何，MCN 机构用半年前发生的事件、录制的“库存视频”来博取大众的同情和关注，收割流量，难免有炒作和虚假营销的嫌疑。

---

① 李莉，王帅. 短视频时代“街拍”行为的侵权问题与规范路径［J］. 传媒，2024（02）：53-55.

2023年7月，中央网信办印发《关于加强“自媒体”管理的通知》，其中明确指出，“自媒体”在使用自行拍摄的图片、视频的，需逐一标注拍摄时间、地点等相关信息；发布信息不得无中生有，不得断章取义、歪曲事实，不得以拼凑剪辑、合成伪造等方式，影响信息真实性。“点读机女孩”在短视频中的记录虽为自己的真实经历，但相关MCN机构不断利用此事件“冷饭热炒”，本身就已经妨害了大众对真实信息的知情权，构成不实信息，不仅消费了网民朴素的爱心和善意，也扰乱了互联网生态。

点读机女孩患病视频“反转”的背后，折射出MCN机构运营中的种种乱象。通过为网红和自媒体提供内容策划制作、宣传推广、商业合作等链条化服务，MCN机构已成为网红爆火的“幕后推手”。为追逐流量、攫取利益，部分MCN机构或是频繁在网上制造舆论话题、蹭炒热点事件，或是屡屡发布不实信息、煽动网民对立，挑战社会公序良俗，已成为网络乱象的始作俑者，其危害性不容忽视。

在短视频和网红经济快速发展的当下，MCN机构必须肩负起应有的责任，决不能成为“毒流量”炮制的巢穴。相关从业者需摒弃“流量至上”的短视思维，以优质的内容和积极向上的价值观不断满足用户的精神需求，让流量更健康、更良性、更有质量；此外，相关部门应压实网络平台主体责任，强化政府监管，为MCN机构明确标准、画出红线，对恶意营销行为亮剑，督促MCN机构合规运营。唯有如此，才能推动MCN行业可持续发展，助力清朗网络空间打造，为网红经济的健康发展注入更多力量。①

第二节　网络视听传播的行为规范

伦理道德作为不成文的社会价值和行为规范，其功能是协调人与人、人与社会之间的关系朝着健康有序的方向发展，这是与法律法规相匹配的柔性社会治理体系。互联网构建了虚拟世界，由此催生出了与现实生活完全不同的交往方式和社会形态。虽然网络传播是跨越时空的交往行为，但无数陌生人的交往也是以网络关系为轴心来拓展的。由于网络交往模式的复杂多变，传统固有的价值观念容易被解构打破。规制各种视听传播行为，既要通过强化个人信念感召和伦理道德来约束，还要依靠法律法规来执行落实。

一、伦理规范是法律规制的基础

网络视听传播的崛起，既为丰富视听新媒体的内容与形态创造了条件，又拓展了

① 郝娴宇. “点读机女孩”事件背后：MCN机构营销乱象不容忽视［EB/OL］.（2024-03-14）［2024-05-15］https://www.thepaper.cn/newsDetail_forward_26677306.

视听传播的平台和路径，还重塑了视听传播的运作机制，同时也给网络视听传播的监管带来了新挑战。对此，监管部门应该以持有网络视听节目传播许可证的网站为对象，把其中影响较大的网站纳入重点监管范围，在严格要求这些网站落实主体责任的基础上，“利用区块链等新技术，构建全网的数字管理系统，督促这些网站增强社会责任感，使它们成为网络视听传播中弘扬主流价值观的健康力量”①。在网络空间，调控视听传播行为的主要手段是伦理道德和法律规制，伦理道德是法律规制的基础，但比法律规制更具有普遍性和灵活性，能够弥补法律规制硬性管理的缺陷不足。因为前者既包含道德理念，又以道德价值为指向，可以与后者相互补充、内化渗透。

二、网络视听传播具有开放匿名、互动自由的特点

网络视听的内容传播主体，既有来自专业电视媒体的传播者，也有来自大量的自媒体人。尤其是短视频，传播平台已经多元化，除了抖音、快手和微信视频号等视频网站外，也有其他社交媒体平台。与电视媒体播出的传统视听作品相比，网络传播中的视听新媒体节目具有开放、匿名、互动和自由等特点。

（一）网络视听节目是对传统视听节目的延伸

作为传统视听传播的延伸，网络视听节目对现实社会中人们世界观、人生观和价值观的影响也在与日俱增。要使网络视听传播行为规范化，就必须加强日常管理。在目前的网络视听内容监测过程中，有关部门主要依靠分布式爬虫技术进行定向采集，但此类手段对部分网络平台如微信视频号等来说，计算资源效率低、监管成本高。因为除了传播的内容比较封闭外，数据策略也很保守，难以实行大规模的实时采集。为此，对网络视听内容的采集，“在技术手段上也要不断创新，可以综合运用分布式爬虫、解调解扰、接口对接、账号模拟、终端检测等多种途径，在高效率完成视听内容采集的基础上加强监管的针对性”②。

（二）有视频不一定就有真相

在网络视听传播中，信息造假者利用公众对“有图有真相”的判断，在一段短视频中配上几句煽情的解说，杜撰出一个具有冲突的虚假故事，来引发网民关注和广泛转发。短视频平台中仿冒假冒、虚假摆拍、造谣传谣、伪公益和一些未经证实的信息，严重误导了公众的认知判断，因而对其进行治理必须从源头和创作端入手，深化全链条精准监管体系建设。现如今，各短视频平台正在陆续推出治理措施，如抖音采取的是七个步骤，“即分析、验真、预警、标记、拦截、辟谣和提示；快手则实行了监测、识别、核实、标记、辟谣、处置的全流程工作规范，并开设官方辟谣账号，建立辟谣

① 杜玉辉. 对传播新格局下视听新媒体监管问题的思考［J］. 广播电视信息，2019（07）：63-65.
② 吴桂芳. 媒体融合传播下视听内容监管方向的思考［J］. 广播电视信息，2023（10）：18-21.

专区，对权威机构的辟谣视频进行优先和集中展示”①。要解决网络视听传播中行为主体的失范问题，最关键是要解决传播者的思想观念、伦理道德和法律法规问题，重塑传播者的精神价值观。维护网络视听传播中的伦理秩序，需要网民的自觉、自律、自重和自省，只有让网民自觉履行网络道德义务、时刻遵守网络公德，才能有效防控网络视听传播中的伦理风险。

（三）人工智能技术改变了网络视听传播形态

5G快速移动互联网技术的运用，使网络视听传播内容的视觉属性正在发生改变，个性化、定制化、精准化的内容和超越时空、屏内外多维度观看，还有多层次交互、超大视角、超高清画质的视频给了广大用户更加逼真、更加细腻的沉浸式体验。而人工智能技术的快速发展，又为网络视听传播带来了全新的发展机遇，深度改变着网络视听传播的原有形态。在网络视听传播内容出现爆发式增长的过程中，我国依然要遵循“现实对应”与“功能等同”原则，将现实社会中政府相关部门的主管事务和职能拆分到网络社会中进行条块式管理，主要体现在行政监管和网络立法两个层面。虽然条块式管理正在逐渐拓展为网络综合治理，但还是无法走出运动式监管、平均式治理和模糊式管理的怪圈。随着治理对象和治理范围的扩大，社会治理成本也在不断上升，如网络色情直播，“在严打后往往能起到立竿见影的显著效果，但运动式监管通常是临时拼搭性质的，‘一刀切’的大规模专项整治之后如果忽视日常监管，那么就会形成治理盲区，留下治理隐患”②。

三、网络视听传播中的流量崇拜

短视频的快速崛起结束了精英阶层对信息传播和文化产品生产的垄断，任何人只要有一部智能手机并能联结到网络，就可以非常方便地进行短视频创作或者观看。而平台经济的发展和网络资本的入场，又使得短视频生产趋向市场化和商业化。短视频需要人来关注才会有影响力并产生流量，因而流量崇拜逻辑和流量至上理念开始渗透到了短视频生产领域，否则质量再好的作品也很难取得传播效果。流量是网络视听传播中的核心要素，目前的短视频生产已出现了非常明显的流量崇拜风，经济效益远远大于社会效益。许多短视频制作者只是希望自己的作品能够在用户关注和平台流量的推动下成为“爆款”，对内容质量和价值导向却不再重视。在网络视听传播中，为何会出现短视频的流量崇拜，并使之成为创作者、平台和用户的共同焦虑，这里有多方面的原因。

（1）流量崇拜就是对网络用户注意力的资源争夺。流量是能把网络用户的注意力

---

① 喻国明，杨雅，刘彧晗，等．网络不实信息的表现、治理与效果评价［J］．青年记者，2024（02）：55－63.

② 段莎莎．人工智能条件下网络视听传播治理机制的完善与发展［J］．传媒论坛，2022，5（01）：33－35.

转化为盈利的经济资源，但网络用户的注意力既稀缺又分散，流量能真切反映出消费者的注意力，它的价值来自短视频发布者与用户的互动。流量的计算一般包括页面浏览量、点击率、访问人数、点赞和分享等。没有流量的赢取，也就没有利益获取的动力，这是利益驱动的核心要素，也验证了那句“天下熙熙皆为利来，天下攘攘皆为利往”的伦理名言，但唯利是图的价值行为不可取。

（2）短视频平台通过开设竞技场来精心运转流量池。短视频平台一般多为商业性企业，在运营时会利用算法推荐精准分配流量，将短视频创作者上传的内容和用户的兴趣结合起来实行定向分发，再通过互动反馈递增或者递减流量。平台的共同点就是在算法推荐时遵循流量至上逻辑，但不同平台的算法则又存在着差异化，只有热度足够的短视频才能获得更多推荐和流量消费。与此同时，短视频平台还会动用各种引流手段推动流量增长，如推出各种流量扶持计划或者开展平台创作活动，对与活动主题关联度高的短视频作品实行流量倾斜，通过提升上热搜的概率，来调动创作者的积极性，增强平台对用户的吸引力。

（3）短视频作者通过创作“爆款”迎合用户和平台。在流量崇拜逻辑的影响下，能出爆款产品成了许多短视频创作者的共同追求。平台会将数据反馈表现优于均值的作品称为爆款视频，而创作者的短视频一旦成了爆款，既能吸引大量用户围观和讨论，还会受到平台的持续推荐，获得可观的流量数据。于是，有的短视频创作者就会精心策划，刻意去摆拍或者演绎情节，通过噱头贴金派生出痛点和兴奋点，或者通过制造焦虑和恐慌情绪，在引发话题讨论的基础上牟取流量。当然，有些短视频创作者不但突破了伦理道德底线，还在踩踏法律红线，如利用传播虚假信息来实现短视频的病毒式传播，招募水军进行刷屏点赞、评论和转发，通过引发网络轰动、营造虚假流量展开网络营销。

（4）用户深陷热门短视频漩涡成了媒介奇观。网络社会的许多用户产生了强烈的猎奇心理，喜欢围观追捧，众多网民沉浸在海量的网络短视频之中，他们通过频繁刷屏以追求感官刺激。网络平台通过对热点短视频的不断刷新，通过海量的信息强化对某一个新闻热点的重复关注，形成热点视频的推荐高潮，“促使用户经常在不同话题之间转换注意力，尤其是一些热点短视频让用户深度陷入后难以自拔，影响了用户正常的学习、工作和生活”①。

四、短视频创作主体全民化的伦理困境

网络视听传播的伦理失范行为“分别是网络欺诈、网络色情、网络恶搞、网络暴

---

① 何志武，李晓川. 短视频生产的价值追寻与价值共享［J］. 中国编辑，2024（01）：78－84.

力和网络侵权。它们既污染了网络生态环境，又有悖社会主义核心价值观及公序良俗”①。由于短视频制作与发布的门槛比较低，创作主体已经全民化、多元化，加之创作者的价值缺失和创作水平的参差不齐，导致猎奇低俗、卖惨扮丑、炫富拜金等问题迭出。面对伦理困境，亟须对短视频创作者的行为进行规范、管理和引导。一是健全管理体系。为适应新时代发展要求，需将短视频纳入统一的管理体系之中，以确保网络视听传播的持续、有序、健康发展，如成立短视频创作者协会，整合社会多方力量加强并改进管理。二是完善服务体系。以需求为导向，充分发挥网络平台的服务功能，鼓励广大短视频创作者生产能产生积极社会效果的作品。三是开展专业培训。通过开设各类培训机构的培训专区，从专业水平、政治素养和道德取向等多方面开展教育，引导短视频创作者增强法律观念和道德素养。四是建立甄选机制。通过奖优罚劣等手段，遴选和表彰能够传递正能量的优秀短视频创作者，对他们进行扶持指导，以激励优秀短视频创作者的创作热情。五是净化网络生态。通过加大整治短视频乱象的力度，不断完善常态化的管理机制，实行体系化的治理措施，培育正能量网红，推动短视频行业的高质量发展。

五、规范短视频行业的具体措施

规范短视频行业的具体措施有以下几点。第一，实行长短结合的治理措施。当下，对短视频平台的治理措施主要是人工删除和账号抹除。前者以人工审核来识别和删除不良信息，使用户无法看到已被平台下架的内容，或者通过屏蔽，禁止用户点击；后者包括通过抹除违规内容、限制账号功能、永久封禁账号、抹除粉丝数量等措施，切断失范短视频传播者的利益链条。第二，借助技术力量监管。作为短视频治理主体的网络平台，可以借助技术力量来加强监管，在识别降级和识别达标方面发力。前者是指在对某些信息进行自动识别和分类时，如果发现有违规或违法情况，系统会自动发出预警并采取降低优先级、降低算法等措施；后者是指对不良信息进行标注，以提醒用户注意风险。这种措施具有高效便捷的优势，能够借助人工智能的排序和附加线索等可供性，降低人力物力成本。第三，采取纠正措施。这种措施主要由官方澄清和挑战权威两部分组成。前者是指通过平台官方账号、媒体账号或者其他官方政府账号，对具有争议的信息进行回应、解释与说明，以消除误解与矛盾，维护公正社会稳定，如教育部公布了专门的辟谣信息发布平台；后者是在跳转链接中附加权威事实核查机构等平台资源链接方式，方便用户进入这些平台进行核查，以判断信息的准确性。纠正式治理措施既告诉用户哪些是不实信息，还告诉用户这些信息为什么不实，其治理效果如何，并可以通过行政手段对不实信息传播者产生震慑力。第四，加强正面引导。

---

① 卫欣. 网络主播失范行为及伦理引导 [J]. 新闻与传播评论，2024，77 (02)：35-46.

此类措施的优点是把治理重心从内容转向用户，“通过柔性、间接的引导，增进用户自身媒介素养、培育负责任用户”①。

六、完善措施构建网络视听传播新秩序

网络视听传播在数字化、智能化和社交化的多重影响下，传播平台更加丰富，网络承载的视听节目内容数量大、业态更新快。要有效构建网络视听传播的规范化秩序，就应该从产业发展和监管模式等层面去把握原则和方法。由于新旧媒体的深度融合，网络视听传播与传统广播电视的边界日渐模糊，衍生出来的问题也层出不穷。因此，完善和细化符合当下媒介生态和传播环境现实的规范措施显得尤为迫切，“要坚守统一管理原则下的底线和导向，努力创造网络视听传播秩序‘全统一、分层次、有重点’的管理格局”②。只有改变单纯的二元管理方法，落实新兴媒体与传统媒体的一体化管理原则，针对新媒体的传播特征制定相应的伦理制度和法律法规体系，才能促进小屏产品与大屏产品的协调发展。

案例 8-2

网红主播岂能罔顾伦理道德

近期，一件离奇的“杭州女子失踪”事件，成了网红们新的直播“流量池”。杭州一女士 7 月 5 日凌晨于家中离奇失踪，而小区监控却没有拍到其离开身影。7 月 25 日，杭州警方召开案件新闻通气会，通报经警方 18 个昼夜、连续开展的专案工作，该起失踪案已基本查明，这是一起有预谋的故意杀人案件，案件目前正在进一步侦办中。

而在警方通报前，这起离奇的失踪案引起了网友热议，也引来了不少自媒体网红主播前来“猎奇”。这些网红主播们蜂拥而至前来拍摄的原因一点也不复杂，那就是为了“蹭流量”。平白无故在家失踪本身足够吸睛，加之此前警方连续多日调查无突破性进展，网友持续关注、议论，让该事件也就成了源源注入活水的“流量池”。以追逐流量为生的网红主播们，自然想各取一瓢饮，于是他们就扛上设备，把镜头对准了奇案发生地。

不过，在这些网红主播眼中逻辑正常的事，按照常理却也不由得惹人反感。一个人无故失踪，本是一件不幸的事，有些人却借机猎奇，以此故弄玄虚，拍片赚钱，以消费他人苦难为买卖，丧失了起码的同情心和同理心。自媒体时代，任何事件的传播、解释都要有起码的是非观，都不能违反职业伦理和社会道德。对新闻事件或新闻人物

① 喻国明，杨雅，刘彧晗，等. 网络不实信息的表现、治理与效果评价［J］. 青年记者，2024（02）：55-63.

② 吴迪，宫承波. 构建统一管理、分类规范的视听传播新秩序［J］. 青年记者，2021（09）：9-10.

的“消费”或不可避免，但是，职业伦理和社会道德的底线不能践踏和逾越。

当前，一些网红主播之所以弃职业伦理和社会道德于不顾，究其根本就是凡事秉持“一切以流量为本”“引流、涨粉才是王道”的逻辑，罔顾社会公序良俗。前一段时间，被称为“窃·格瓦拉”的小偷出狱之际竟成了网红，被一些网络直播公司争相追逐……这种追腥逐臭，为一个曾经的罪犯开出天价年薪的行径和想法，正是职业伦理和社会道德欠缺的结果。

回看杭州这起失踪事件，经警方调查是一起故意杀人案件，该女士惨遭杀害、死者家属痛不欲生。这样的一起惨剧，实在不该被拿来供猎奇和消费。①

第三节 网络视听传播的法律规制

信息载体经历了由文字、图片、声音、影像的单一传播到音频与视频的复合传播过程。媒介技术的每一次迭代发展都会促使法律法规制度的相应完善，媒介变革会让新的法律制度充实到传播活动实践中。在法律行为内容拓宽的同时，传播权也会由话语所有者独有拓展为分别被掌握法律知识和传媒技术的不同主体所共谋享有。如果对网络视听传播中的乱象规制不力，既会严重影响广大网民的法治观，还会加剧公众对网络侵权现象的麻木感，进而宽容并放纵这种行为，导致网络环境恶化和网络文明退化，严重阻碍中国网络法治的建设进程和成果展现。

一、与网络视听传播相关的法律法规体系

与网络传播有关的法律法规，其作用除了规范传播管理、促进传播自由、维护国家利益和国家安全外，还有推动民主法治建设、明确传播行为的权利与义务关系等。与网络视听传播相关的法律体系包括宪法、法律、行政法规、行政规章、司法解释、国际公约等。

（一）宪法

宪法是我国的根本大法，在整个法律体系中具有非常重要和十分突出的地位。现行的《中华人民共和国宪法》是1982年颁布实施、2018年审议修订的，它体现了我国法律体系的本质和基本原则，既明确了各级国家机关的地位、职权和职责，也规定了我国的各种基本制度、原则以及公民的基本权利和义务。《宪法》中有关传播的条款，是指导和规范我国各类传播活动的最高原则，如言论表达自由权，还有对知情权、

---

① 姚木．网红主播岂能罔顾伦理道德［N］．光明日报，2020-07-28．

著作权、隐私权的保护等。

（二）法律

法律作为社会规范，是在宪法基础上对各个领域进行规范约束的制度体系，是由享有立法权的立法机关行使国家立法权，根据法定程序制定、修改、颁布，并由国家强制力保证实施的基本法律的总称。我国虽然没有专门的新闻法和传播法，但与新闻传播有关的现行法律还是比较丰富的，除了《宪法》外，主要还有《刑法》《民法典》《国家安全法》《个人信息保护法》《网络安全法》《中华人民共和国著作权法》（以下简称《著作权法》）、《中华人民共和国广告法》（以下简称《广告法》）和《中华人民共和国保守国家秘密法》（简称《保守国家秘密法》）等。当然，随着传播主体的多元化、传播类型的多样化和舆论环境的复杂化，与传播相对应的法律体系还有待进一步完善和健全。

在社会主义法治中国，必须依法治理网络视听传播中的乱象问题。在规制网络视听传播时，要充分用好民法典这件法律武器。习近平总书记指出："民法典在中国特色社会主义法律体系中具有重要地位，是一部固根本、稳预期、利长远的基础性法律，对推进全面依法治国、加快建设社会主义法治国家，对发展社会主义市场经济、巩固社会主义基本经济制度，对坚持以人民为中心的发展思想、依法维护人民权益、推动我国人权事业发展，对推进国家治理体系和治理能力现代化，都具有重大意义。"① 《民法典》将人格权独立成编，体现了立法机关对人格权以及人格尊严的重视。进入数字化、网络化、智能化和社交化时代后，《民法典》应该成为规制网络视听传播的主要法律依据。

（三）行政法规

行政法规是国务院按照《宪法》和各类法律制定的政治、经济、文化、教育、科技、外事等各类法规的总称，包括条例、办法、实施细则和有关规定等，高于部门规章和地方性法规，仅次于宪法和法律。我国与传播有关的现行行政法规主要有《广播电视管理条例》《电影管理条例》《卫星电视广播地面接收设施管理条例》《关于严禁淫秽物品的规定》《关于严厉打击非法出版活动的通知》《音像制品管理条例》和《出版管理条例》等。

（四）行政规章

行政规章是指国务院各部委和各省、直辖市、自治区政府根据宪法、法律和行政法规制定和发布的规范性文件。我国与传播有关的现行行政规章主要有《广播电视广告播出管理办法》《互联网新闻信息服务管理规定》和《出版物市场管理规定》等。

---

① 习近平．充分认识颁布实施民法典重大意义，依法更好保障人民合法权益［N］．人民日报，2020-5-30.

（五）司法解释

司法解释是最高人民法院和最高人民检察院分别对法律和法规条文做出的进一步说明，根据是否有法律效力又分为正式解释和非正式解释。司法解释是法律适用过程中的一个重要环节，对实现法律对社会关系的调整具有明显的作用。我国与传播活动有关的司法解释非常多，涉及网络视听传播的有《最高人民法院关于审理名誉权案件若干问题的解答》和《最高人民法院关于审理名誉权案件若干问题的解释》等。

（六）国际公约

国际公约是指世界上各个国家之间与政治、经济、文化、科技、军事、外交等方面有关的多边条约。在我国参加的和与外国缔结的国际条约中，与传播活动相关的主要有《世界版权公约》和《避免对版权使用费双重征税的多边公约》等。

二、坚持依法上网、依法办网和依法治网

在对网络视听传播进行规制时，既要重点用好《网络安全法》《数据安全法》等专门法，也要根据《网络视听节目内容审核通则》《互联网视听节目服务管理规定》《网络短视频内容审核标准细则》和《网络主播行为规范》等法规及部门规章，确保网络视听传播监管的系统性、完整性、可操作性和实效性，并从审核原则、内容审核标准、责任主体、导向要求等层面加强约束和指导。坚持依法上网、依法办网和依法治网，是互联网健康运行的法治保障。要提高网络视听传播的监管执法水平，有效杜绝网络视听传播中违反伦理道德和法律法规的行为，既要加强网络监管措施，还要加大网络立法、普法与执法的力度，将德治与法治有机结合起来，不断压缩网络中不良视听作品的传播空间，把网络视听传播纳入法治化、规范化、有序化和制度化的轨道，营造风清气朗的网络传播环境。

（一）网络视听产品的多样化需要加强认定

如今网络视听传播产品的生产主体和产品样态已经多元化、立体化，网络直播、短视频等成了网络视听传播的主力军。移动网络的快速发展和智能手机的广泛普及促进了网络视听传播的发展，人们习惯于利用碎片化时间收看网络视听节目内容，随之而来的是侵犯名誉权、隐私权、个人信息保护权和著作权等现象频频发生。要进行有效的监督管理，还需要形成一套行之有效的治理策略。

当前，某些网络主播和短视频拍摄者为了吸引粉丝、扩大流量，经常会夸大事实、煽动情绪，内容的选择与形态的表述也出现了庸俗化、媚俗化和低俗化趋势，这不但违背了社会伦理道德和社会主义核心价值观，还触犯了法律法规，例如一些反映血腥、暴力、恐怖和色情的画面被混插在网络视听传播中。这种现象产生的主要原因：一是视频产品的视觉冲击力强，容易吸引网民的关注，被转发的可能性更大；二是用户缺

乏对视频产品的辨别力和判断力，认为有图有真相，易轻信视频中的内容。治理网络视听传播中违反伦理道德的行为，重点还是要针对出现“三俗”内容的平台进行自查自纠、依法约谈、依法查禁等。这是由于网络的开放性、匿名性、互动性和视听新媒体产品的多样性，对法律主体的责任认定、追责对象的确定，都存在着相当大的困难和行政成本消耗。

（二）用《民法典》中相关人格权的条款规制“AI换脸”短视频

人工智能技术应用领域的不断扩大，使短视频一时充斥网络空间，而AI换脸技术的应用，导致个人主体的基本身份信息出现危机，这既促进了短视频创作的多样化，也加大了短视频侵权的风险。AI换脸技术由创作工具变异为侵权工具具有不可控性，而侵权短视频也存在着隐匿性和复杂性，这些都是治理不能忽视的因素。AI换脸技术在短视频中的应用模式基本上有以下两种：一是在原来的视频基础上替换人脸，如对电影、电视剧或综艺节目中的片段进行混剪，再用自己或者别人的脸替换原视频中一人或者多人的脸，以达到“饭圈娱乐”、直播营利等目的；二是在重新创作的短视频中将人脸替换，这一类视频中换脸元素更加丰富多元，分别由专业用户、普通用户或机构自主生成内容，在生产新视频的同时又使用AI换脸技术，既包括人脸之间的替换，也包括人与畜之间的换脸和人与物之间的换脸。“AI换脸技术的应用，放大了短视频的侵权风险和伦理风险，除了会涉及著作权侵权外，还会侵犯他人的肖像权、名誉权和隐私权等人格权”①。科学规制AI换脸短视频的侵权行为，可以依据《民法典》中有相关人格权的条款。

（1）法定肖像权。《民法典》第一千零十九条规定：“任何组织或者个人不得以丑化、污损，或者利用信息技术手段伪造等方式侵害他人的肖像权。”② 虽然在原视频基础上进行AI换脸的短视频并未构成肖像权侵权，但在无原视频基础上进行的AI换脸，如果短视频制作者把自己的脸替换为明星的脸、他人的脸，同时又未经肖像权人同意，那么这种行为就会涉嫌侵犯肖像权。

（2）法定名誉权。《民法典》第一千零二十五条规定：“行为人为公共利益实施新闻报道、舆论监督等行为，影响他人名誉的，不承担民事责任，但有下列情形之一的例外：①捏造、歪曲事实；②对他人提供的严重失实内容未尽到合理核实义务；③使用侮辱性言辞等贬损他人名誉。”③ 在利用AI技术换脸的短视频中，替换他人的脸也会构成对他人名誉的贬损，如有的短视频博主通过异性人脸替换他人的脸以制作变性

① 张惠彬，侯仰瑶．从技术到法律：AI换脸短视频的侵权风险与规范治理［J］．北京科技大学学报（社会科学版），2024，40（01）：124－132．

② 徐涤宇，张家勇．中华人民共和国民法典（精要版）［M］．北京：中国人民大学出版社，2022：1053．

③ 徐涤宇，张家勇．中华人民共和国民法典（精要版）［M］．北京：中国人民大学出版社，2022：1031．

视频，或者出于戏仿目的，用动物的脸替换人脸，那么就侵犯了他人的肖像权和名誉权。

(3) 法定隐私权。全民抖音时代的开启，使许多用户的个人隐私经常被公开化，社会名流、视频博主的人脸或者其他可识别信息更容易成为他人利用AI技术进行换脸的素材。《民法典》第一千零三十四条规定：“个人信息是以电子或者其他方式记录的能够单独或者与其他信息结合识别特定自然人的各种信息，包括自然人的姓名、出生日期、身份证件号码、生物识别信息、地址、电话号码、电子邮箱、健康信息、行踪信息等。个人信息中的私密信息，适用有关隐私权的规定；没有规定的，适用有关个人信息保护的规定。”① 在没有以原视频为基础的AI换脸短视频中，他人面部元素所牵涉的法定权益容易被侵犯，这部分法定权益可为肖像权所涵盖，而视频中他人的肢体动作则应该属于法律保护的个人信息或者隐私，所以AI技术的视频运用也要注意保护隐私，而不是自由任性。

(三) 依法打击利用短视频引流实施诈骗的违法犯罪行为

随着网络视听传播类型的多样化，不法分子利用短视频引流实施诈骗的违法犯罪行为有所抬头，这既危害了用户的人身财产安全，又破坏了网络环境，用法律治理此类行为已经刻不容缓。根据网络安全法规的要求，网络音视频信息服务提供者必须对用户身份信息进行认证，但认证方式不是只限于身份证。在现实生活中，短视频平台一般通过手机号码验证就能够完成账号注册，这就使不法分子利用“卡商”和“码商”等方式就可以非法获取平台账号，或以虚拟手机号码、篡改IP地址、频繁更换平台等手段隐藏身份信息，实施诈骗犯罪。短视频诈骗是整个诈骗链的中端环节，既可以结合“杀猪盘”和“杀鱼盘”，也能够以网络兼职、投资理财、直播卖货等为幌子，诈骗手法更加隐蔽，让人防不胜防。

网络社会要有效打击不法分子利用短视频实施诈骗犯罪行为，可以从以下几个方面采取措施。一是落实主体责任，加强对用户的身份信息认证，坚决抵制虚构和冒用的身份注册账号，让用户身份可追溯。同时完善事前提醒、事中阻断、事后治理的做法，通过拦截风险账号登录，实时风险预警，封堵有害短视频，防范诈骗行为。二是相关各方要建立重点案例反诈模型，严厉打击非法的App技术开发和封装、网络存储、服务器托管、通信传输等服务行为，在建立行业不良行为黑名单制度的基础上，通过账号禁用和营业限制，从源头阻断不良账号和虚假App注册使用。三是建立以公安机关和网信部门牵头，市场监管局、电信运营商、网络平台等多方参与的联合整治机制，“共建反诈预警系统，健全短视频诈骗入刑衔接，跨域查处体系，利用信息流数据融通、跨部门资金流、后台检测和电子截获等手段，有效提升打击短视频诈骗行为

① 徐涤宇，张家勇. 中华人民共和国民法典（精要版）[M]. 北京：中国人民大学出版社，2022：1071.

的精准度”[1]。

（四）杜绝通过短视频侵犯公民名誉权现象

短视频侵犯公民名誉权，诽谤、辱骂和丑化是主要表现，诽谤内容基本失实或严重失实损害了他人的名誉，发生原因主要是网民因现实生活中的个人恩怨而对特定人进行诽谤或者为吸引流量或有偿引流、控评而制造并传播谣言信息。在对网络视听传播乱象的治理时，打击短视频诽谤应该成为重点之一，这是由于短视频的传播范围和影响都很大，比普通网络诽谤造成的后果要恶劣得多。

网络辱骂就是公开用粗鄙、污秽、下流的语言骂人，这种贬损他人尊严和人格的行为也是短视频中侵犯公民名誉权的常见现象。不但有网民利用短视频直接辱骂特定对象，也有网民通过评论辱骂视频内容中的相关人。网络暴力中攻击他人的主要方法就是粗暴辱骂。中央网信办多次实施“清朗”专项行动后，平台加强了对短视频内容的审核，部分辱骂内容的短视频会被拦截，骂人的关键词被限制呈现，但还需要加强伦理批评与法律规制。丑化是有的网民故意抹黑他人形象，从而使他人形象变得可憎、可恨、可恶，这会明显降低他人的品德、声望、才能等社会声誉评价。“有人除了在评论区发表污蔑性文字外，还会通过 PS 或者截图他人形象的恶劣瞬间来丑化他人。短视频丑化他人的手段，主要是抓拍特定情形下某人形象糟糕的时刻，通过特效来丑化人”[2]。

总之，亿万网民是网络视听传播的主体，也是治理网络视听传播乱象的参与者。要通过提升广大网民的媒介素养，从源头强化网络视听传播中的伦理道德、法治意识和安全理念，增强他们对真假信息的辨别能力，面对网络谣言、热点问题和焦点问题能够进行理性思考和科学判断，养成网络安全底线思维，自觉遵守规则，让全社会共同维护网络空间的健康秩序。

案例 8－3

网红“铁头惩恶扬善”遭全网封禁

近日，澎湃新闻注意到，知名网红“铁头惩恶扬善”在抖音、快手、微博等平台上的账号均被封禁。此前，其因在直播间里自爆涉黄经历遭到网友举报抵制。

账号公开信息显示，“铁头”网名为“铁头惩恶扬善”，来自浙江省杭州市。2023 年 3 月开始，37 岁的他开始做打假视频，曝光了三亚海鲜市场、老年保健品等乱象，引起网友广泛关注。其账号在抖音平台拥有 518 万粉丝。据网友发帖爆料，1 月 12 日

---

① 逯彩平．莫让短视频成为电信诈骗“温床”［EB/OL］．（2024－02－08）［2024－03－28］https：//www.chinacourt．org/article/detail/2024/02/id/7801472．shtml.

② 刘凤芹，赵凤君．短视频应用中的公民名誉权保护研究［J］．东莞理工学院学报（社会科学版），2023，30（06）：90－95.

“铁头”曾在凌晨1点30分直播时自爆其涉黄经历，引发网友举报和抵制。1月12日北京市市民热线服务中心官方微博@北京12345回复网友说，会核实交办。1月17日，成都市110热线人员回复相关咨询群众表示，会核实处理。1月19日，其多个平台账号曾被禁言。

2月11日，澎湃新闻记者看到，“铁头惩恶扬善”的账号在抖音平台拥有518万粉丝，目前显示“账号已被封禁”。快手平台也显示“账号已封禁，暂时无法操作”。微博账号显示“该账号因被投诉违反法律法规和《微博社区公约》的相关规定，现已无法查看。”

澎湃新闻记者看到，2月9日“铁头”曾通过“铁头唯一小号”针对封禁一事发布视频回应，称自己的快手号、微信视频号等账号已被平台封禁，抖音账号也已经变成了数字账号、作品被删除，“如果是永久封禁，不能再出现在互联网中，（在生活中）打击消费欺诈、虚假宣传，在45周岁之前不会停的……”①

在法治社会大背景下，网络视听传播中的伦理道德和法规建设尤为迫切。网络视听传播中的伦理道德，是整个社会伦理道德体系中的重要组成部分，并且传播伦理在社会道德规范中所起的作用比其他领域更大，它是社会整个道德体系的基础。在网络社会，传统的伦理道德价值标准正在被新媒体传播环境所冲击和解构，这既会破坏新媒体语境下的传播秩序，也会导致社会公德的严重滑坡。网络传播作为人与人、人与社会之间的交流行为，其本身就要遵守网络社会的伦理道德和法律。网络传播中的视听新媒体，是对传统视听媒体的迭代与演进，其传播主体更加复杂、传播内容更加丰富、传播形式更加多样、传播手段更加先进、传播范围更加广泛、传播效果更加显著。只有加强对传播者的伦理道德教育和法规严厉惩戒，才能确保视听新媒体传播坚持正确的政治方向、舆论导向与价值取向。

关键词

网络传播；视听新媒体；伦理道德；法律规制

思考题

1. 网络传播中视听新媒体作品主要有哪几种类型？
2. 短视频与网络直播的区别是什么？
3. 如何看待网络视听传播中的违反伦理道德行为？
4. 怎样加强网络视听传播的法律规制？

---

① 李思文. 网红“铁头惩恶扬善”遭全网封禁［EB/OL］.（2024-02-13）［2024-03-25］https://www.chinanews.com.cn/sh/2024/02-13/10163431.shtml.

扫一扫

拓展数字资源

第九章　网络传播淫秽信息的治理策略

网络传播与传统媒体有着明显区别，网络信息在传递过程中，传播主体是多元化的，传播形态是碎片化的，既有点对点的传播，也有点对面的传播，更有面对面的传播，这是一个立体化、多元化的传播矩阵。由于网络传播主体既可以用真实姓名，也可以匿名，因此传播来源通常是变化不定的。网络传播中的淫秽、色情信息主要是指有人以互联网为渠道，采取不同的形式传播的黄色图片、淫秽影片、色情文学、色情游戏、色情行为等低级趣味的有害信息。网络空间传播淫秽视频、黄色图片和色情信息的现象有泛化趋势，社会影响非常恶劣，已成为各级政府部门监管和治理的重点。

第一节　网络淫秽信息传播的表现特征

共青团中央维护青少年权益部、中国互联网络信息中心（CNNIC）2023 年 12 月 23 日在京联合发布报告显示，2022 年我国未成年网民规模为 1.93 亿，未成年人互联网普及率达到 97.2%。① 当前传播淫秽、色情信息的行为 97.8%是在网络空间中发生的，“这已经成为危害网络生态环境、违背社会公序良俗、危害未成年人身心健康的重要原因之一”②。

一、网络新媒体与淫秽信息的传播蔓延

近年来网络新媒体与淫秽信息有蔓延趋势，其中典型案例就是 2014 年快播公司传播淫秽信息被抓捕事件。自 2007 年以来，王欣等人开发了快播视频播放软件系统，以“只做信息技术、不问内容”为借口，大打所谓网络法律“擦边球”，明知快播系统内有大量淫秽色情视频，却放任其会员消费购买和广泛传播，甚至在公司遍布全国各地

① 新华社. 2022 年我国未成年人互联网普及率达 97.2%［EB/OL］.（2023－12－23）［2024－04－05］https：//www.gov. cn/yaowen/liebiao/202312/content _ 6922083. htm.

② 陈小彪，刘柏宏. 治理淫秽色情信息传播行为的刑行衔接研究：以比例原则为基点［J］. 政法学刊，2023，40（01）：57－66.

的服务器中存储了大量淫秽色情视频供网民浏览下载。快播公司传播色情信息和淫秽视频事件，产生了极其负面的社会影响。

这个案例说明，计算机技术与网络技术的快速发展，实际上从另一个侧面方便了淫秽、色情信息的扩散传播。在传统媒体时代，作为党和人民喉舌的图书、报纸、杂志、广播、电视，不敢故意传播淫秽、色情信息。有个别人如果希望了解这方面的信息，必须通过非法渠道购买黄色书刊、黄色录像带、黄色光盘，然后去不易察觉的阴暗场所享乐消费。自从可以通过网络传播后，有些人就能够轻而易举地获取并在自己的电脑或者手机上进行观赏或阅读。当下，淫秽、色情信息的网络传播渠道已经多元化、专门化，除了网站、电子邮件、BBS 外，还可以通过 BT 下载、网摘、内容网站和视频聊天等手段进行传播。

互联网社会人们的学习、工作和生活已离不开网络媒介，在线消费更是许多人的首选。众所周知，网络消费主要是各类信息消费，而网络空间淫秽、色情信息泛滥也成了一个非常严重的社会问题。我国网络淫秽色情信息的传播最早可以追溯到 20 世纪 90 年代，那时，此类信息必须通过 BIG5 码或 HZ 码进行传播，并且必须具有专业计算机知识的人才能够进行解码。随着计算机技术与网络技术的快速发展，大量网站如雨后春笋般涌现，个别网站为了吸引用户注意，推出色情专栏，不惧跨越红线、踩踏底线。

21 世纪以来，有多个比较出名的网络色情社区先后建立，由于传播淫秽色情信息引起了相关部门警觉，相继被查处。淫秽、色情网站的建立及播放技术的突破，使网络淫秽色情信息的制作、销售、传播、获利逐渐形成了产业链。随着 QQ、微博、微信等新媒体的崛起，社交媒体也成了淫秽、色情信息、黄色图片传播的主要渠道，不但传播内容和手段更加多样，而且传播形式更加隐蔽。在移动网络技术不断升级后，有些娱乐休闲类的直播平台经常有“主播”通过语言、面部表情和肢体动作进行性暗示和性挑逗，以博取用户的喜爱关注、打赏消费。2016 年，一批网络表演平台由于违规被文化部门依法查处，26 个网络平台被依法取缔，16 881 名违规表演者被依法惩处。但网络直播平台涉“黄”现象依然呈上升趋势。为此，“文化部又出台《关于加强网络表演管理工作的通知》，对网络平台的表演进行规范”①。这都是为了适应网络传播色情信息的管理要求，严格做到依法整治。

网络作为一种新兴的社交方式，视频直播拓展了人与人之间交流互动的路径，并渗透到人们学习、工作、生活的各个方面，同时也有可能为传播者带来经济收益。然而，甚嚣尘上的淫秽、色情信息直播，直接破坏了正常社会的规范秩序，严重影响了网络直播行业的健康发展，性质严重的还涉嫌违法犯罪。网络技术的快速发展，使淫

① 兰志文，詹扬龙．网络淫秽色情传播治理：以网络直播为例［J］．东南传播，2017（09）：51－53．

秽、色情信息的传播出现了速度快、范围广、引诱性强、形式多样等新特征。一些网络淫秽传播视频，通过线上送礼物和线下交易等各种形式来进行利益交换，产生了不良的社会影响。

二、网络淫秽信息的传播变异

网络淫秽、色情活动主要是指不法分子通过网络直播表演性行为或者从事露骨宣扬色情的诲淫性活动。正是由于网络传播的无中心化，导致网络空间的淫秽、色情信息难以根绝，变异为各种隐蔽形态进行传播，不断规避平台审查。一是传播的主体和客体实行的是信息编码与解码的互动式传播，如全球最大的中文淫秽、色情网站联盟“阳光娱乐联盟”，不但有自身的48家淫秽、色情网站，而且还通过积分奖励会员发原创帖、上传色情小说、淫秽视频等，从而导致淫秽、色情信息的双向互动传播。二是淫秽、色情信息在网络传播中出现了多样化符号，各种淫秽、色情文本出现了相互交融的内爆状态，从而使传播内容更加泛化，衍生的不良信息不断增多。三是淫秽、色情信息经过碎片化的发散传播和接受者的反馈，又形成新的信源。对如此循环往复的淫秽、色情信息传播现象，“如果不采取切实有效的监管手段，大量淫秽、色情信息将在网络空间持续而广泛地传播，最终给社会带来严重危害”①。

2022年9月，内蒙古自治区警方在网上巡查时发现，有个姓刘的自媒体人为了逃避网上监管，故意在直播过程中使用本地方言描述淫秽、色情内容，并索要“打赏”，“在吸引部分网友围观的同时还被广泛转发，造成了极其恶劣的社会影响”②。当然，通过网络传播淫秽、色情信息的渠道还有搜索引擎、磁力链接、社交软件、流媒体直播等。网络直播平台的实时性，对其监控需要程序＋人工的配合，即使如此，也很难在第一时间屏蔽淫秽、色情信息的传播。随着互联网技术的快速发展和智能手机用户的不断增加，网络直播已成了越来越红火的新兴行业。然而，网络直播给人们带来新鲜刺激和休闲娱乐的同时，也成了各种新型犯罪活动的滋生土壤，网络淫秽、色情直播活动的社会危害程度，已远远超过了物理空间传统淫秽、色情信息的犯罪行为。

三、网络传播淫秽信息的类型认定

（一）网络淫秽直播活动的主要类型

网络直播一般是指网络主播借助于网络直播软件和智能手机应用程序等现代技术

---

① 刘宁．传播学视角下突发性淫秽事件信息传播模式及管理对策［J］．出版发行研究，2015（11）：32-36.

② 陆晗，赵耀．方言直播淫秽信息？网络主播被依法行政拘留！［N］．人民法院报，2022-9-7.

手段，通过网络直接面向不特定的社会公众，采取持续性实时发布视频、音频和图文等数据信息进行广泛传播的活动。当前的淫秽、色情网络直播活动可以从三个方面进行归类：

1. 以参与模式归类

根据参与直播的主播和观众人数的不同，网络淫秽、色情直播可分为“一对一”“一对多”“多对一”和“多对多”等形式。其中“一对一”和“多对一”表现为一个主播或者多个主播分别以各种私密方式开设直播“密码房”进行淫秽、色情表演，这种直播活动通常不对外公开。而在“一对多”和“多对多”的形式中，一个主播或多个主播会向不特定观众提供淫秽、色情直播活动，具体又分成开放直播间和附条件直播间两种模式。前者是直播间完全开放，观众能够随意进入直播间观看；后者是对进入直播间的观众设置一定条件，如经过打赏或者充值才能享受观看。这两种模式的特点是公开性都比较强，直接面对受众群体，通过网络传播淫秽信息和视频获取不法利益，对社会大众尤其是青少年造成了不良影响。

2. 以直播目的归类

根据网络淫秽、色情直播的实际情况，可以分为“直接牟利型”和“间接牟利型”两种。“直接牟利型”的直播者或者组织者牟利目的非常明显，观众必须缴纳费用后才能观看；“间接牟利型”的直播者或者组织者，虽然不以牟利为直接目的，但具有其他目的，如吸引粉丝、追求流量、植入广告、推广商品等，通过隐形传播行为吸引受众，最终达到盈利目的。

3. 以内容主体归类

绝大多数的淫秽、色情网络直播活动，内容主体是主播自己的淫秽、色情活动，但也有内容主体不是主播自己的行为而是在淫秽、色情活动者不知情的情况下，把他们的淫秽、色情活动进行网络直播，如主播对一些人参与卖淫嫖娼活动进行网络直播。这些内容可能是通过偷录设备所拍摄，“也有可能是主播在卖淫嫖娼场所或者宾馆安装了秘密拍摄装置，然后对他人的卖淫嫖娼行为进行网络直播，或者贩卖他人的淫秽视频”①。淫秽、色情信息的网络传播具有三个非常明显的特点。一是虚拟性强。它通常以虚拟的图像、视频、音频等形式骗取网民的眼球注意与心理关注，使网民越陷越深，无法自拔。二是自主性强。任何一个网民都有与众不同的上网和浏览信息习惯，个体之间的道德观念与自控能力存在着很大的差异。三是欺骗性强。“网络淫秽、色情信息有时会通过暴露身体、挑逗的语言、性的暗示，或者与游戏网页、捆绑软件一起出现，令人防不胜防”②。

---

① 刘洋. 淫秽网络直播活动之刑法相关罪名探讨［J］. 上海公安学院学报，2022（04）：56－62.

② 胡琼方. 网上传播淫秽色情信息涉及的刑法问题［J］. 法制博览，2016（05）：169－170.

（二）网络淫秽信息传播的主要特征

随着移动网络的快速发展和智能手机的广泛普及，网络直播已没有什么门槛，只要有网络信号和手机流量，人人都可以在任何时空条件下进行直播，这就为不法分子从事淫秽、色情表演的网络传播创造了获利条件。实际上，淫秽、色情表演与淫秽物品的传播并不是完全对立的两个概念，两者的共同属性都是承载违背伦理甚至违法犯罪的传播行为。前者只是有人通过肢体动作对淫秽、色情内容进行暂时性展示，如果没有载体的记录，表演结束后这些内容就不会再被别人看到；后者则是淫秽、色情信息被储存在载体上，虽然不是实时性传播，但能够让他人反复观看，这比淫秽、色情表演在空间上具有更大的发散性和时间上的持久性。

网络淫秽、色情信息直播在虚拟空间的蔓延与其“两低一高”的主要特征有着密切关系。一是网络直播准入门槛低。网络空间是开放的载体，只要能联通网络，通过简单的直播设备如智能手机，人人都可以进行网络直播，这也是全民直播时代有大量主播涌现的生成原因。随着直播从业人员增加的竞争加剧，部分主播为了吸引粉丝、扩大流量，开始触碰伦理道德底线，踩踏违法犯罪的红线。二是被查处打击的概率低。网络淫秽、色情直播活动基本上是发生在虚拟空间，隐秘性非常强，即使执法部门发现线索，也会由于取证难度大或者查处成本高而让违法犯罪分子逃避了法律的惩罚。据不完全统计，网络淫秽、色情直播犯罪被查处的概率明显低于线下的同类违法犯罪行为。三是高收益与高回报。在虚拟的网络空间，由于道德规范的约束没有线下那么强，参与者为了寻求刺激和心理慰藉更会“一掷千金”。有时一场网络淫秽、色情直播会有几千人甚至几万人在线观看，如果有多场直播，经济收益会更加可观。

网络社会的淫秽、色情以网络平台为载体，通过直播手段进行淫秽色情表演，以吸引用户观看。虽然此类网络直播具有即时性，但由于达到了传递信息的目的，因此也属于大众传播活动。从公安机关已经破获的淫秽、色情网络直播案来分析，犯罪链条基本上是由平台搭建者、推广者、维护者、家族长和淫秽、色情主播构成。所获取的非法收益通常是60%左右归直播者，30%左右归网络直播平台，10%左右归家族长。其中既有共同犯罪与单独犯罪之分，又有主犯与从犯之别。

网络传播淫秽信息严重违背社会道德伦理，更有悖于社会主义核心价值观。在淫秽、色情网络直播案的犯罪链条中，实施人主要通过露骨刺激的淫秽、色情信息直播吸引用户打赏，从而获取非法利益。根据共犯从属性规则，直接实施犯罪的人员属于主犯，其他人一般属于共犯。主犯在共同犯罪中起关键作用，从犯在共同犯罪中只起辅助作用。在淫秽、色情网络直播中，平台的经营者通过搭建网络平台，以高额提成的办法招募黄色主播入驻平台，通过淫秽、色情活动的表演，聚拢平台人气，获取非法利益。可以说，“淫秽、色情活动直播是由网络平台搭建者组织开展的犯罪活动，平台经营者应该被认定为主犯”①。

(三) 网络传播淫秽信息的法规治理

网络传播淫秽、色情信息的行为通常被认为是无被害人犯罪，犯罪主体利用传播淫秽、色情物品等手段谋取非法利益；购买淫秽、色情物品的人则通过付费获取视觉与精神上的收益。正是由于传受双方各取所需，因此涉事者主动向公安机关报警予以揭露的概率不大，这在相当程度上也增加了执法部门发现此类犯罪行为的难度。而一些主播或博主，利用网络直播平台传播淫秽、色情信息，覆盖范围更广，指向的不确定性更强，“给监管部门发现和打击此类犯罪带来了更大的困难”②。无受害人犯罪是美国犯罪学家埃德温·舒尔于1965年第一次提出，他认为，“在淫秽、色情信息的传播过程中，作为施害者的信息生产者和传播者与作为受害者的接受者之间是自愿交易行为，不存在强迫性，所以也就不存在受害人告诉等情况”③。

网络淫秽、色情直播对社会的危害主要体现在以下几个方面。一是突破了淫秽、色情犯罪的传统模式，借助互联网的无边界性，产生了极快的传播速度，而上网的低门槛又导致网络淫秽、色情表演的观众不受限制，观看者低龄化趋势明显，对道德规范和社会秩序冲击巨大。二是难以进行监管和事后取证，犯罪主体风险低、收益高，加之法律法规制订与实施的相对滞后，容易出现高发态势。三是主播的淫秽、色情表演，比传统的淫秽、色情表演更具有隐蔽性，“尤其是在网络非实名状态下，传播者和观众的身份和空间是双重虚拟化的存在，从而使网络淫秽、色情直播表演者和观众的性道德弱化、性羞耻感降低”④。网络空间淫秽、色情信息的泛滥，已经成为一种非常严重的新型社会公害，其中涉嫌违法犯罪的活动还出现三大新特点。一是形式多样。除了淫秽、色情网站提供淫秽、色情相关文字、图片、音频、视频外，甚至还出现了网上“性交易”，还有可能转变为线下交易。二是教唆引诱。有的淫秽、色情网站通过教唆鼓动，引诱网民参与淫秽、色情活动，甚至在网上公开介绍或组织卖淫嫖娼活动。三是危害严重。有些年轻人甚至未成年人由于长期被网上淫秽、色情信息毒害，最终走上了强奸、诱奸等违法犯罪道路。

主播在网络平台的淫秽、色情表演，无论是互联网的接入，还是直播平台的使用，都没有什么门槛性限制。虽然其淫秽、色情表演的空间是网络直播间，但网络直播间

---

① 孙天奉. 公安机关侦办网络色情直播犯罪分析［J］. 河北公安警察职业学院学报，2022，22（01）：47-49.

② 盘学良，王宏玉. 成本收益理论视角下网络传播淫秽物品犯罪的实证研究［J］. 湖南警察学院学报，2021，33（06）：95-101.

③ 范玉吉，郭琪. 网络空间治理视域下淫秽色情信息的网络传播规制研究［J］. 山西大同大学学报（社会科学版），2020，34（04）：30-37.

④ 马松建，毛政. 网络色情直播行为的刑法规制［J］. 河南警察学院学报，2023，32（05）：110-118.

作为虚拟空间，具有空间的扩张性和时间延展的无边际性，只要服务器能够承载访问量，观众能够达到成千上万的数量体。有的网络平台经营者在获悉某些主播在从事传播淫秽、色情信息犯罪时，依然为他们提供网络接入、网络存储、服务器托管、传输技术帮助、支付结算等服务，对此类性质严重的传播行为，也可以认定其涉嫌犯罪。《刑法》第二百八十七条第二点明确规定："明知他人在利用信息网络实施犯罪，为其犯罪提供互联网接入、服务器托管、网络存储、通讯传输等技术支持，或者提供广告推广、支付结算等帮助，情节严重的，处三年以下有期徒刑或者拘役，并处或者单处罚金。"① 当然，帮助型实施行为是否构成犯罪，必须以被帮助行为是否构成犯罪为基础。对于网络直播平台来说，可以根据其属性及其应该承担的法定义务、违反网络安全管理规定、造成后果的危害程度等实际情况，依照《刑法》第二百八十六条、二百八十七条的规定认定其是否涉嫌犯罪。

1. 平台拒不履行信息网络安全管理义务罪、非法利用信息网络罪

网络平台是否构成拒不履行信息网络安全管理义务罪，是针对有合法经营资质的平台而言，专门为网络色情直播搭建的平台除外。如果个别主播在合法直播平台从事以淫秽、色情表演为内容的直播活动，依据《刑法》和《网络安全法》的相关规定，平台具有阻止该直播活动、封停直播间和账号等监管义务；当少量色情直播内容出现在合规平台内时，平台如果不履行网络安全管理义务，监管部门责令其采取改正措施后仍拒不改正并造成严重后果的，可以认定其构成拒不履行信息网络安全管理义务罪。

2. 平台帮助信息网络犯罪活动罪

对于网络平台在淫秽、色情内容直播中是否构成犯罪，要看经营者是不是在明知主播利用直播实施犯罪后仍为其提供技术支持、资金结算等帮助。网络犯罪中的帮助，通常表现为平台借助网络空间的无边际性和虚拟性提供的"一对多"的帮助模式，是对物理空间犯罪"一对一"帮助模式的拓展。因此，对于合法直播平台来说，如果经营者明知平台内有主播在进行淫秽表演直播，故意继续为该主播提供直播技术支持、直播收益结算的行为，引发危害结果就可能构成帮信罪。

案例 9-1

"黄鳝门"案一审宣判 23 人获刑 涉事女主播被判 1 年 9 个月

近日，浙江省诸暨市检察院以涉嫌传播淫秽物品牟利罪对"黄鳝门"事件 23 名被告人依法提起公诉，诸暨市法院一审依法判处其十年以下有期徒刑。黄鳝门事件的女主播琪琪也在被判刑人员当中，以传播淫秽物品牟利罪被判处有期徒刑一年九个月，并处罚金五万。

---

① 中华人民共和国司法部. 法律法规全书［M］. 第十九版. 北京：中国法制出版社，2021（4）：32.

这个案件是由全国“扫黄打非”办公室、公安部督办的全国第一起网络直播平台传播淫秽物品牟利案，曾被人民日报、中央电视台《社会与法》栏目等媒体报道，被网友称为“黄鳝门”事件。

2018年夏季，在诸暨市看守所内，《方圆》记者见到了素颜的琪琪。当时26岁琪琪长得斯斯文文的，初次见面很难将“黄鳝门”和她联系在一起。采访中得知，琪琪原来在桐庐做生意，业绩不是很好，后来接触到了网络直播，尝到甜头之后，就索性投身其中。

琪琪说，一开始也是觉得不好意思，心里也有些抵触，但后来想想，觉得这件事情只有自己知道，家人和朋友也不会发现，就决定先做做试试看，在直播平台里的几个月的时间里，琪琪确实挣了不少钱。

在做直播的这段时间里，琪琪偶尔会遇到出手比较大方的粉丝，能收到不少礼物和红包，有的一次性就送给她价值人民币500元的礼物，这让琪琪十分开心。警方介绍，琪琪共退赃9.1万元。

2017年3月的一天，琪琪直播的时候，一个老板点名要看“黄鳝表演”，还给琪琪包了个大红包。琪琪觉得，当时那几个人都是她的VIP，一直跟着她的那几个人。当时想想就几个人嘛，也不妨事，就建了个群给他们表演了一下。她以为表演完了这个事情就算过去了，让她没想到的是，有人把视频截图发到网上，一时间，她成了网络风暴的中心。

2017年5月4日涉案女主播琪琪被诸暨市公安局依法刑事拘留，2017年6月10日被诸暨市检察院依法批准逮捕。经依法查明，琪琪系“老虎”直播平台花族公社女主播，昵称全名“花族琪琪”，其在“老虎”直播平台从事淫秽直播累计获得价值3万余元的平台钻石币；同时，其将直播平台上结识的用户邀请加入自己组建的QQ群进行淫秽直播，非法获利2.9万余元，“黄鳝门”淫秽视频即是其在QQ群直播被录屏流传到网上。

以“黄鳝门”事件为线索，警方将其背后的“老虎”淫秽直播平台捣毁。经查明，2016年12月开始，有多名犯罪被告人投资资金支持直播平台技术人员到菲律宾对“逗趣”直播源代码进行修改，在境内租用杭州阿里云计算有限公司API服务器和郑州腾佑科技有限公司流媒体服务器，将停运行的“红杏”直播平台升级改版为“老虎”直播平台。

平台以会长制组建L家族、MT家族、花族等家族公会，组织琪琪等上千名男女主播（在案26人）在“老虎”直播平台进行淫秽表演。用户登录“老虎”直播平台充值后，向女主播刷礼物、进行互动并在线观看淫秽表演。该平台共有注册会员100余万人，非法牟利700余万元。

法院经过审理认为，这23名被告人以牟利为目的，传播淫秽物品，均应当以传播淫秽物品牟利罪追究刑事责任，部分系共同犯罪。经审理，法院对诸暨市检察院指控的犯罪事实均予以认定，综合考虑各被告人的犯罪事实、情节、社会危害性以及认罪悔罪等因素，依法作出有期徒刑三年至十年不等判决。①

第二节　网络淫秽信息的传播法规

在互联网时代，要严厉打击网络空间的淫秽、色情传播现象，就必须依靠伦理审视与法律规范的力量，这是其他手段难以取代的方法。一是进一步完善惩治淫秽、色情信息网络传播的法律法规体系。二是以法律为依据、以技术为手段落实各相关部门的监管责任，合法界定网络淫秽、色情信息与普及性知识、开展性教育的差异性，杜绝网络淫秽、色情信息对网络用户的侵蚀，重点是让广大青少年免受网络淫秽、色情信息的侵害。三是对面向少年儿童传播的网络淫秽、色情物品犯罪行为，要从严、从快、从重进行打击。四是要严厉惩罚传播淫秽、色情信息的网站，切断其利益链条。网络淫秽直播的规制现状如下。

一、法律法规不够细化

《刑法》第三百六十七条规定："本法所称淫秽物品，是指具体描绘性行为或者露骨宣扬色情的诲淫性的书刊、影片、录像带、录音带、图片及其他淫秽物品。"② 然而，最高人民法院、最高人民检察院出台的《关于办理利用互联网、移动通讯终端、声讯台制作、复制、出版、贩卖、传播淫秽电子信息刑事案件具体应用法律若干问题的解释》认为，网络淫秽、色情直播所涉及的淫秽表演、色情动作等明显超过了"淫秽物品"的涵盖范围。网络淫秽、色情直播作为新型的网络犯罪现象，《刑法》与相对应的司法解释对其罪名适用上存在着困境。

由于网络淫秽、色情直播属于新型犯罪，因此司法机关在对其定性分析上还存在着一定困难，近年来关于网络传播淫秽信息或视频直播的宣判案例还不多。司法界和学术界对网络淫秽、色情直播行为的量刑标准也有诸多争议，淫秽、色情网络直播主体及其行为，可以根据我国《刑法》第三百六十三条、第三百六十四条、第三百六十五条、第三百六十六条和第三百六十七条的规定来进行定罪。网络直播中的淫秽、色

① 沈寅飞，何若愚．"黄鳝门"案一审宣判 23 人获刑 涉事女主播被判 1 年 9 个月［EB/OL］．（2019－01－19）［2024－2－20］https：//news. china. com/socialgd/10000169/20190119/35040071. html.

② 中华人民共和国司法部．法律法规全书［M］．第十九版．北京：中国法制出版社，2021（6）：41.

情传播行为通常具有牟利性，是否把直播中的淫秽、色情表演认定为“淫秽物品”，是认定网络淫秽、色情直播是不是构成传播淫秽物品牟利罪的关键，所以曾经一度出现“鉴黄师”，他们的主要任务就是对这些淫秽视频和信息进行确认。

二、司法实践中缺乏统一裁判标准

刑事司法实践对网络淫秽、色情直播的点击率、观看量缺乏统一裁判标准，对平台注册量、下载量、转发量等方面的技术认定也未进行系统规定，因此在刑事司法实践中，部分案件只能依赖法官的自由裁量权，不同法官所形成的判决结果有可能完全不同。根据司法解释的规定，网络平台传播淫秽、色情信息需要被点击 1 万次才能入罪，那么这个被点击次数是指平台显示的观看人数还是实际观看的人数，或者是网络上某一个时刻的观看人数，并没有一个明确的规定。因刑事司法实践缺乏统一裁判标准，《刑法》在规制网络淫秽、色情直播犯罪时就会弱化强制性。由于刑事司法实践缺乏统一标准，各职能部门在打击网络、淫秽色情直播犯罪时就会出现惩戒标准的差别，无法产生治理淫秽、色情网络直播行为的实际效果。

“淫秽”和“色情”只是危害程度不同，在实际传播行为上比较模糊，难以进行清晰界定。我国《刑法》《治安管理处罚法》和相关司法解释，都规定了一系列涉及淫秽、色情违法犯罪活动的法律责任，建构了治理淫秽、色情信息传播行为的规范体系。根据《刑法》第三百六十三条的规定：“以牟利为目的，制作、复制、出版、贩卖、传播淫秽物品的，处三年以下有期徒刑、拘役或者管制，并处罚金；情节严重的，处三年以上十年以下有期徒刑，并处罚金；情节特别严重的，处十年以上有期徒刑或者无期徒刑，并处罚金或者没收财产。”①

依照《中华人民共和国治安管理处罚法》第四十二条第五款之规定：“多次发送淫秽、侮辱、恐吓或者其他信息，干扰他人正常生活的，可以处 5 日以下拘留或者 500 元以下罚款；情节严重的，处 5 日以上 10 日以下拘留，可以并处 500 元以下罚款。”第六十八条又规定：“制作、运输、复制、出售、出租淫秽的书刊、图片、影片、音像制品等淫秽物品或者利用计算机信息网络、电话以及其他通讯工具传播淫秽信息的，处 10 日以上 15 日以下拘留，并处 3000 元以下罚款；情节较轻的，处 5 日以下拘留或者 500 元以下罚款。”②

三、刑事处罚措施需要进一步完善

在整体上，当前《刑法》对网络、淫秽色情直播犯罪所实行的处罚力度还是比较

① 中华人民共和国司法部. 法律法规全书［M］. 第十九版. 北京：中国法制出版社，2021：(6) 41.
② 中华人民共和国司法部. 法律法规全书［M］. 第十九版. 北京：中国法制出版社，2021：(3) 51.

轻的，处罚措施也相对单一，通常是采取一种主刑措施，并处罚金或没收财产。其中，《刑法》对此类犯罪的财产罚没标准也没有明确规定和细化，罚金数额只与法官的自由裁量权相关，在打击淫秽、色情的网络直播犯罪行为时难以发挥震慑功能。淫秽、色情网络直播对观众身心健康的侵害比较大，对社会秩序的破坏也非常严重，对其处罚力度不能比一般的淫秽、色情犯罪轻。

网络淫秽、色情直播现象的愈演愈烈，既严重危害了网络社会，还带来相当大的法律风险，只有依据《刑法》进行强行规制，才能对其进行有效管理。追究网络平台责任人在淫秽、色情直播犯罪中的刑事责任，不妨从共犯的角度来认定其是否属于从犯或者不作为主犯，当然性质严重的也可以视其为主犯。网络平台作为网络服务提供者，对在其平台的直播内容负有法定的监管义务，对主播从事违法犯罪的直播活动必须承担连带法律责任。如果主播在网络直播间从事淫秽、色情表演，网络平台发现后或在用户举报后依然不进行封禁，造成大量观众在线观看，那么平台责任人就可能会构成帮助信息网络犯罪活动罪或拒不履行信息网络安全管理义务罪；如果网络平台方组织多名主播在各自的直播间从事淫秽、色情表演活动，那么就可能构成组织淫秽表演罪；如果主播在直播间通过淫秽、色情表演收取打赏钱财，无论平台是事前组织或者事中参与、提成，都可能成为共犯，与主播一样构成制作、贩卖、传播淫秽物品罪。

四、网络淫秽直播的主要特征

网络伦理与现实伦理一样，具有道德上的约束性和规范性，对淫秽、色情表演的网络直播，在刑法属性上应该与传播淫秽、色情物品同等看待。一是在直播过程中，淫秽、色情信息的网络直播离不开对电子数据的依赖，直播中的电子数据实际上就是淫秽、色情表演产生的信息在传播中演变而成的，此类信息具有与其他淫秽、色情物品一样的客观性和物质性。即使没有保存下来，其本质上也属于一种未经固化的媒介产品。二是网络直播必须依托互联网，以视频、音频或图文等形式向观众持续发布实时信息，淫秽、色情直播经常会通过“刷礼物”的购买形式，与观众进行实时互动，从而把传播优势发挥到极致。这种电子信息流也可能被观众保存，然后做成固定的视频文本，存在着让更多人反复观看的可能性。三是淫秽、色情直播行为还具有很强的公众性。淫秽、色情直播通常有两种模式，第一种是开放直播间模式，第二种是附条件直播间模式。在第一种模式中，表演对象具有不特定性，任何观众只要点开直播间就能够看到主播的淫秽、色情表演；在第二种模式中，只有付费观众才能进入直播间观看主播的表演。“当然，无论是何种模式，网络淫秽、色情直播都是一种严重的违法犯罪行为”①。

---

① 陈奕屹．论网络直播平台经营者放任平台内色情直播行为的刑事责任：评“LOLO”平台经营者制作、复制、出版、贩卖、传播淫秽物品牟利案［J］．法律适用，2019（24）：3－10．

五、要重点保护未成年人

由于未成年人身心还没有发育成熟，是容易受色情信息、淫秽直播伤害最大的群体，因此在伦理道德与法律规制上，应该重点保护未成年人。这方面，除了《刑法》做了比较笼统的规定外，《未成年人保护法》和《预防未成年人犯罪法》等法律也只作了一些概括性规定，对犯罪分子利用网络传播淫秽、色情信息危害未成年人身心健康的行为处罚力度还不够大。根据现有的刑事法律和相关司法解释，我国突出保护未满14周岁的未成年人，对向未满14周岁的未成年人传播淫秽、色情信息的行为实行从重处罚，但对利用网络向14周岁至18周岁的未成年人传播淫秽、色情信息，《刑法》及相关司法解释并没有从定罪量刑层面给予特别明确清晰的规制。因此，“14周岁至18周岁的未成年人更容易成为网络淫秽、色情信息侵害的对象”①。

虽然面向未成年人传播的淫秽、色情信息在内涵上也被归属于“淫秽色情物品”，但针对未成年人的淫秽、色情犯罪在本质上具有特殊性和对社会更加严重的危害性。一是两者的犯罪客体不同。通常的淫秽、色情犯罪主要是破坏了社会正常秩序，而针对未成年人的淫秽、色情犯罪，除此以外，还侵害了未成年人的人身权和人格权。二是行为人的主观目的和动机不同。与针对成年人的淫秽、色情信息相比，针对未成年人的淫秽、色情信息因有悖人伦而更加稀缺和受到禁忌，传播者寻求更大的牟利行为，观看者得到一种病态的感官刺激。三是国际社会的做法基本相同。世界上各个国家虽然对待成人色情信息的传播行为态度有差异，“但把对待未成年人的淫秽、色情信息传播都看成是反人类、反社会的行为，并且一致予以抵制、反对甚至严厉打击”②。我国涉及未成年人的专门法《未成年人保护法》，规定了未成年人的权利，明确了家庭、学校和司法的各方责任，对于落实未成年人的权益保护发挥了积极作用。但该专门法主要规制的多为原则性问题，法条重点是倡导性和宣示性规范，具体可操作性和程序性保障还有待进一步完善，以明确责任主体、责任内容和执行主体。从当前执法部门处置针对未成年人的网络淫秽、色情案件来看，首先是从“扫黄打非”的角度进行，对未成年人的权益保护还需重视。这是由于针对未成年人的淫秽、色情信息传播与面向成年人的淫秽、色情信息传播存在着本质区别，因此，对两种不同性质的犯罪，打击力度应该区别对待，不能将两个标准体系混用。根据《刑法》规定，有关淫秽、色情物品犯罪属于结果犯，只有情节严重的才构成犯罪。这对于涉及未成年人的淫秽、色情传播行为而言，明显是入罪门槛过高，与其所造成的社会危害不相匹配，因而不利

① 夏雨，刘国强. 论网络色情直播行为的刑法规制［J］. 湖北工程学院学报，2022，42（01）：95－101.

② 夏军，孙树峰. 对未成年人网络色情信息的治理探究［J］. 广州市公安管理干部学院学报，2020，30（03）：3－12.

于从源头打击淫秽、色情信息对未成年人的营销传播。

案例 9-2

11 人网络平台直播付费色情表演被判刑

近日，江西省吉安县人民法院依法宣判一起特大传播淫秽物品牟利犯罪案件，判处刘某利等 11 名被告人九年至四年不等的有期徒刑，罚金共计 704 万元，追缴犯罪所得 318 万元。

法院经审理查明，2021 年 4 月，刘某利开始管理“番茄社区”等境外上线搭建的色情直播平台，吸引了大量观众付费观看。温某娣、谢某青等 4 对夫妻及其他多名女主播在刘某利管理的平台上进行色情直播表演，平台与主播按四六不等比例进行分成。为了牟取更多利益，刘某利还制作了主播成长秘籍，教授主播直播技巧吸引观众付费打赏。主播们为了增加自己的礼物、打赏，在直播间大摆造型，内容不堪入目。2021 年 11 月 5 日，经群众举报，公安机关查获该淫秽物品传播团伙，退缴违法所得共计 416 万元，冻结银行存款 89 万元。该案件被列为全国“扫黄打非”办公室、公安部重点督办案件。

法院审理后认为，本案所涉“番茄社区”等网络平台均系有组织性的色情直播平台，具有明显的组织架构性，被告人刘某利以牟利为目的，管理淫秽色情直播平台，传播淫秽物品，情节特别严重，其行为已构成传播淫秽物品牟利罪，且在共同犯罪中起主要作用，系主犯；被告人温某娣、谢某青等人以牟利为目的，利用色情直播平台传播淫秽物品，情节特别严重，其行为均已构成传播淫秽物品牟利罪。据此，依照相关法律规定，判决被告人刘某利犯传播淫秽物品牟利罪，判处有期徒刑九年，并处罚金 200 万元；被告人温某娣等主播犯传播淫秽物品牟利罪，判处有期徒刑七年二个月至四年不等的有期徒刑，并处 90 万元至 15 万元不等的罚金，依法追缴各被告人非法所得。①

随着网络娱乐产业的发展，观看直播已经成为公众的重要生活休闲方式之一。网络直播门槛低、收入高，许多年轻人纷纷投入其中，但网络直播间不是藏污纳垢之所，任何违反法律规定的行为都必须受到惩处。这个案件给人的启示是必须处理好以下四种关系。

一是要从罪名层次来判别网络直播中的淫秽表演与淫秽物品之间的关系。罪名的层次理论认为，罪名系统在纵向结构上看，可以按属种关系划分为不同罪名，其中的

---

① 刘弯，彭小宁．11 人网络平台直播付费色情表演被判刑［EB/OL］．（2023－01－11）［2024－3－25］https：//www.toutiao.com/article/7187211438568751672/？wid＝1174331838483.

类罪名又可以称其为节罪名，是指在刑法分则中根据犯罪行为的某些相同点进行分类而形成的罪名，通常是概括某一类、某一节犯罪最本质特征而形成的罪名。

二是要从公众接受可能性和可罚性看虚拟淫秽物品与实体淫秽物品之间的关系。虽然主播在网络直播中的淫秽、色情表演不属于物理层面的音像制品，但其表演的过程是可以记录的，内容是可以复制的，最终有可能会由虚拟淫秽物品变成实体淫秽物品。因此，在对社会的危害程度上，网络直播中的淫秽、色情表演与实体淫秽物品具有相同的本质属性。

三是要从组织淫秽表演罪的罪行来看待网络直播淫秽表演与实体淫秽物品之间的关系。《刑法》第三百六十四条规定："组织播放淫秽的电影、录像等音像制品的，处三年以下有期徒刑、拘役或者管制，并处罚金；情节严重的，处三年以上十年以下有期徒刑，并处罚金。"第三百六十五条又规定："组织进行淫秽表演的，处三年以下有期徒刑、拘役或者管制，并处罚金；情节严重的，处三年以上十年以下有期徒刑，并处罚金。"[①] 对组织播放淫秽音像制品的行为，定性是组织播放淫秽音像制品罪，最高量刑是十年有期徒刑；对组织淫秽表演的行为，定性为组织淫秽表演罪，最高量刑也是十年有期徒刑。因此，网络直播淫秽表演这个虚拟淫秽物品与实体淫秽物品对社会危害性是一样的。

四是要从对参与者的处理来看待网络直播淫秽表演与实体淫秽物品传播之间的关系。在对组织网络淫秽表演直播的处罚中，除了应该对组织者以组织淫秽表演罪定罪外，还应该以淫秽表演者进行定罪处罚。如果网络直播中的淫秽表演者，在表演过程是把事先录制好的视频传播给观众，那么这种行为就符合制作、传播淫秽物品牟利罪的构成要素。

第三节　网络传播淫秽信息的法规治理

网络传播技术的快速发展和互联网的广泛普及，给人们获取、传播、交流信息提供了更多途径和更大便捷，凭借智能手机就可以足不出户了解全世界的信息源，由此而兴起发展的社交方式也在网络语境下变得尤为复杂。一些不法分子正是看中网络直播的低门槛与低成本、操作简单与回报高等特点，胆大越法而涉足淫秽、色情信息传播，无视网络传播伦理底线和法规红线。不但破坏了网络直播的健康秩序，还严重污染了网络环境，也给司法机关认定和刑事处罚带来了治理挑战。

---

① 中华人民共和国司法部．法律法规全书［M］．第十九版．北京：中国法制出版社，2021（6）：41.

一、网络淫秽、色情信息传播的屡禁不止

我国从 20 世纪 80 年代就开始对传播淫秽、色情信息行为进行严厉打击，惩罚力度在逐渐加强，但在巨额利益的驱使下，涉嫌传播淫秽物品的犯罪现象依然屡禁不止，使淫秽、色情信息传播成为一个非常严重的网络治理问题。网络淫秽、色情信息的生成、存储、传播都离不开网络，因此对其治理是整个网络治理工程的一部分，需要根据网络传播的特征来加强社会治理的针对性和实效性。

虽然我国对传播淫秽、色情物品犯罪的防范、打击与治理常抓不懈，但仍有不足之处，主要原因有两点。一是淫秽、色情物品的精神补偿作用。食欲和性欲是人类的本能需求，人在性本能驱动下，会从事为了满足需要的创造性活动，有的是直接感官宣泄，有的是通过文学创作、艺术创作等替代性行为来转移和升华“力比多”。这种精神补偿需求会刺激淫秽、色情物品制造者和传播者的牟利动机。二是对公民表达自由权利的过度解读。我国规制淫秽、色情物品的理由是它们会挑起人的本能欲望，导致普通人腐化堕落，甚至诱发某些人从事涉及性方面的犯罪。处罚的只是一种可能性，而不是一种现实性。于是，在表达自由的诉求下，“打击制作或传播淫秽、色情物品犯罪的正当性就会面临权利的诘问”①。不法分子传播淫秽、色情信息，既可以利用具有缓存功能的播放软件、云存取空间，也可以借助各类社交软件和网络游戏。而这些信息通道中的淫秽、色情信息大多数运用了加密技术，具有相当大的隐蔽性。对网络空间的淫秽、色情信息传播现象的治理和打击，必须充分了解犯罪主体的行为动机，掌握他们的犯罪手段。

我国《网络安全法》于 2017 年 6 月 1 日正式施行，要维护正常的网络社会秩序，治理网络空间的淫秽、色情与涉黄传播，就应该从传播者、接受众与监管三个方面落实措施。一是全民直播现象的兴起，有利于人们展现自我、表达观点、宣泄情绪，但低俗、庸俗、涉黄甚至淫秽、色情等信息的传播，与社会主义核心价值观严重背离，有的还会涉嫌违法犯罪。为此，要通过加强对网络直播者的规范，倡导人们文明上网，营造健康、积极、向上的网络环境。二是要加强家庭、学校与社区的联运，重点对未成年人上网浏览信息的内容和行为进行引导，通过深化网络安全教育，培养未成年人的上网自制力，一发现问题就及时排除隐患。三是加强行业自律，有效落实社交媒体的平台责任。“在加大执法力度的同时充分调动广大网民的积极性，通过多种奖励形式鼓励公众举报，对违法、违规操作的网络主播进行深入调查和处罚，对相关的直播平

---

① 陈巧燕. 淫秽物品犯罪治理方略研究：以网络淫秽信息犯罪为中心的分析 [J]. 福建警察学院学报，2015 (06)：50 - 56.

台进行整改或取缔”①。

对网络淫秽、色情信息和涉黄传播的治理，还应该以保护未成年人的身心健康为重点。未成年人由于涉世未深，他们在心理认知方面没有像成年人那样成熟，自我控制能力与自我保护意识又相对较差，极其容易受到不良信息的诱导与侵害，淫秽、色情信息就会带偏未成年人世界观、人生观和价值观的正确形成，进而影响以后的学习、工作和生活。2023 年 10 月 24 日，《未成年人网络保护条例》发布，这必将对未成年人的网络保护发挥重要作用，我国就基本形成了以宪法为根本，以法律、行政法规、地方性法规和部门规章为依托，以传统立法为基础，以专门立法为主干，以配套司法解释为补充的法律体系，为未成年人网络保护提供了坚实的制度保障。基于 2020 年《未成年人保护法》中确立的“最有利于未成年人原则”的上位法理念，《未成年人网络保护条例》第二条明确规定：“未成年人网络保护工作应当坚持中国共产党的领导，坚持以社会主义核心价值观为引领，坚持最有利于未成年人的原则，适应未成年人身心健康发展和网络空间的规律和特点，实行社会共治。”这有效串联起了相关法律法规涉及未成年人网络保护的条款，“必将为未成年人营造一个更加清朗的网络空间”②。

二、网络淫秽、色情信息传播治理的困境

通过在中国裁判文书网等网站的查询可以发现，淫秽、色情网络直播犯罪主体大多为 80 后和 90 后，其中处于无业状态的占 90%。淫秽、色情网络直播犯罪的高收益、低成本以及由此滋生出来的消费市场，使得一些失业人员主动选择从事这项犯罪活动。如何加强对网络淫秽、色情信息传播的治理力度，这需要引起全社会的高度重视。网络淫秽、色情信息传播，既是传统淫秽、色情问题的延续，又有着互联网时代多种信息技术快速发展的特点。因此，在治理上会遇到一系列的现实矛盾、技术壁垒和难以克服的实际困难。

（一）网络淫秽、色情信息治理的难点

在传统媒体时代，有人想利用报刊、广播、电影、电视等载体传播淫秽、色情信息的可能性不大，因为党委和政府部门对传统媒体的把控十分严格，传统媒介的流通性也不是很好。在我国，《刑法》对制作、贩卖、传播淫秽及色情物品有具体的量刑标准；新闻出版署公布的《关于认定淫秽及色情出版物的暂行规定》，对电影、电视等通过视觉形象的内容传播监管得更加严格；国家广播电视总局公布的《电视剧审查暂行规定》对此也有非常明确的规定。

---

① 兰志文，詹扬龙. 网络淫秽色情传播治理：以网络直播为例 [J]. 东南传播，2017 (09)：51 - 53.

② 王伟亮. “最有利于未成年人原则”：媒体人理解、遵守、传播《未成年人网络保护条例》的主线 [J]. 青年记者，2023 (23)：88 - 91.

网络传播的低门槛、开放性、快捷、匿名、不留痕迹、无中心化等多样特征，既为淫秽、色情信息的传播提供了方便，也给网络淫秽、色情信息的发现、审查、监管和治理带来了前所未有的难度。在对网络淫秽、色情信息的认定方面，由于各个国家社会制度、意识形态和文化传统存在差异，认定标准也有所不同。而在网络责任的划分方面，网络内容提供商、网络技术服务商、网络用户之间的权利与义务关系应该如何认定，相关各方应该分别承担哪些责任，这也是一个争议比较大的问题。

网络空间淫秽、色情的治理，主要难点有两个方面。一是由于社会制度与意识形态的差异，世界上各个国家对淫秽、色情信息传播的态度不尽相同，在对淫秽、色情信息的界定上也存在不一致的情况；而网络是无国界的，虽然许多淫秽、色情网站在国内已被严厉禁止，但有的网站的服务器设置在国外，我国政府难以对其进行封闭。即使采取多种技术屏蔽措施，有的人也可以通过“翻墙”等途径获取信息。二是传播渠道与平台的拓展性使治理淫秽、色情信息的传播陷入了现实困境。传统媒体时代，信息主要依靠报刊、广播、电视传播，把关相对容易；新媒体时代网络空间的信息是爆炸性和发散性的方式，实行的是裂变式、病毒式的无序性传播，要有效根绝淫秽、色情信息的传播还存在着相当大的困难挑战。

（二）与法定公民言论自由权的冲突

对于公民言论自由权的保护，各国宪法都有明确规定，但各个国家对公民言论自由权的保护力度却是不一样的，一方面对涉嫌淫秽、色情信息传播的犯罪标准不同，另一方面对限制公民这方面权利程度的法律解释机制也有区别。因此，打击淫秽、色情信息传播与保障公民言论自由权之间的矛盾和冲突经常发生，这也影响了对淫秽、色情信息传播的有效治理。在国外，对网络色情信息的控制与言论自由的保护，两者之间的协调非常困难。美国最高法院把色情信息区分为“猥亵”和“粗俗不雅”，认为后者的内容属于言论自由，应该受到法律的保护。因为这些内容虽然对未成年人不利，“但在采取规范措施时不能影响到成年人对此类信息的接受，如果不让成年人获取此类信息，那么就是违宪”①。

（三）与行业盈利及经济收益的挂钩

网络色情信息的传播是网络产业中盈利最高的项目，它能够给网络经营者带来可观的经济效益。在一些西方资本主义国家，色情网站在众多网站中的排名通常能跻身前20强，例如美国成人影片产业市场就为政府带来了大量税收。早在2000年，美国网络产业来自付费内容的总收入就达38亿美元，其中“色情信息传播的收入甚至超过全部职业足球队、篮球队的收入之和”②。正因为色情业能为网络产业带来丰厚的经济

① 朱家贤，苏号朋．e法制网：网上纠纷、立法、司法［M］．北京：中国经济出版社，2000：307.
② 钟瑛，牛静．网络传播法制与伦理［M］．武汉：武汉大学出版社，2018：75.

收益，从另一个层面也推动了网络高新技术的开发与应用，例如用户通过网络下载色情图像直接推动了网络视频下载技术的发展。其他如宽带应用、在线支付、在线广告流量管理等的发展，都对网络色情业有推动作用，这些环节也是密切相关的。

淫秽、色情信息网络直播的治理困境，主要反映在以下几个方面。首先，网络直播的监管主体多而杂，容易形成“人人都管、人人都不管”的尴尬局面。在国家监管层面，有国家互联网信息办公室、工信部、公安部、国家广电总局、文化和旅游部等；在地方监管层面，有当地政府的互联网信息办公室、公安机关、社会文化综合执法组织、广电行政主管部门等。由于没有形成系统协调的监管制度，各个部门或单位在监管过程中容易产生双重处罚现象。其次，网络直播平台的监管技术目前还相对落后乏力。负有第一监管责任的网络直播平台，平时在监管直播内容的过程中，通常采用机器与人工的双重审核，然而直播是即时性的，如果采用人工实时监控，就会耗费高昂的人力成本；如果全部交给机器监管，又会导致第三方图像识别服务滞后。再次，针对网络直播的立法规范体系化建设还有待进一步完善。我国目前对网络直播领域进行监管的法律法规依据主要是《网络安全法》《互联网直播服务管理规定》《互联网文化管理暂行规定》和《中国互联网行业自律公约》等。网络媒体的快速发展，“使得规制网络传播行为路径与托付碎片化现象严重，并且还存在着概念和内容交叉重复，需要加快良好体系化建设的步伐”①。

三、网络淫秽、色情信息传播的治理对策

针对网络空间层出不穷的各种淫秽、色情信息的治理问题，我国各级党委和政府应该在理论和实践两个维度开展有效探索，也应当从道德伦理和法律法规的层面进行约束和管治。首先是通过制定、健全和完善网络监管的法律法规，建立全景式的规制体系；其次是打造网络警察监管队伍，对网络中的淫秽、色情信息进行检索并予以及时惩处；最后是采取敏感词过滤措施来过滤网络淫秽、色情内容。有的网络色情传播网站，通常是打一枪换一炮，不断改变链接地址，不会长时间只用一个网络地址。网络新媒体主要是广泛应用了计算机技术、数字技术和网络技术，因此，引入最新技术手段治理网络必将成为网络规制的趋势。现如今，世界上许多国家都在利用现代科技手段规制网络淫秽、色情内容的传播，“并且把内容分级制度作为治理网络的主要技术手段，通过以内容分级制度为支点，以网络使用者为中心的规制模式已逐渐发挥出明显作用”②。

（一）实行“扫黄打非”与“净网行动”常态化

要杜绝网络淫秽、色情信息的传播，就必须对其实行综合治理。既要依靠法律法

① 胡航．网络色情直播犯罪研究［J］．网络安全技术与应用，2023（01）：137－138．
② 张志铭，李若兰．内容分级制度视角下的网络色情淫秽治理［J］．浙江社会科学，2013（06）：66－74．

规，也要动用行政手段，还要加强行业自律、社会监督和网民法治意识的提升。要使治理淫秽、色情与涉黄信息网络传播效果的最大化，就应该实行“扫黄打非”与“净网行动”的常态化，不能搞运动式的“一阵风”。只有用最强的力度在最大范围内净化网络文化环境，才能对违法犯罪人员形成长久的威慑力，不让他们等到风头过后又“东山再起”。实现淫秽、色情信息网络传播治理的常态化，应该重点做好以下几个方面的工作。

（1）进一步健全和完善淫秽、色情信息网络治理的法律法规。在社会主义核心价值观和依法治国的现代化治理背景下，伦理传播和依法治网也必须落到实处。法律法规的权威性、规范性和强制力是网络治理的强有力武器，只有依靠法律法规，才能增强网络监管的严肃性与合理性，在保证治理效果更加彻底的基础上使治理效果更加长久。

（2）继续增强政府部门对网络淫秽、色情信息的监管能力。党委与政府部门要加强对网络淫秽、色情信息监管的领导性、系统性与协调性，避免因监管职能交叉而出现监管空白地带，确保监管体系的整体性。同时，要明确各相关部门的权限和职责，加强部门之间的合作与协调，在日常监管中相互配合，通过共同发力取得监管的最大效果。

（3）制订网络淫秽、色情信息治理政策要有前瞻性。随着网络技术的快速发展，各种信息会鱼龙混杂、泥沙俱下，因此要不断出台新的治理举措，改变在网络淫秽、色情信息政策上相对滞后的治理现象。主管部门要及时发现问题、主动引导，有效维持正常的网络秩序，日渐完善网络淫秽、色情信息的治理政策，坚决杜绝网络淫秽、色情信息给社会所造成的负面影响。

（二）妥善处理价值理性与工具理性的关系

在处理网络传播淫秽信息的过程中，应该有价值理性、工具理性谁优先的考量。前者以理想信念和社会终极价值而非现时利益为目的，对现实功利代价和工具效率予以后置考虑；后者则强调根据工具有效性，对能够带来眼前利益的目的予以认可，并对可达到目的的手段加以优先考虑。现如今，“在网络运营所承担的法律责任认定方面，总体上还是倾向于看重工具理性优先，倾向于技术运用的效率而忽略社会责任的公平配置”①。事实一再证明，只靠技术难以管好传播内容，技术发展也必须考虑社会发展的伦理要素和法规要素。

要实行价值理性优先，不妨从以下几个方面着手。一是增加正能量信息的链接板块，纠正网络空间文化的价值偏向。重点是要求已经有相当粉丝基数的网络主播宣传

① 陈堂发．互联网安全中的淫秽色情内容治理严格责任问题［J］．南京邮电大学学报（社会科学版），2016，18（03）：1-6，15．

社会伦理道德和社会主义核心价值观，并将网络道德规范作为对主播进行培训的重要内容，努力在网络直播领域形成积极奋进、健康向上的文化价值目标，培养网络直播主体和客体的健康趣味。二是提升犯罪成本，降低网络犯罪发生的概率。根据犯罪经济学理论，犯罪成本提高后，犯罪风险也会增加，在一定程度上能有效遏制犯罪事件的发生。对那些可能利用网络技术搭建淫秽、色情信息传播平台的嫌疑人，可以对其进行身份识别和监控，限制其从事计算机网站操作的频率；对网络直播平台招募的主播，要进行资格审查，以网络道德规范作为审核标准，通过培训和考核，提高时间成本，预防犯罪。三是形成监管合力，实行综合治理体系。现如今，涉嫌网络、淫秽色情信息传播犯罪的主体已经多元化，除了主播、平台经营者和用户外，还有“家族长”、非法引流从业者、卡密代理人员等。因此，对网络淫秽、色情信息传播活动的监管，离不开各个部门之间的沟通与协调。只有加强各级党委和政府在网络监管中的主体地位，网信办与相关部门明确各自的监管职责，才能实现科学化、系统化的治理。四是完善前瞻性立法机制，避免依靠司法解释的补充降低法律权威。网络淫秽、色情信息的传播犯罪形态较多，包括制作、贩卖、传播淫秽物品罪，组织淫秽表演罪，帮助信息网络活动罪，拒不履行信息网络安全管理义务罪等。在司法实践中，审判机关要在法律中找到完全对应的条款会有实际困难，有时只得依靠司法解释的补充内容来对犯罪分子进行定罪，这会降低法律的权威性。因此，在立法层面，要对网络传播淫秽、色情信息的犯罪行为进行细分和精准界定，划清各犯罪主体的刑事和民事责任。

（三）以网络平台为重点实行网络传播综合治理

在自媒体时代，要有效治理网络空间的淫秽、色情信息传播犯罪现象，必须把合法经营作为监管平台的重点工作来抓。首先，直播平台必须取得经营资质才能从事合法经营，这些资质应该包括信息网络传播视听节目许可证、网络文化经营许可证、营业性演出许可证、广播电视节目制作许可证、增值电信业务经营许可证等。其次，直播平台要加强对网络主播的管理，不能允许主播在直播间通过刷弹幕、做广告、打擦边球等途径为淫秽、色情直播活动引流。在监测过程中一经发现网络主播有不轨行为，就应该立即处理，拉入黑名单并对外公布，涉嫌犯罪的还必须及时移交公安机关处理。再次，直播平台要落实用户实名制注册，通过身份证号码、电话号码的查验认证平台用户的真实身份。同时设置弹幕屏蔽机制，屏蔽含有低俗、色情、谩骂暴力内容的语句，统计经常出现的涉嫌宣传淫秽、色情直播的弹幕次数。最后是提倡扁平化的主播结构。直播平台要实行去家族长化，“由平台与网络主播直接分配利润，让网络主播更愿意留在平台，在压缩家族长存在空间的基础上争取去家族长化”①。

---

① 张明晗．网络色情直播犯罪的治理对策：以家族长为视角［J］．安徽警官职业学院学报，2022，21（02）：52－56，80．

案例 9-3

带货主播“媚丑”引流令人无法直视

近日，一场直播带货将“疯狂小杨哥”的徒弟“红绿灯的黄”拽入舆论旋涡，该事件被作为典型案例收入中国消费者协会发布的《2023 年“双 11”消费维权舆情分析报告》（以下简称《报告》）中。

报告指出，“红绿灯的黄”在直播间带货某品牌气垫时，形象邋遢，表情狰狞。在直播截图中，她甚至一度叉开腿蹲在桌上，姿势颇不雅观。

不少网友质疑这场直播带货过于低俗：“680 元的高定气垫看起来就像 9 块 9”“好好的高端品牌瞬间变得低俗了”“我会买地摊货，也会买品牌货，但是不会去地摊里买品牌货”……

随着直播带货的迅速崛起，一些“网红”抓住部分网友猎奇和“审丑”的心理，通过刻意扮丑、装疯卖傻来吸睛圈粉完成带货，但此类低俗带货行为越来越引起大多数消费者的反感。中国消费者协会监测数据显示，10 月 20 日至 11 月 16 日监测期间，有关“直播带货”负面信息达 156.5 万条，占吐槽类信息的 47.99%，涉及价格垄断、低俗带货、虚假宣传等问题。

接受记者采访的专家指出，近年来我国相关部门、短视频平台、电商平台等陆续出台相关规定对直播带货乱象加强治理，但仍然有一些主播靠着低俗、打擦边球出圈引流，背后罪魁祸首就是流量变现。低俗带货不但玷污了互联网生态秩序，还违背了直播带货的初衷，大幅拉低消费者的购物体验。①

对于网络空间的科学治理，习近平总书记指出：“网络空间是亿万民众共同的精神家园。网络空间天朗气清、生态良好，符合人民利益。网络空间乌烟瘴气、生态恶化，不符合人民利益。”② 网络不是法外之地，网络直播和短视频等视听新媒体不能成为淫秽、色情信息传播的新载体。要打击和惩治网络空间的淫秽、色情信息传播行为，当务之急是必须建立一套长效的治理机制，在实行“群防群治”的基础上，落实监管各方的责任，对利益链上所有非法获利主体，如平台、运营商、接入服务商、域名注册服务商、广告商、第三方支付方等相关单位或个人进行动态监管，应追究刑事责任或民事责任的，决不姑息。网民也要通过道德自律和法规他律，尽量规避网络平台和渠道传播的淫秽、色情信息，通过规范各方的网络行为，建构一种网络传播伦理话语体系和法律法规体系，来共同营造风清气正的网络空间，共享精神生活的幸福家园。

---

① 文丽娟，毕冉．带货主播“媚丑”引流令人无法直视［N］．法治日报，2023-12-05.

② 习近平．在网络安全和信息化工作座谈会上的重要讲话［N］．光明日报，2016-04-26.

关键词

网络空间；淫秽色情信息；法律规制；治理措施

思考题

1. 网络空间淫秽、色情的传播的主要特征有哪些？
2. 网络直播中淫秽、色情信息屡禁不绝的原因是什么？
3. 怎样看待网络淫秽、色情信息的社会危害性？
4. 如何对网络中的淫秽、色情信息传播行为进行综合治理？

扫一扫

拓展数字资源

第十章　网络传播侵权问题的治理策略

在互联网时代，网络侵权现象涉及的范围比较广，主要有侵犯名誉权、隐私权、个人信息保护权、肖像权和知识产权等。在侵犯名誉权方面，攻击者通过散布虚假信息甚至造谣诽谤等手段，来达到贬损公民、法人和其他组织名誉的目的，受攻击的对象除了机关、企事业单位的负责人外，还有社会各界的名人明星等。随着互联网的快速发展，侵犯隐私权和个人信息保护权方面的问题更加严重，许多未经公民本人许可的姓名、住址、电话号码、身份证信息、财产等，会被随意在网上公开，这对公民的学习、工作和生活带来了严重干扰和影响。网络侵权的治理是一项综合工程，需要各级党委和政府、社会企业、服务商、行业协会、监管部门和网民齐心协力，才能营造一个开放、文明、安全、规范的网络环境。

第一节　网络侵犯名誉权与隐私权

网络媒体的快速发展，为广大网民的话语表达带来了诸多便利性，随之而来的是网络侵犯名誉权和隐私权的多发现象。当下，网络空间与现实生活已经密不可分，尤其是传播速度快、传播范围广、影响力大的社交平台，既为网民发表自我意见提供了更多机会，也带来了一系列治理问题，其中有不少还演变成了线下矛盾纠纷。网络不是法外之地，公民在享受言论自由之时要遵守伦理法规。侵害公民和法人名誉权的行为主要有两种：一是侮辱；二是诽谤。侮辱的表现形式一般为故意辱骂和丑化他人，贬损他人的人格和人格尊严；诽谤是通过捏造并散布虚假信息导致公民或法人的名誉受损。网络侵犯名誉权，主要是指侵害者利用网络发布各类侵犯公民或法人名誉的信息，使公民或法人的社会评价降低的行为。虽然网络属于虚拟世界，但它与现实社会的关系越来越密切。随着网络空间中侵犯名誉权和隐私权现象的加剧，需要不断加强人格权的保护机制。

一、侵犯名誉权与隐私权归属于侵犯人格权

从法律层面上来讲，侵犯名誉权和隐私权归属于侵犯人格权。通过网络侵犯人格权的类型基本上有以下四种：

（1）侵害名誉权。侵犯名誉权的行为通常是侮辱和诽谤，并且让第三者知道，导致被侵权人的社会评价降低。侵权行为人既有可能是一般网络用户，也可能是网络平台从业人员；侵权对象既可能是自然人，也可能是法人。侵权途径包括网络新闻报道，博客、微博、抖音等自媒体，网络社区、论坛、贴吧，电子邮件等。

（2）侵害隐私权。目前通过网络侵犯隐私权的形式有以下四种：制造计算机病毒攻击他人网络，导致用户个人网络数据丢失；在网上擅自公开他人隐私；网络平台在用户注册申请会员后，受利益驱使出售会员信息；网络服务商有意公开或售卖个人隐私信息。

（3）侵害肖像权。网络侵犯肖像权行为虽然普遍，但侵权是否成立需具备两个必备条件，即未经本人同意擅自使用他人肖像和以营利为目的。实际上，肖像权的构成要件不应该包括以营利为目的，这是由于依据人格权的一般原则，人格尊严并不都具有经济价值，有时在不以经济利益为目的的条件下侵犯人格尊严，也有可能构成侵权。“如未经本人同意就擅自将他人的头像与别的裸体拼接在一起，这种行为也就构成了侵犯他人名誉权，而不仅仅是侮辱和诽谤”①。

（4）侵害姓名权。公民的姓名是一种区别于他人的符号，侵犯姓名权的行为在网络空间表现为干涉、盗用、假冒他人的姓名，盗用他人姓名在网络上进行诈骗或其他非法行为。姓名在网络空间还可以扩展为网名。法律保护姓名权的目的是使公民与他人之间能够区别，网名能够区分公民的虚拟身份，因而其也应受到姓名权的保护。对其进行删除、盗用等都可以看成是侵犯公民的人格利益，属于侵权行为。

二、网络侵犯名誉权的特征

名誉权通常是指社会或他人对特定自然人、法人和非法人组织的形象、才干、资历、品行、信誉和声望等多方面作出的评价，对民事主体的人格尊严和社会地位能产生重要影响。作为名誉权的受益方，民事主体根据他人对自己的评价能够获得精神上的愉悦，同时可以利用自身的良好信誉取得财产上的收益。名誉权作为一种人格权利，获得主体既可以是自然人和法人，也可以是非法人的组织。

网络侵犯名誉权的特征主要有三个。一是侵权行为相对隐蔽。受害人在自己不知不觉的情况下就被侵权，并且侵权所在地和侵权人还存在着不可知性和不确定性。二

---

① 任晓璨．通过网络侵犯人格权类型化研究［J］．法制博览，2018（02）：98－99．

是侵权受害者存在着虚拟性。用虚拟网名的两个人在网络空间互相侮辱、诽谤以及谩骂，在现实生活中却没有第三人知道他们的真实身份，那么就不会影响受害者的社会评价，这就难以认定网络侵犯名誉权。三是责任主体多元。在网络名誉侵权案件中，涉及信息原创者、传播者、转发者、网络服务供应商等，责任主体多元，受害人难以选择和认定责任人，因此维权难度大。

三、自媒体成为网络侵犯名誉权主体

网络侵犯名誉权现象主要发生在自媒体传播领域。自媒体虽然为公民自由发表言论提供了更多便利，拓展了表达渠道，但由此带来了大量的名誉侵权问题。人和社会团体名誉权受民法保护的案件类型：一是个人权益与法人名誉权侵权冲突类型；二是媒体舆论监督与法人名誉权侵权冲突类型；三是企业评论与法人名誉权侵权冲突类型。其中第一种类型案件主要由消费者批评企业产品或服务、个人维权、投诉检举、个人网络言论等原因引发。

（一）自媒体侵犯名誉权的特点

自媒体侵犯名誉权有两个特点。一是对特定个体名誉的侵害与一般性的侵犯名誉权存在着差异性。在一般性的侵犯名誉案件中，只要构成侵害的内容被第三方认知，就直接构成名誉上的侵权；而自媒体侵犯名誉权是由多个主体实施的。二是自媒体侵权内容只针对特定对象，指向性非常明显，在侵权内容上具有诽谤性质。我国侵犯名誉权事件多，只靠人为管理还不够，需要加强伦理与法治教育，用惩戒罚款与法律审判案件来教育广大自媒体经营者才能起到更好的示范效应。

（二）自媒体侵犯名誉权的原因

自媒体侵犯名誉权的主要原因有两点。一是自媒体侵犯名誉权的主体与认定的过错标准比较混乱。由于网民在网络语境中的话语权相对比较宽松自由，发表言论缺乏限制性规定，部分网民在表达时就会随心所欲。许多自媒体侵犯名誉权的案件，主要是由造谣、诽谤和恶意诋毁以及任性谩骂等行为引起的矛盾纠纷，对他人精神上造成的是普遍性伤害，很难对主体过错进行认定。二是自媒体行业自我约束能力不够。由于自媒体行业的自我约束能力薄弱，部分自媒体人为了吸引粉丝和扩大流量，随意发表诋毁他人的言论，甚至传播流言和谣言，“从而引发众多侵犯名誉权事件。自媒体还会带来很大的群体传播效应，更加容易对被侵权人构成致命打击”①。

（三）自媒体侵犯自然人的名誉权

如果在微信、微博、抖音等社交平台发布损害他人名誉的信息，那么就有可能会

---

① 黄有丽. 自媒体侵犯名誉权责任辨析及法律规制［J］. 新闻爱好者，2023（06）：64-66.

侵犯他人的名誉权。公民的名誉权受法律保护。《中华人民共和国民法典》对保护民事主体的名誉有明确规定，如果构成侵权，行为人就必须承担相应的法律责任。因此，公民在社交平台发言时应该进行合理表达，共同维护文明、健康、有序的网络环境。微信作为一种全新的社交平台，目前已成为人们进行日常沟通与交流的重要工具，无论是在微信群还是朋友圈内，经常会有人肆无忌惮地发表各种言论，甚至辱骂和诽谤他人，既侵犯了他人的名誉权，也会造成一系列纠纷。

在侵犯名誉权的案件中，娱乐明星与企业家经常会成为主要对象，侵犯主体主要有独立网民、有影响力的网民和网络水军三类。就独立网民而言，他们对于娱乐明星以及企业家发表的言论一般是基于公开报道有感而发，无论是批判还是谩骂，都属于随意而为，没有获取经济利益的目的。所谓有影响力的网民，就是那些在互联网空间活跃度比较高的网络大V。由于他们的影响力比独立网民要大得多，因此理应有更高的注意义务，发表言论或者转载需要更加谨慎。如果他们主观上是为了经济利益故意去造谣，煽动网民的不满情绪，造成重大影响并带来不良后果，那么就应该追究他们相应的法律责任。至于网络水军，则大多是有特定利益驱动的雇佣者。他们通过有偿发帖、跟帖等手段传播虚假信息，通过有目的有组织地发帖，制造舆论氛围，获取非法收益，这就是人为操纵舆论的基本模式，即有组织地影响某个话题的走向，从而对娱乐明星与企业家的人格权进行侵害。“对于网络水军，可以追究其侵犯娱乐明星名誉权的法律责任，涉嫌诽谤罪的，还应该追究他们的刑事责任。”①

（四）自媒体侵犯法人和其他组织的名誉权

发帖人在网络空间发布降低公益组织社会评价的言论，既会严重影响公益组织的正常工作，还会侵犯公益组织的名誉权。2020年11月12日晚10时，江苏省东台市蓝天防减灾应急救援中心接到附近派出所民警的电话，要求协助对一名落水者进行搜救。次日下午3时，东台市蓝天防减灾应急救援中心搜寻到落水者。11月15日，东台市蓝天防减灾应急救援中心在东台人论坛发表“协助城北派出所搜寻疑落水者小结——东台蓝天救援”的帖子。2020年11月16日15时，网民朱某在该论坛发表“协S要价”的评论，这个帖子的浏览量达7700多次，并产生了一系列后续负面影响，导致东台市蓝天防减灾应急救援中心名誉受损。2021年2月，东台市蓝天防减灾应急救援中心把网民朱某起诉到了东台市人民法院，请求法院判决朱某停止侵害名誉权的行为并赔礼道歉。东台市人民法院经过审理后认为，根据我国《民法典》第一千零二十四条规定，“民事主体享有名誉权”，即民事主体享有维护其自身名誉的权利，任何个人和组织不得以侮辱、诽谤等方式对其名誉权进行侵害。《民法典》第一千一百九十四条又

① 吴雨婷. 网络舆情下娱乐明星名誉权的保护与限制［J］. 黑龙江人力资源和社会保障，2022（14）：93-95.

规定，“网络用户、网络服务提供者利用网络侵害他人民事权益的，应当承担侵权责任”。为此，法院依法作出判决：“被告朱某停止对原告东台市蓝天防减灾应急救援中心名誉权的侵害，并在东台人论坛上发布向原告赔礼道歉的声明。”①

我国《民法典》第一百零九条规定：“自然人的人身自由、人格尊严受法律保护。”第一百一十条规定：“自然人享有生命权、身体权、健康权、肖像权、名誉权、荣誉权、隐私权、婚姻自主权等权利。”② 名誉权是指自然人和法人就其自身特性所表现出来的社会价值而获得社会公正评价的权利，客体是名誉，就是社会和公众对特定人的评价。虽然网络是虚拟空间，“但公民或法人的名誉权是现实社会的延伸，同样也应该受到法律保护”③。

四、保护隐私权要合法处理私密性与公开性的关系

（一）个人隐私涉及公民生命财产和人格尊严

在大数据技术与智能算法面前，自然人不但已经没有什么隐私可言，甚至连兴趣爱好、衣食住行、消费习惯以及生老病死等信息也无法完全隐匿。但个人的隐私权利关系到公民的生命财产安全和人格尊严，在人们的日常生活中占据着重要地位，信息处理者必须在法律规定和信息主体同意的基础上，才能合理正当地对其进行使用。所谓隐私权，就是公民的私人信息和享有的私人生活安宁，是受到法律保护的，具有不受他人知悉、使用、侵扰、披露、公开等权利。在网络空间，如果有人为了非法盈利目的，未经本人同意就通过非法手段获取他人隐私，宣扬他人隐私、传播和扩散他人隐私，那么就构成网络侵权，这种隐私包含姓名、头像、职业、地址、兴趣、爱好等方面内容。《民法典》第一千零三十四条规定：“对私密信息的保护应当优先适用隐私权”，因此，对涉及侵犯个人信息的案件，“首先要看这是否属于私密信息，然后才能判断到底应该从人格权还是个人信息权益的角度来保护”④。

（二）隐私权与个人信息保护权的联系与区别

网络用户通常拥有两个身份，即真实世界中的社会身份和虚拟世界中的数字身份，后一种身份也叫在线身份和终端身份，是在数字技术和网络平台支持下发展起来的新标识，主要活动场所是虚拟空间。“与真实世界中一样，虚拟世界中也存在着身份塑造、身份伪装、身份识别、身份追踪和身份消解等现象，因此对网民真实身份的确定，

---

① 唐闻声，张计玉．网络言论侵犯公益组织名誉权的判定［J］．人民司法，2023（02）：65－68.

② 中华人民共和国司法部．法律法规全书［M］．第十九版．北京：中国法制出版社，2021（2）：8.

③ 邵爽．网络环境下名誉权的保护研究［J］．中外企业家，2015（23）：240.

④ 贾枫，薛智峰，张晨曦．民法典视角下隐私权和个人信息保护制度研究［J］．文化学刊，2023（08）：133－136.

面临着以前从未遇到过的难题。”①

个人隐私属于法律规定的独立人格权。《民法典》第九百九十条规定：“人格权是民事主体享有的生命权、身体权、健康权、姓名权、名称权、肖像权、名誉权、荣誉权、隐私权等权利。”② 隐私权与个人信息保护权是既有联系交叉，又有区别的法律范畴。隐私权的法理基础是公民私生活不受干扰的权利；个人信息保护权强调公民对自己个人信息的控制。隐私权要解决的核心问题是私密性与公开性的关系；个人信息权要处理的核心问题则是个人信息的保护与社会利用问题。网络时代隐私权的侵权责任主体可能会是网络内容提供者、网络服务者和相关中介业务使用者，因此，网络空间隐私权侵权的责任主体不是唯一和固定的。

（三）网络侵权对受害人造成的后果

名誉权与隐私权都属于人格权。网络侵权对受害人会造成三个方面的后果：一是会产生公众对受害人发表贬损性言论，周围人会疏远、误解、排斥受害人；二是会导致受害人精神痛苦；三是会给受害人带来财产上的损失。因此，网络侵权行为与侵权事实之间存在着因果关系。网络空间除了存在“一对一”的侵犯名誉权和隐私权现象外，还出现了“一对多”的自媒体侵权情况。如多名自媒体人通过网络平台对某个明星或公众人物侵权。由于自媒体门槛低、易操作，任何人都能够创建属于自己的“媒体平台”，并且传播各类信息不受时空条件的限制，既可以快速发布，还能够广泛传播，而其信源的真实性又无法得到保障。因此，对自媒体侵权的治理，需要引起主管部门的高度重视，我们既要发展自媒体传播产业，也要管好每个网民的网络合法权益，形成健康有序的网络空间与传播生态。

案例 10-1

微信群里骂他人　侵犯名誉被判赔

与人吵架时情绪上头可以理解，但在朋友圈、微信群公开发表不当言论、辱骂他人，可能会涉及侵权问题。近日，太原市万柏林区人民法院审理了一起因微信群内辱骂他人引发的侵权案件。

小美（化名）与小帅（化名）因在微信群购买宠物相识，2022 年 1 月，双方因购买的宠物出现问题产生纠纷，多次协商未果。2022 年 3 月，小帅在小美所在的 3 个宠物交易微信群内对其进行了持续性的侮辱谩骂；5 月，又再次捏造不正当言论在宠物交易微信群内扩散，持续以文字形式散布关于小美的污言秽语，从而达到其故意贬低

① 孙为. 交互式媒体叙事［M］. 北京：中国传媒大学出版社，2020：173.

② 中华人民共和国司法部. 法律法规全书［M］. 第十九版. 北京：中国法制出版社，2021（2）：41.

小美人格的目的。

小美认为，小帅这种通过互联网故意捏造事实进行诽谤的行为已侵犯了自己的名誉权，扰乱了自己的正常生活，并在相关行业领域内给原告的人格及名誉造成了恶劣影响。小美遂诉至法院，请求判令小帅赔偿因侵犯其名誉权行为而造成的商业信誉损失及精神损失费共计 3 万元；小帅当面向自己赔礼道歉、恢复名誉，并在相应报刊、媒体、社交网站及行业微信交流群内公开。

小帅辩称，小美也曾在微信等社交软件上辱骂自己，且 2022 年 3 月自己因故无法使用手机，不可能与小美在微信群中对骂，小美名誉受损与其行为没有直接因果关系，且小美未举证证明其损害后果的产生。

法院认为，言论自由系公民的基本权利，应予以充分保障，但公民行使言论自由必须遵循两个前提：一是言论不能危害国家安全和社会秩序，二是言论不能侵犯他人权利和名誉。名誉权作为人格权之基本权利，系法律赋予公民、法人的一项重要民事权利，公民享有名誉权，公民的人格尊严受法律保护，禁止用侮辱、诽谤等方式损害公民的名誉。根据本案查明的事实，小帅在 3 个宠物交易微信群中发表针对小美的侮辱及不实言论，存在主观故意和恶意。由于案涉微信群具有一定的公开性，加之网络信息具有传播快的特点，小帅的上述行为无疑会使小美在其行业领域内社会评价降低，名誉受损。故小美要求被告赔礼道歉，为其恢复名誉等诉讼请求，符合法律规定，法院予以支持。对具体承担侵权民事责任的方式及赔偿数额，法院将综合侵权行为、过错程度、损害结果、影响力大小等酌情予以确定。

综上所述，法院判决小帅于判决生效之日起 15 日内，在案涉 3 个微信群中向小美发表道歉声明，如逾期未履行上述判决义务，法院将以公告方式将判决书的主要内容予以公布，费用由小帅承担；小帅于判决生效之日起 15 日内向小美支付精神损害赔偿金 5 000 元。①

第二节　网络侵犯个人信息保护权

随着大数据时代的到来，许多网络平台获取个人信息更加方便，从而导致维护个人信息保护权的难度越来越大。网络服务商和平台管理者能轻而易举地掌握注册用户的信息数据，注册用户却不知道自身的个人信息有没有得到依法保护，造成互联网平台管理方与用户方存在信息不对等的局面。如用户在网络购物时，会填写大量的个人

① 王旻，张馨艺. 微信群里骂他人　侵犯名誉被判赔 [N]. 山西法治报，2023-08-22.

信息，最普遍的情况是购物者必须把自己的手机号码和收件地址发给购物平台，这就给个人信息的泄露提供了机会。

一、大数据技术使个人信息保护面临严峻挑战

传统数据处理模式很难处理海量的信息，在大数据技术快速发展的过程中，人工智能可以对人的思维、意识和信息产生情况进行模拟，人类借助智能技术能够对各种信息的获取由被动逐渐转变为主动。数字技术、智能技术已经广泛深入人们现实生活的各个层面，给个人信息的保护带来了严峻挑战。进入万物互联的 Web3.0 网络时代后，自然人的外在世界、环境万物已经被嵌入数字智能化网络，并被抽象地变成为一个个“连接点”，他们的个人信息变成了数字智能化网络的一部分，被观察、被链接、被消费，甚至被数字智能化装置感应、捕获、传送，然后再转化为电子痕迹或者数字载体，人类社会整体上已经进入了一个新型的数字化时代。

（一）万物互联使个人世界被信息化

在万物互联时代，可以用来上网的电脑和手机，以及无处不在的摄像探头、监控设备、行车记录仪等装置，都可以使个人信息主动或者被动地在网络中留下痕迹。这些痕迹对于网络平台来说，既能够成为输入性的信息资源，也可以经过智能技术处理后作为一种全新的信息输出产品，甚至还有可能成为觊觎者直接窥视、侵害的对象。进入信息化社会后，自然人和他的个人世界也在被不断信息化。网络平台强大的算法功能，既可以使信息的推送更加精准高效，还能高质量地满足社会群体性和自然人个体性的各类信息需求，更能够使自然人个体的个人信息不断向网络平台集聚。为此，人们日常的网络行为都会在相关网站留下痕迹，“当数据累积到一定数量时，网络平台就可以通过智能算法技术进行分析，并且能够达到非常高的精准度”①。

个人信息是网民学习、工作、生活等状态和社会活动等个人情况的载体化表达，具有个人世界的封闭性和私密性。如果被电子载体数字智能化，那么自然人就会失去对其个人信息封闭性、私密性的绝对控制权。网络平台对自然人个体私密信息的介入和利用，让自然人会防不胜防，并且自然人也没有可以进行制衡的保护能力，而具有技术优势和服务功能的网络平台却可以随意控制、支配、处理、删改、伪造自然人的个人信息。因此，对个人信息保护权的问题需引起高度重视。

（二）个人信息具有社会价值和商业价值

在大数据技术快速发展的时代，个人信息的社会价值和商业价值已日渐凸显。一是对个人信息的处理具有潜在的社会权利。公民个人信息一旦被网络平台载体化，控

---

① 王海明．数智化形塑中个人信息权益的失衡风险与新平衡［J］．浙江学刊，2023（06）：116－128.

制权和支配权就会脱离自然人进而转向网络平台。于是，网络平台能够通过对公民个人信息的精准分析，操控公民信息供给，公民日常习惯和行为都可以被掌握，网民的政治态度、关注对象、价值倾向等都能够被预测。例如，在杭州保姆纵火案的侦查过程中，民警就通过手机调阅，发现保姆在案发前查询了如何实施纵火的相关信息，留下了相关数据证据，这就是数据信息的应用价值。二是随着信息的海量积聚和算法技术的兴起，个人信息也逐渐凸显出一定的市场价值、社会价值和治理价值。不容忽视的是，个人信息作为一种特殊的信息产品和信息资源，与其他信息一样，也具有商业价值。实际上，个人信息目前已成为某些商业化网络平台的捕获目标，形成了一个非常庞大的信息利益产业链。

在网络平台社会，消费者的个人信息可以被广泛应用于产品开发、商品营销、市场拓展和服务创新等多个方面，已成为企业和商家发展与竞争的重要资源，经济价值巨大。消费者个人信息的重要特征之一是具有可确定性，既可以单独使用，也可以与其他信息结合起来使用，以识别自然人的独特身份和相关消费趋向。然而，消费者个人信息中反映出来的诸如生活习惯、个人喜好和购物记录等却具有一定的隐私保护性，不能被他人和机构擅自公开、泄露和滥用。随着网上购物、网络订餐、网络订票、预约酒店和其他网络消费活动的普遍化，消费者个人信息的安全问题必须引起高度重视。例如：有人刚购买了汽车，推销车险的电话就很快打过来；有的人刚浏览了一个购物网站，推销商品的电话就跟着而来；有人刚购买了房子，装修、贷款、卫生等营销电话就伴随而来。这些都是由于公民的个人信息被泄露所造成，虽然表面上看没有引起民事纠纷，其实正是对公民隐私的冒犯和侵害。

（三）电子商务成为个人信息泄露的重灾区

在网络购物社会，电子商务已经渗透到人们日常生活的各个角落，随之而来的是个人信息的保护也面临着严峻挑战。在电子商务中，网络用户很难知道自己的个人信息被商家和平台采集使用的范围，缺乏应有的知情权、选择权和控制权。有的电子商务企业不但数据防护安全措施不力，还有可能把用户的个人信息与第三方共享，尤其是随着物联网、区块链、人工智能等新技术的应用，更是增强了用户个人信息被泄露和被盗用的风险。只有及时更新加密算法，采用更强的加密措施，才能防范某些个人和组织利用不当手段获取数据进而侵犯数据主体的合法权益。“数据共享涉及私有数据的安全和分割问题，要在技术和管理等多个方面采取有效防范措施，才能杜绝用户个人信息被滥用和被盗用”①。

电子商务活动中个人信息的主要保护措施如下：一是收集目的要明确，坚持必要、

① 郝芯．电子商务时代大数据应用与个人信息保护的规范与实施对策［J］．山西省政法管理干部学院学报，2023，36（04）：89-92.

正当、合法的原则进行信息收集；二是公民有权知晓机构和平台收集的个人信息的范围及使用方式；三是应该向用户明确告知收集个人信息的类型、使用方式、共享对象等内容，让用户有选择权；四是注重对个人信息安全的保护，防止泄露或被非法获取；五是在跨境传输个人信息时，应保证接收国家或地区能提供足够的数据保护措施，并征得用户同意；六是对侵害个人信息保护的违法行为，除了采取罚款、停业整顿等措施外，还要为个人提供追究责任和赔偿的法律途径。

人们在通过社交媒体进行沟通时，也会不经意地泄露大量的个人信息。公民的个人信息具有天然的私权属性。根据我国《个人信息保护法》的相关规定，个人信息是指可以被记录和识别的与自然人相关的信息。其中最明显的特征就是可识别性，他人能够通过相关的信息来了解信息相关的主体。我国《民法典》关于人格权的条款中也有对个人信息保护的规定，“即利用个人信息必须经过相关主体的同意，同时赋予主体删除权和更改权”①。个人信息不但会被相关主体利用，网络平台也能够通过获取用户数据来分析、精算出用户的消费习惯、兴趣爱好以及心理特征，或者针对用户需要增强用户黏性，定点投放广告，实施精准宣传，从而获取更大的经济利益和社会效应。因此，个人信息背后所隐含的财产价值已在不断显现，这是不同于传统媒体时代的新型消费形态，也是大数据时代的伦理困境。

（四）生成式人工智能给个人信息保护带来新问题

随着生成式人工智能技术的广泛应用，个人信息保护又面临着新的挑战。2023 年 3 月 20 日，ChatGPT 发生了一起严重的信息安全事故，部分网络用户的姓名、聊天记录、信用卡信息、电子邮件地址和付款地址等信息被泄露。3 月 31 日，意大利数据保护机构 GPDP 宣布，由于 OpenAI 未经同意收集、使用和披露个人信息，即刻对 ChatGPT 施加暂时限制，成为全球范围内第一道针对 ChatGPT 的政府禁令，“这表明，生成式人工智能技术可能会给个人信息保护带来潜在的风险”②。以 ChatGPT 和 Sora 为代表的生成式人工智能技术在美国成功推出后，已成为推动大数据革命的标志性事件。ChatGPT 通过收集海量数据来形成庞大的语料库，再通过模型训练，使其能够理解和学习人类语言，然后进行交流对话和内容生成，而 Sora 的视频生成也是大数据收集计算后的模型转换，也会关系到个人信息的安全保护。在数据收集与分析的过程中，会涉及大量的个人信息处理，这无疑会对个人信息保护构成威胁。为规范生成式人工智能的应用，中央网信办与发改委、教育部、科技部等 7 个部门于 2023 年 7 月 13 日公布了《生成式人工智能服务管理暂行办法》，并于 2023 年 8 月 15 日起施行。这个管理办法对生成性人工智能服务的有关伦理边界和法规问题进行了详细阐述，一定

---

① 李浩博．互联网时代个人信息保护问题研究［J］．法制博览，2023（31）：33－36.

② 钭晓东．风险与控制：论生成式人工智能应用的个人信息保护［J］．政法论丛，2023（04）：59－68.

程度上能有效制约信息保护。

二、侵犯个人信息保护权的表现特征

当前，侵犯个人信息保护权的特征主要体现在以下三个方面。一是个人信息被过度收集。无论是办理会员卡还是在一些网站注册，都会要求公民提供手机号码、身份证号、工作单位、家庭地址等信息，而公民在使用社交账号登录某些由第三方提供服务的网络平台时，平台不但要求公民提供社交工具账号，还会要求公民提供刷脸头像。有的应用软件在收集个人实时定位的基础上还会收集与服务无关的公民通讯录。二是个人信息被擅自披露。随着个人信息的社会化利用程度越来越高，某些机构擅自泄露和滥用个人信息的现象非常普遍和随意。人们在日常生活中之所以会经常接到各种骚扰电话和垃圾信息，就是个人信息被擅自披露的扩散结果。三是个人信息被非法买卖。由于个人信息具有实用价值和商品价值，非法买卖个人信息的案件出现了多发趋势，甚至还形成了一套比较成熟的信息产业转卖链。某些不法分子利用个人信息进行电信诈骗，严重危及人们的财产安全和社会稳定。虽然主管部门对此类现象的治理与打击力度在不断增强，但治理效果还不明显，需要有关主管部门继续提升信息治理能力和网络社会管理能力，确保公民信息安全。

（一）隐私与个人信息的共同点

隐私与个人信息两者之间既存在着许多共同点，也存在着一些差异。共同点有：权利主体均为自然人，反映出权利主体对个人私生活的自主决定权；在客体上具有交错性，在侵害后果上具有竞合性。差异主要体现在以下三个方面。一是涵盖范围不同。隐私权主要是一种精神层面的人格权，个人难以通过许可适用或者变卖来获取经济利益，因此，侵害隐私权只会导致精神损害，不存在财产变现的价值。二是在法律保护上的不同。由于两者之间存在着性质差异，因此所受的法律上也有所差异。隐私权建立在信息封锁之上，对其保护注重事后补救，具有防御性特点；个人信息保护建立在信息流通基础之上，更加强调信息主体积极、自觉地利用权益。三是保护的例外情形差异。隐私权保护例外情形是权利人同意自己的隐私被公开，法理基础是权利放弃理论；个人信息保护权的例外情形则包括个人同意、为订立履行合同所必需、为应对突发公共卫生事件所必需、为公共利益实施新闻报道、信息已经合法公开等情形。由此可见，“个人信息保护的例外情形比隐私权保护的例外情形更加广泛”①。根据相关法律规定，侵犯个人信息保护权有四个责任构成要件：一是只有行为主体在违反法律规定的侵害个人信息权益的情况下才构成侵权；二是行为主体与侵犯个人信息权益之间

---

① 孙也龙. 互联网时代隐私权与个人信息保护的法律界分［J］. 连云港师范高等专科学校学报，2023，40（01）：14－17.

有着明确的因果关系；三是行为主体存在着主观过错；四是行为主体对受害者造成的损害既包括财产方面的损害，也包括精神方面的损害。

（二）信息主体合法权益受到严重损害

公民既是自然人身份，也是社会个体。每个人作为社会个体都无法脱离群体而独立存在，因此，个人信息也具有明显的公共属性，但是这种共同属性是有限度和约束的。有关部门在进行网络监管时需要收集大量的公民个人信息，经过整合再将其运用到打击违法犯罪等工作中去，以保障正常的社会秩序。大数据技术的广泛运用，既给人们的学习、工作、生活和信息交流提供了便捷，也使个人信息泄露现象有所加剧。随着个人信息遭受侵犯事件的不断发生，信息主体的合法权益也在受到严重损害。因此，在各种新技术快速发展的当下，如何在合理利用公民个人信息之时，更加注重对公民个人信息权的强化保护，已成为一个必须解决的现实问题。

在大力发展数字经济的现实语境下，企业、商家、社会与个人更加注重数字信息的搜索性和逐利性，从而造成数据的产权化和货币化，导致一系列信息安全问题的出现。如果对个人信息保护不力、监管缺位，与此相关的平台侵权现象就会频繁发生。因此，要使全社会在共享数字经济红利的基础上，警惕因个人信息被不正当使用可能引发的纠纷，最大限度地保护个人信息权益，就必须从伦理教育和法规执行等方面进行探索研究，提出合理收集和利用个人信息的有效保护途径。

三、法律法规对数字信息的风险控制

面对大数据时代公民个人信息保护权面临的挑战，我国《民法典》《个人信息保护法》《网络安全法》和《数据安全法》等法律，都对数字技术可能会产生的风险进行了控制。个人信息保护权的法理基础是主体控制个人信息的权利。在传统社会，个人信息由于种类不多、处理方式单一，容易控制自己的个人信息。进入互联网时代后，信息技术得到了快速发展，再加上个人信息收集途径的多元化和处理方式的多样化，出现了个人生物基因信息、通信内容、网络浏览痕迹、社交媒体留言、网络交易信息以及去向轨迹等各种新型的个人信息。许多网络平台运行的软件可以非常方便和快捷地辨别用户身份，通过跟踪自动收集用户在终端上的数据，结果是大量个人信息外泄，被其他平台机构和不法分子非法销售或滥用，完全脱离了主体控制。

（一）“失能风险”的法律回应

产生“失能风险”的根源，主要在于数字智能化对网络平台和公民赋权的非均衡化，导致网络平台处于强势，公民自然人处于弱势。自然人需要法律保护、行政帮助和社会支持来实现和保护自己的基本权利。法律要保护和平衡网络平台和自然人之间的信息权益关系，充分考虑网络时代个人信息保护的现实性、合理性和重要性。我国

《民法典》第一千零三十五条第一款第一项规定“处理个人信息应当遵循合法、正当、必要原则，不得过度处理”[①]，明确表述了处理信息的目的、方式和范围，既不得违反法律、法规的规定，也不能违反双方的约定。2021 年 8 月颁布的《个人信息保护法》第十三条也对处理个人信息应“取得个人同意”等七个方面作出了明确规定。

(二)“失治风险”的法律回应

法律救济的目的、方向和重点，是要求网络平台必须承担相应的法律义务，包括显见义务、说明义务和提示义务等。但从整体来看，目前对自然人的救济还存在着相当大的“失治风险”。我国《民法典》第四百九十六条规定：“格式条款是当事人为了重复使用而预先拟定，并在订立合同时未与对方协商的条款。采用格式条款订立合同的，提供格式条款的一方应当遵循公平原则确定当事人之间的权利和义务，并采取合理的方式提示对方注意免除或者减轻其责任等与对方有重大利害关系的条款，按照对方的要求，对该条款予以说明。提供格式条款的一方未履行提示或者说明义务，致使对方没有注意或者理解与其有重大利害关系的条款的，对方可以主张该条款不成为合同的内容。”[②] 对网络平台来说，明确赋予其向对方有提示义务与说明义务，能够帮助自然人理解格式条款中的责任条款、重大利害关系条款等，对于格式条款给自然人意愿自治带来的“失治风险”有化解作用。网络平台还应该保障自然人个体对信息处理同意权的主动性和控制性，必须经过主体授权以后，掌握信息的平台和机构才可以在一定范围内公布有关信息，强化自然人个体对个人信息处理的自主决定权。

(三)“失控风险”的法律回应

对信息脱离自然人控制的“失控风险”，法律重点就是要对网络平台的信息处理权作出特别限制，强制要求网络平台必须切实承担相应的法律义务。如未经某自然人的同意，就不得向别人提供这个自然人的个人信息；网络平台对收集的个人信息具有法定保护义务，不能只要权利转移而不承担义务风险，在个人信息有可能发生泄露、丢失或者损毁时，必须立即告知用户和主管部门并及时采取相应的补救措施。我国《民法典》第一千零三十七条、《网络安全法》第四十二条等条款所作出的规定，都属于回应性规定。如我国《民法典》第一千零三十七条就规定：“自然人发现信息处理者违反法律、行政法规的规定或者双方的约定处理其个人信息的，有权请求信息处理者及时删除。”[③] 这是《民法典》对自然人信息的保护完善。

(四)“失济风险”的法律回应

自然人要维护个人信息保护权，离不开法律强有力的综合救济，从而消除“失济

---

① 中央网络安全和信息化委员会办公室，国家互联网信息办公室网络法治局. 网信部门常用法律法规［G］. 北京：法律出版社，2023：48.

② 中华人民共和国司法部. 法律法规全书［M］. 第十九版. 北京：中国法制出版社，2021（02）：22.

③ 中华人民共和国司法部. 法律法规全书［M］. 第十九版. 北京：中国法制出版社，2021（02）：42.

风险”。综合救济既应该包括考虑前置程序，也应该包括后置的司法救助。当然，为了加强法律对个人信息权的保障，必须设置对信息处理的前置程序，明确规定网络平台在处理个人信息前进行隐私影响评估，在充分考虑个人信息处理的语境、范围、性质和目的后，预测处理进程有可能会对个人数据保护带来什么影响。我国的《民法典》《网络安全法》《数据安全法》和《个人信息保护法》等相关法律，已明确了网络平台负担处理信息和自然人个体同意权等方面的法定义务和权利，为个人信息的有效保护指明了方向。然而，就自然人个体信息权保护可能遇到的风险而言，“现有法律法规对信息权益的公平配置、平衡配置的调整力度还需要继续不断完善，重点是要加大对自然人信息权益的赋权力度，加强对网络平台信息义务的规制，包括不得泄露、篡改信息等”①。

案例 10-2

社区群里示爱女邻居　被诉侵犯隐私

杨女士与吴某是同楼的邻居，但两人此前素不相识。杨女士说，自 2022 年 5 月 27 日起，吴某多次对她采取堵门、在网络上发表“示爱”言论等多种方式的骚扰行为，在杨女士多次报警、居委会多次调解无果后，吴某拒不承认错误，仍然持续对她进行骚扰，导致她不敢出门并遭受巨大精神压力以致失眠、精神持续紧张、恍惚，甚至因精神不济引发室内火灾，吴某的行为已经严重影响到她正常的生活、工作。

杨女士表示，她曾到派出所申请调解骚扰事宜，吴某及其父亲到场，吴某拒不配合民警调解，后由吴某父亲代理调解，并签署调解书，承诺不再骚扰。但吴某行为如故，并上门骚扰，要求加杨女士的微信谈恋爱。

杨女士认为，吴某以散播不当言论、堵门、反复按门铃等方式持续不断地骚扰她，长时间严重干扰她个人生活安宁，给她造成严重的心理负担，致使她每日不敢独自外出，外出时亦担忧与吴某碰面或被其尾随；在被堵家中期间，因门铃反复报警而一直处于受惊吓的状态，导致精神恍惚引发客厅火灾，极大伤害了她的身心健康和个人隐私，对其生活、工作均造成严重的影响。且杨女士本身是已婚状态，吴某行为容易造成他人误解，对杨女士评价降低和造成不良影响，侵害了杨女士的名誉。为此，杨女士以侵犯名誉权、隐私权为由，请求法院判令吴某赔礼道歉，并赔偿精神损害抚慰金 5 万元。

庭审中，吴某及其家人均未到庭应诉，亦未向法院提交书面意见。法院审理后认为，吴某以加杨女士微信为目的，持续在杨女士住所门口及门口走道处敲门、徘徊、张望，在杨女士多次报警的情况下，且民警已对其进行批评教育并制止其行为后，其

① 王海明. 数智化形塑中个人信息权益的失衡风险与新平衡［J］. 浙江学刊，2023（06）：116-128.

依然不改正，吴某的行为显然构成对杨女士私人生活安宁的侵害，具有主观故意，符合侵害隐私权的构成要件，应对杨女士承担侵权责任。

吴某持续在多个微信群中发表诸如“女王你永远是我的女王”“任何语言都无法充分表达我对你的贪婪”等示爱的言语。在杨女士在微信群已明确拒绝并声明已婚的情况下，吴某仍未停止，在其被踢出微信群后，反而在其他多个邻里间的微信群中又继续发送示爱内容，并引发其他微信群内的成员关注甚至“追随”，其主观上是故意，客观上使他人对杨女士产生误解，将导致不特定多数人对杨女士个人及其社会关系的负面评价，造成杨女士社会评价降低。故法院认定吴某构成对杨女士名誉的侵害，应承担相应的民事责任。

最终法院判决吴某立即停止侵害杨女士名誉权、隐私权的行为，向杨女士书面赔礼道歉，以消除影响，恢复杨女士名誉；并赔付杨女士精神损害抚慰金1万元。①

第三节　网络侵权的伦理规则与法规治理

网络侵权行为既是传统侵权行为在网络中的延伸，也是新媒体时代产生诸多法律纠纷的重要原因。由于虚拟空间和现实环境的诸多差异，网络侵权行为更加复杂，在侵权主体、侵权客体、行为方式、案件管辖、责任认定和治理措施的采取等方面都需要不断地探索和研究。随着互联网技术的快速发展和智能手机等移动端的广泛普及，利用网络获取并分享信息、发表意见和观点的人越来越多，网络侵权问题也日渐突出。如何寻找一条有效的治理路径，已成为非常迫切的现实问题。

一、网络侵权现象治理的难点

对网络侵权的治理存在着诸多难点，这是由于网络侵权信息的传播具有发布易、扩散快、清除慢、成本高等特征。一是发布容易。在有网络信号的状态下，任何人都可以利用电脑或智能手机随时随地上网发布信息，无论是内容构思、编辑输入，还是点击发布，往往只需要几分钟就能够完成，既快捷又方便；而有的发布者只注重宪法保障的言论自由权利，忽视同时必须应尽的义务责任，于是侵权现象频频发生。二是扩散快速。网络传播具有平台多、影响大和即时性等特点，当一些敏感性热点信息和负面信息出现时，就会产生“好事不出门、坏事传千里”的扩散效果。再加上有些平台缺乏对信息真实性的判断，审核把关不严，信息一旦发布后，就会在非常短的时间

① 陈颖婷．社区群里示爱女邻居　被诉侵犯隐私［N］．上海法治报，2023-07-21．

内传遍全网，被成千上万的人浏览和转载，造成非常大的舆论影响。三是清除滞后。发布和转载侵权信息的载体，既有网站、论坛、社区、微博等互动平台，也有QQ、微信等即时通信工具和移动客户端。侵权信息尤其是诽谤他人的信息一旦被发布和转载，想要清除干净过程会相当漫长，并且要全部清除干净也并非易事，因为用户可以对有些信息进行截屏、保存、更名、再传播。四是成本高昂。网络媒体的无界性、匿名性和用户参与的广泛性、多样性，使被侵权者直接向侵权者主张权利的成本大大增加。对于被侵权者和监管部门来说，虽然可从发布信息内容中大致推断出侵权主体是谁，但绝大多数情况下却无法推断出侵权主体到底是信息发布者、转发者，还是网络服务提供者或搜索引擎。因此，被侵权者如果想要通过司法途径维护自身的合法权益，“那么从收集证据、澄清事实到提起诉讼，司法机关再接受审理、作出判决，整个过程会付出大量的经济成本和时间成本”①。

虽然网络侵权行为与传统侵权行为存在着共性特征，但由于网络侵权行为是发生在虚拟空间，因此又具有区别于传统侵权行为的众多特征。一是网络侵权案件的中止较为困难。传统的侵权行为在发生过程中往往需要经过各个中介点的运营，也就需要付出一定的时间成本，但是网络侵权行为在点击发布的一瞬间，其影响力便形成了，会有数以万计的网民在短时间内进行阅读，甚至通过删减、增加、表达观点等方式进一步加快侵权内容的传播。二是网络侵权案件的主体方确认困难。受害者往往能够通过提供自身的证明行为来作自证，但侵害者往往更多是一个群体，难以具象至某一个人或者某些个人，极易出现法不责众或者责任人互相推诿的情况，而侵权事实往往一时也难以查清。这给司法机关的认定与审判增加了难度。三是网络侵权案件的取证难。网络的开放性、即时性、匿名性和交互性使得网络侵权行为比传统侵权行为危害更重，涉及范围更广，调查取证更难。这是由于网络中的数字化信息具有易变性，对其进行修改或删除难以鉴别。这种易变性和不稳定性，导致网络上的证据会失去原始性。四是网络侵权案件的司法管辖难以确定。传统侵权行为的司法管辖一般是被告的所在地，但网络侵权行为不像传统侵权行为那样有固定的物理位置，有时一个侵权行为往往会与多个地点有联系，因此传统的属地司法管辖权在网络空间缺乏适用性，这给现实中的案例审查增加了更多难度。

二、网络侵权规则的话语建构

网络是现实的延伸，是人们学习、工作和生活不可缺少的重要组成部分。我国对网络侵权的治理规则与网络技术同步发展。为了有效治理网络侵权现象，我国重点从法律层面进行规制，其中网络侵权通知规则的确立就经历了从司法解释到《民法典》

① 刘涵. 网络侵权信息具体类型及治理措施［J］. 新闻前哨，2016（06）：27-29.

的完善过程。《民法典》从合格通知的要件、转通知义务、必要措施考量因素、错误通知侵权责任四个方面健全了对权利人的通知规则，并制定了网络用户反通知规则。互联网技术的快速发展，既促进了社会变革，又拓展了人们的学习、工作和生活空间，也给国家治理带来了全新的挑战。根据依法“治网、办网、用网、护网”的原则，我国通过学习全球网络治理先进做法，加快网络安全立法等措施，加大了对网络侵权的治理力度，还通过不断完善依法监管体系，有效化解了一系列的网络风险，维护了网络服务主体和网民的合法权益，对网络治理体系和治理能力现代化起到了重要作用。

三、治理网络侵权的制度设计

世界上各个国家对于网络侵权的治理，通常有网络服务提供者中心主义和网络用户中心主义两种模式。前一种模式主要通过规制网络服务提供者来促使其采取措施以减少网络中的侵权现象；后一种模式重在制度设计，主要是围绕追究网络用户侵权责任而展开。我国治理网络侵权的举措则属于比较典型的网络服务提供者中心主义模式，如网络服务提供者必须与网络用户承担连带责任、网络服务提供者侵权责任名重而实轻等，“要进一步完善网络侵权的治理，也应该把网络用户纳入侵权责任的重要追究对象，在及时调整侵权损害赔偿金的基础上，重点关注入口性的关键网站”①。

（一）网络侵权具有特殊性

网络侵权通常是指在网络空间发生的一系列侵权行为，它与传统侵权行为相比，既有共性又有特殊性。特殊性主要体现在网络的虚拟性、开放性和隐匿性等方面。根据数据对比和分析，网络侵权案件数量增长与互联网的发展趋势成正比。从国家治理体系和治理能力现代化的角度来看待网络侵权治理问题，最重要的就是必须强化法律法规的约束力与执行力，不能把法律法规挂在墙上，而要落实在真实案件中去，把网民行为纳入法治化轨道。还要统筹兼顾法律与道德两个层面，让针对性强的法律规范和道德规范成为网络空间的行为准则。在加强网络立法的基础上，“推动网络文化建设，抵制低俗不良的网络文化，传播健康向善的网络文化，通过提高网民的理性思考能力，推动网络空间的健康发展”②。

（二）网络侵权的制度设计

我国治理网络侵权的制度设计，主要基于中国特色社会主义制度，目前主要体现在以下四个方面。一是法律依据。通常以归责条款方式对网络服务提供者追究侵权责任。网络服务提供者在收到被侵权者发送的通知后，如果没有及时采取措施，将与网

① 徐伟．网络侵权治理的中国经验及完善建议［J］．社会科学战线，2016（06）：206－216．
② 李泽琛．互联网进程与网络侵权的关联性及治理［J］．法制博览，2023（29）：40－42．

络用户承担连带责任。二是司法实践。无论是法院、权利人或者网络服务提供者，都没有直接将实施了侵权行为的网络用户纳入诉讼中，相关法律法规也没有对侵权的网络用户采取断网、冻结账户等措施。三是责任承担。网络服务提供者承担的仅仅是连带责任，导致网络服务提供者的侵权责任名重而实轻。由于网络服务提供者在承担侵权责任时的赔偿金标准不高，因此难以有效促使其及时履行移除侵权内容等义务。四是处理形态。“归责条款体现了立法者在网络服务提供者责任问题上的封闭式处理方式”①。

（三）治理网络侵权的法律路径

治理网络侵权的法律路径是完善和健全通知制度，运作的前提是确立明晰的“合格通知”规则，从而有效区分概括性构成要件及其具体要素。“合格通知”的构成要件既包括通知人的真实身份信息，也包括构成侵权的初步证据。因此，在法律法规制订和制度设计时必须充分考虑以下问题，“首先是帮助通知人方便了解通知的送达规则；其次是网络平台自行在设置通知要求时应以合理为限；再次是不合格的通知也许会产生相应的法律后果，在通知缺少某些要素的材料时，网络平台负有告知通知人补交材料的义务；最后是不合格通知还可能作为网络平台必须知道的判断因素”②。抓紧设计合格通知的规则，关系到对通知制度的明确定位、当事人利益的保障以及与知道制度的区分。只有充分考量合格通知规则设计在网络维权体系中的重要作用，才能进一步明确网络服务提供者的权利、义务和责任，进一步治理好网络侵权的各种行为。

（四）治理网络侵权的行政手段

治理网络侵权，首先要充分运用行政手段。网络监管部门要发挥好职能作用，通过网上巡视和巡查的常态化，重点对侵犯他人名誉权和隐私权、影响社会稳定的信息进行及时封堵和删除，并与公安机关协作，实行依法查处，加大对侵权者的追责惩罚力度。对发布恶意攻击信息和诽谤他人言论的网络用户，应该以涉嫌故意扰乱社会秩序罪对其进行治安处罚或刑事处罚；对不加鉴别就随意转发侵权信息的网络平台追究连带责任。其次是要落实平台把关责任。网络平台作为互联网时代的信息服务提供者，也要牢固树立阵地意识和把关意识，全天候地对承载内容进行巡查，一旦发现有侵权信息，立即采取屏蔽、删除或断开链接等措施。尤其是那些信息共享交换平台，更要加强对网络侵权行为的巡查，通过行业自律营造风清气正的网络环境。最后是提高公民的网络素养。有关部门要通过对网络侵权典型案例的展示，引导和教育广大网民自觉遵守法律法规，自觉维护网络秩序。大众媒介可以制作预防和保护公民名誉权、隐

---

① 徐伟. 网络侵权治理的中国经验及完善建议［J］. 社会科学战线，2016（06）：206－216.

② 徐伟. 网络侵权中“合格通知”规则检视及其完善：以《民法典》第一千一百九十五条第一款第 2 句为中心［J］. 法治社会，2023（03）：18－32.

私权和个人信息保护权方面知识的公益广告进行广泛传播；机关、企事业单位则可以定期组织教育和培训，让广大网民在注册登录、浏览网页、发布信息、网络购物、交流沟通时，避免在网上存储或者泄露个人的隐私信息。

四、网络治理法律法规的多元化构建

对网络侵权采取有效的治理措施，首先是要完善相关的法律法规。只有依靠法律法规的武器，才能对侵权主体、侵权现象和侵权行为进行强有力的规制。虽然近年来我国出台和修订了一系列与治理网络侵权有关的法律法规、司法解释和行政规章，但面对当前日渐复杂并多发的网络侵权案件，有必要通过制订单行法对网络侵权行为进行精确认定，并对举证、违法成本以及管辖权的适用范围等作出具体详细的规定。早在20世纪90年代，网络治理法律法规体系的多元化构建就被纳入国家法治建设的重要议程，形成了以宪法网络治理规定为基础，以网络治理专门法为主干，以行政法规、部门规章和地方性法规等为辅的互相协调的网络治理法律法规体系。这些法规体系相辅相成，共同形成一个网络传播的法治保护屏障，全力维护公民的合法权利。

（一）宪法层面

我国2004年修订的《宪法》对网络安全作出了概括性规定，如在第二十八条、三十五条、四十条、四十一条、五十一条、五十三条、五十四条中，分别对国家安全与社会秩序、保护通信自由与通信秘密、保护公民与法人及其他组织的合法权益等方面进行了原则性规范，规定除因国家安全或者追查刑事犯罪的需要，由司法机关依照法律规定程序对通信进行检查外，任何组织或个人不得以任何理由侵犯公民的通信自由和通信秘密。这为国家实施计算机信息系统安全保护、网络安全监管和用户信息保护制度等提供了最根本的宪法保障。

（二）专门法律法规层面

无论是全国人大常委会审议通过的《关于维护互联网安全的决定》，还是《关于加强网络信息保护的决定》，都对维护国家安全和社会稳定、保障网络安全运行、保护公民和法人组织的合法权益等方面进行了规制；而《网络安全法》的颁布实施，更是加快了网络的法治化步伐。

我国第一部保护个人信息权益的专门法律《中华人民共和国个人信息保护法》于2021年11月1日起正式实施后，从法律的层面规范了个人信息处理的原则和规则，以及相关各方的权利与义务。当然，对侵犯名誉权、隐私权和个人信息保护权现象的治理，除《个人信息保护法》外，还会涉及《民法典》等法律法规。《个人信息保护法》第五十二条明确规定：“处理个人信息达到国家网信部门规定数量的个人信息处理者应当指定个人信息保护负责人，负责对个人信息处理活动以及采取的保护措施等进行监督。”① 网络平台是个人信息处理者之一，适用个人信息保护负责人制度。一是从规范化的视角看，网络平台有义务利用这项制度保护个人信息安全；二是从功能性视角看，“网络平台可以利用数据库、算法技术为个人信息保护负责人制度的运行提供保障和强有力的支撑，完全有能力利用这项制度保护个人信息安全”②。

（三）配套法律制度规范层面

我国修订后的《中华人民共和国戒严法》《中华人民共和国突发事件应对法》《中华人民共和国电子签名法》《中华人民共和国侵权责任法》《中华人民共和国国防动员法》《中华人民共和国保守国家秘密法》《中华人民共和国人民警察法》《中华人民共和国治安管理处罚法》《中华人民共和国消费者权益保护法》《中华人民共和国国家安全法》和《中华人民共和国反恐怖主义法》等法律，既明确界定了通信管制、应急通信保障制度、涉密信息系统保密、网络服务商报告制度，还赋予了公安机关保护计算机信息系统安全的职责，明确了个人信息的保护、网络交易平台的责任，为加强网络与信息安全保障体系建设、维护国家网络空间主权与公民的合法权益提供了法律依据。

（四）行政规章层面

20 世纪 90 年代以来，我国《计算机信息系统安全保护条例》《计算机信息网络国际联网管理暂行规定》《广播电视设施保护条例》《电信条例》《互联网信息服务管理办法》《外商投资电信企业管理规定》《计算机软件保护条例》《互联网上网服务营业场所管理条例》《信息网络传播权保护条例》等行政规章的先后颁布，对一系列网络经营与网络服务行为进行了规范。这些规章主要针对通信及互联网行业管理、互联网信息内容管理和公共安全等领域，为净化网络环境、优化网络生态、促进开放合作、拓展网络治理多元化和现代化拓展了路径。

法律法规和行政规章对网络侵权的治理是非常有效的处罚依据，既对利用网络空间造谣、诽谤的行为进行了监控和打击，也对有人非法截获或删除公民电子数据资料、侵犯公民通信秘密等行为进行了有效防治。经过 30 多年的网络侵权治理实践，我国已初步建立起了立足国情的网络治理体系，形成了司法保障、行政执法、行业组织自律的多元化协同治理机制，这就是新时代网络传播的法规体系。在网络社会，我们更应当运用这些法规体系进行依法治理，建构一套行为规范和公约。法律是成文的道德，道德是内心的法律，法律有效实施有赖于道德支撑，道德践行也离不开法律约束，最终达到无为而治与有为政府相结合的美好境界。

---

① 中央网络安全和信息化委员会办公室，国家互联网信息办公室网络法治局．网信部门常用法律法规[G]．北京：法律出版社，2023：54.

② 冯延有．互联网平台适用个人信息保护负责人制度的检视与完善[J]．信息安全研究，2023，9（09）：908－913.

五、治理网络侵权的重点

在治理网络侵权时重点是要处理好三者之间的关系。一是个人信息保护权与隐私权的关系。隐私与个人信息有着密切联系，因为两者的权利客体虽然有交错，但权利主体都是自然人。在《个人信息保护法》实施之前，司法实践中通常会把既属于隐私权客体又是个人信息的侵权案件纳入隐私权保护的范畴。二是个人信息保护与公民数字身份构建之间的关系。数字身份与传统身份相比，拓展了人际交往的时空。三是保护个人信息与维护公共利益的关系。“如果公民的个人信息得到有效保护，那么公民就会更加积极和信任地参与数字世界活动，有利于数字经济和信息产业的健康发展。”①

网络社会的公民言论自由是受到宪法保护的基本权利，但是权利和义务是对等原则，公民可以有言论自由权，但是也有保护他人言论自由和信息安全的责任义务，不能影响和制约他人的合法权利。虽然网络空间已成为实现这项权利的重要载体，但任何权利都必须与应尽的义务相对应。

案例 10 - 3

周海媚抢救病历泄露，患者隐私不能无处安放

据新京报我们视频报道，12 月 12 日晚，港星周海媚离世的消息得到最终确认。同时有网友注意到，疑似有周海媚生前最后一次就诊的抢救病历被泄露。13 日，记者从涉事医院知情人士处获悉，已找到两名涉及病历泄露者并移交警方，一人为医院职工，另一人是其朋友。

因塑造了“最美周芷若”等诸多经典形象，年仅 57 岁的周海媚猝然离世引发关注。尽管作为公众人物的明星艺人，有时难免要让渡部分隐私，但这绝不意味着明星艺人没有隐私权，任何单位或个人侵犯其隐私权都要付出代价。

从周海媚离世消息被“抢发”到其抢救病历被泄露，这种对明星艺人的关注方式，显然已偏离了正常的轨道，也逾越了道德底线和法律底线。周海媚病历被泄露事件之所以引发众怒，不只是因为此举违背公序良俗、涉嫌违法，还因为人们产生了“代入感”，从中看到了隐私保护的痛点和难点。

由于网传电子病历截图详细记载了周海媚的个人资料、就诊时间、就医症状等各种信息，公众怀疑始作俑者是“内鬼”也就并不奇怪。现在电子病历泄露已有了眉目，等待相关人员的必定是依法惩处。

根据《医师法》《执业医师法》相关规定，依法保护患者的隐私和个人信息，是医

---

① 吴烨，公保端知. 数字时代个人信息保护的中国方案［J］. 智库理论与实践，2023，8（05）：109 - 117.

师在执业活动中应当履行的义务。医生若泄露患者隐私，将面临暂停执业活动、吊销执业证书、行业“禁入”等不同程度的处罚，构成犯罪的，依法追究刑事责任。

事实上，即便周海媚已去世，但其生前隐私依然受法律保护。《民法典》规定，死者的隐私受到侵害的，其配偶、子女、父母有权依法请求行为人承担民事责任。此外，根据最高人民法院相关司法解释，若出现“非法披露、利用死者隐私，或者以违反社会公共利益、社会公德的其他方式侵害死者隐私”等情况，死者近亲属有权通过法院主张精神损害赔偿。

此次周海媚病历被泄露事件也反映出，当前医疗服务领域患者隐私保护面临的一些薄弱环节。为治病救人，医疗机构及其工作人员知晓、掌握患者的隐私是正常的，但由于过去隐私保护观念薄弱，一些医疗机构及其工作人员没有意识到保护患者隐私的重要性，导致侵犯患者隐私现象一度易发、多发。

总之，无论从医学伦理上看，还是从法律角度看，被送医抢救的周海媚首先是一位患者，其隐私权和普通患者的隐私权没有差别。此事也再次给一些医疗机构敲响警钟：任何患者的隐私都要受到严格保护，个体的尊严不能无处安放。①

在网络空间，随意发布的一则侵权言论或者一条侵权信息，能够在极短的时间内传遍全世界，因此网络侵权行为对社会和他人造成的危害比传统媒体时代的侵权行为更加严重。我们要建构网络传播侵权问题的治理路径，这与公民、法人和其他组织的切身利益密切相关。只有社会各界齐心协力，实施综合治理，才能共同规范网络传播行为，抵制各类网络侵权现象的泛滥，积极营造开放、文明、规范、安全、和谐的网络环境，使网络空间真正成为交流健康信息、普及实用知识、传播先进文化、促进社会进步的重要场所，为弘扬社会主义核心价值观发挥积极作用。

关键词

名誉权与隐私权；网络侵权行为；法律规制

思考题

1. 网络侵权有几个构成要件？
2. 网民侵害名誉权的行为特征是什么？
3. 侵害公民隐私权会造成哪些后果？
4. 进入智能时代后为什么更要注重个人信息保护权？

---

① 陈广江. 周海媚抢救病历泄露，患者隐私不能无处安放［N］. 新京报，2023－12－14.

扫一扫

拓展数字资源

第十一章　网络虚假违法广告的治理策略

网络虚假和违法广告也是传播伦理与法规需要治理的一大难题。在网络社会语境下，各种虚假信息泛滥成灾，尤其是借助各种新媒体平台裂变式传播的虚假违法广告，更是成了网络毒瘤。只有依据《中华人民共和国广告法》《中华人民共和国刑法》等法律法规中的相关条款对其严加治理，在落实网络广告的主体责任的同时，进一步健全网络广告的监督管理机制，才能确保广大消费者和经营者的合法权益，促进网络经济的健康有序发展。

第一节　网络虚假违法广告的表现特征

进入数字化、社交化和智能化时代后，在大数据的引导下，通过数据采集、分析应用和准确定位，网络广告产业得到了快速发展，成为文化经济和文化产业的重要部分，尤其是各种植入式广告、直播广告以及其他形式的网络广告，已经渗透在人们生活的各个方面。《2023 中国互联网广告数据报告》显示，2023 年度，我国互联网广告市场规模为 5 732 亿元人民币，比 2022 年增长 12.66%；“互联网营销市场规模为 6 750 亿元人民币，比 2022 年增长 9.76%，广告与营销市场规模合计约为 12 482 亿元，比 2022 年增长 11.07%”①。与传统媒体的广告相比，网络广告具有强制性和选择性特征。强制性主要体现在发布者通常会采取弹窗传播，强迫用户去点击浏览；选择性则反映在用户可以根据自己的需求去选择是否点击并浏览该广告。

一、网络广告的传播特征

网络广告是随着网络媒体快速发展而出现的一种新型广告形态，虽然它在许多地方与传统媒体广告有区别，但同样需要遵守相关的法律法规。网络广告也有广义与狭

---

① 王红茹.《2023 中国互联网广告数据报告》发布：人工智能推动互联网广告产业链重塑［EB/OL］.（2024－01－11）［2024－02－02］https：//finance. eastmoney. com/a/202401112959036945. html.

义之分，“广义的网络广告是指通过数字化形式在网络媒体向用户和消费者发布的有关推介商品和服务的信息；狭义的网络广告是指以网络为传播载体，发布相关信息的广告”①。网络广告的主要特征有以下三点。一是传播范围大。网络广告能够突破时空界限，比传统媒体广告的传播范围更大。二是交互性强。网络广告不是单向传播，而是互动性很强的双向传播。用户可以借助网络广告直接向生产企业或者商家进行反馈；商品销售商与服务经营者则能够通过用户的反馈进一步了解市场的实际需求，进而生产适销对路的产品或者有针对性地改进服务，然后再定向朝消费者投放商业类广告，以达到精准传播的目的。三是运营模式多样。传统的广告运营一般是广告主提供产品和资金赞助，广告商进行内容设计，而媒介发布者则利用自身的渠道和形象进行广告发布，但网络广告的运营模式更为多样性，中间者的角色变得多元化，网络平台、网络博主、植入方式等都是网络广告可以进行自由组合的方式。四是效果明显。广告经营者在网络投放广告后，能够通过分析用户对广告的停留时间或者用户访问页面的流量等信息，精准了解某一则广告所起到的实际传播效果。

（一）形态淡化与各类信息的泛广告化

网络空间的自媒体广告已由刚开始的“文字＋图片”发展为现在的“文字＋图片＋视频＋音频”的多媒体形态，这样的传播方式易于被受众喜爱，在悄无声息中传递广告内容，最终达到营销传播的经济目标。网络技术的日新月异和传播载体的迭代丰富了广告新业态，同时也使广告乱象越来越严重和复杂，尤其是虚假广告、隐形广告、违法广告的频发，既侵害了消费者的合法权益，也带来了一系列消极的社会影响。

（二）自媒体广告运营门槛低、成本低

自媒体在网络空间发布商业广告门槛低、成本少，有的甚至不需要媒介费用。例如，在微信群和朋友圈经常可以看到一些代购广告和微商广告，只要不出现一些敏感性关键词，一般都可以通过打擦边球的方式进行广告宣传，而且会夸大商品功能和服务效果，让消费者很难在第一时间辨别广告内容的真假。相比于传统媒体广告的硬性推销模式，自媒体广告更加偏向于软性劝服，通过追求情感共鸣，潜移默化地向消费者进行广告信息渗透和灌输；而那些在微博、抖音、小红书等平台发布的自媒体隐形广告，一般会分享各种使用体验，先打造人设，然后再直播带货，宣传各种产品，还经常会以“案例”或“测评”等形式发布推介商品和服务的内容。

（三）多层链接向消费者展示商品和服务

与传统媒体广告相比，网络广告的信息承载量更大、传播范围更广、互动性更强，它能够通过多层链接向消费者展示商品和服务，让广大消费者通过点击了解到自己所

---

① 李浩冉．网络平台虚假违法广告的行政法问题探究［J］．法制博览，2022（24）：151－153．

需要的信息。企业和商家能够根据市场的反馈和消费者的需求，提供适销对路的产品和服务；消费者则通过上网搜索，主动寻找和了解自己所需要的商品和服务信息，有更多选择性和满足感。

（四）利用智能算法差异化投放精准信息

网络广告利用消费者地域、职业、年龄、性别、经济收入、受教育程度、兴趣爱好和消费习惯等特点，有针对性和选择性地差异化投放信息，从而增强商业广告的精准传播效果。除此之外，网络广告还可以在消费者间接接触产品时，通过广告链接获得生产厂家、产品评价等更多信息，然后与商家沟通，建立互动关系。网络广告主要有以下四个类别。一是展示性广告。此类广告也被称为标志广告，如综合门户网站的文字广告、图片广告、音频广告和视频广告等。二是电邮广告。此类广告具有费用低廉、针对性强等特点，能够针对具体消费者发送特定广告，仅仅需要设备配置和人力费用等成本。三是弹出窗口广告。此类广告是在网络用户登录网页时，强制弹出的广告小窗口，尤其是一些网站和软件，强制性添加各种附件或垃圾弹窗，影响观看页面，受众需要识别后再关闭，而识别的过程本身就是一种宣传接受。一般情况下，网络用户可以主动关闭弹出窗口，但由于广告在弹出时没有任何预兆，因此网页浏览者没有观看选择权。四是搜索引擎推广广告。此类广告是指广告经营者依据所要推介产品或服务的特点，“编写广告内容，确定关键词，然后进行自主定价投放，让消费者通过地址栏搜索或者网站登录等形式接受商业广告，具有针对性强和可跟踪等传播效果”①。

二、网络虚假违法广告

新媒体发展以来，网络广告市场正在由新兴市场发展成为成熟市场，并逐渐形成传播力很强的商品和服务信息的复合传播渠道。无论是硬广告还是软广告，如果采用虚假广告的传播形式，过分夸大或营销，就会存在内容失实、诚信缺失甚至违反伦理道德和法律法规等问题，严重损害网络广告的可信度，不利于网络广告市场的持续、有序、健康发展。违法广告除了内容虚假以外，还有涉及暴力、淫秽、色情、迷信、赌博或者违背公序良俗、损害社会公共利益等问题。网络虚假、违法广告的泛滥，既违反了公平竞争原则，又损害了其他市场主体的合法权益，还严重扰乱了广告市场的秩序，损害了社会公共利益。

（一）网络虚假广告容易让消费者产生误解

网络虚假广告主要是指广告内容中存在着与商品和服务明显不符的信息，容易让消费者产生误解。按理说，广告发布者和平台经营者有义务对广告内容中介绍的商品

---

① 王珂欣．网络广告的法律治理路径研究［J］．中国新通信，2019，21（02）：224－226．

和服务作出正确、真实的说明或告知，但有些人却故意进行模糊化的表述。这种情况在当下的直播带货中经常发生，如宣传推广的产品或服务与实际情况严重不符或过分夸大，有意识地对消费者进行误导。大部分的直播带货都存在产品与宣传不相符合的现象，或者仅仅突出产品的某一个有益于消费者的特点，而忽视了有害层面，损害消费者的利益。

在大数据的支持下，虚假广告发布者能够借助智能技术手段快速便捷地收集目标用户信息，准确掌握潜在消费者的行为习惯和兴趣爱好，然后再根据商品和服务的性质，向不同的用户发送不同内容的虚假广告，以追求裂变式和病毒式的传播效果。虚假广告在网络空间传播还具有链接性，也就是当目标受众在有意无意地检索时，虚假广告能够借助链接的便捷性让消费者掉入更深的陷阱。这是由于网络虚假广告可以利用有关品牌网站、网页文章、交流咨询等说服性较强的服务链接，“一步一步、由浅及深、由点到面地向消费者推送更多的虚假信息，在逐步赢得消费者信任后，说服消费者为商品和服务买单”①。

（二）网络虚假广告的认定标准

《广告法》第二十八条规定：“广告以虚假或者引人误解的内容欺骗、误导消费者的，构成虚假广告。”② 虚假广告最明显的传播特征，就是“广告主体使用具有欺骗性或者误导性的手段诱使消费者上当，从而为他们自身谋取非法利益”③。销售者故意夸大产品的功效，虚假宣传，最后实现盈利目的。一切都是利益驱使，必须要对虚假广告做一个清晰界定。目前的情况是有举报才有处置，不举报就不处置，举报之后才会进行界定和罚款，一般来说惩戒和警示力度并不大。

（三）网络违法广告的类型

网络违法广告是指广告中存在着违反有关法律法规的内容，尤其是违反《广告法》第九条中的有关规定：

“（1）使用或者变相使用中华人民共和国的国旗、国歌、国徽，军旗、军歌、军徽；

（2）使用或者变相使用国家机关、国家机关工作人员的名义或者形象；

（3）使用‘国家级’‘最高级’‘最佳’等用语；

（4）损害国家的尊严或者利益，泄露国家秘密；

（5）妨碍社会安定，损害社会公共利益；

（6）危害人身、财产安全，泄露个人隐私；

（7）妨碍社会公共秩序或者违背社会良好风尚；

---

① 钟羽. 新媒体时代虚假广告的治理策略［J］. 视听，2017（11）：191-192.

② 中华人民共和国司法部. 法律法规全书［M］. 第十九版. 北京：中国法制出版社，2021（4）：705.

③ 徐钰雯. 自媒体平台中虚假广告法律规制研究［J］. 市场周刊，2023（12）：142-145.

(8) 含有淫秽、色情、赌博、迷信、恐怖、暴力的内容；
(9) 含有民族、种族、宗教、性别歧视的内容；
(10) 妨碍环境、自然资源或者文化遗产保护；
(11) 法律、行政法规规定禁止的其他情形。
第十条还规定：广告不得损害未成年人和残疾人的身心健康。"①

三、直播带货中的虚假宣传

作为网络经济新业态，直播带货已成为重要的商品营销和引流手段，但也存在着市场属性模糊、市场边界不清等问题。中国消费者协会曾在2020年"双十一"前后进行了为期近一个月的舆情监测，共收集到与直播带货有关的负面信息33.41万条，其中"数据造假"和"买完不让换"等问题比较突出。辛巴"糖水燕窝"这起事件，性质实际上应该属于虚假宣传，这也是众多直播带货中最严重的治理问题。2020年12月，网红辛巴在带货直播"糖水燕窝"时由于夸大宣传，受到舆论关注。11月27日，辛巴团队发表公开声明，承认"带货的燕窝产品实为一款燕窝风味饮品，确实存在夸大宣传"，除了召回在其直播间售出的产品外，还先行赔付，承担"退一赔三"近6 200万元。

国家市场监管总局于2020年11月6日发布的《关于加强网络直播营销活动监管的指导意见》就明确表明，对电商直播中的虚假宣传问题，不但可以用《广告法》中的"虚假广告"条款予以规制，也可以用《反不正当竞争法》中的"虚假宣传"条款进行规制，"两者均可以成为打击用虚假的信息诱使消费者做出错误的购买决策行为的法律依据"②。

（一）直播带货发布的信息形态

直播带货发布的信息主要有两种形态：一是直接传播商品和服务信息，就是以广告方式，通过文字、图片、音频、视频等多媒体符号推介商品和服务，这明显属于广告行为；二是对商品和服务进行暗示，如利用直播间的背景、直播营销人员的服饰等植入明显的商品和服务等标志信息。虽然直播人员并没有直接介绍商品和服务，但观看者能够从直播过程中获得商品和服务等信息。这种借助直播场景传递明显商品和服务信息的，也可视其为广告行为。根据我国《广告法》第二十八条之规定，认定虚假广告的标准是"以虚假或者引人误解的内容欺骗、误导消费者"③。我国《刑法》第二十二条规定："广告主、广告经营者、广告发布者违反国家规定，利用广告对商品或者服

① 中华人民共和国司法部. 法律法规全书［M］. 第十九版. 北京：中国法制出版社，2021 (4)：704.
② 胡立彪. 直播带货别忘带责［N］. 中国质量报，2020-12-03.
③ 中华人民共和国司法部. 法律法规全书［M］. 第十九版. 北京：中国法制出版社，2021 (4)：705.

务作虚假宣传，情节严重的，处二年以下有期徒刑或者拘役，并处或者单处罚金。”① 因此，如果有人在直播带货中发布虚假广告，情节严重的也会构成虚假广告罪。

（二）网络主播成了广告经营者

我国网络直播行业的发展势头如今已快速显现。截至 2021 年 12 月底，“总体市场规模突破了 1 500 亿大关，达到 1 844.42 亿元，主播账号累计有 1.4 亿个，仅 2022 年上半年就新增开直播账号 826 万个”②。网络主播的直播带货行为，通常是指直播者利用自身影响和一定的用户基础，在直播过程中对商品和服务进行推介的商业行为。还有，无论是“直播测评”还是“直播开箱”，虽然标榜客观性和中立性，但都是一种商业推介行为。上述这些行为有没有广告性质，要看其是不是具有对商品和服务的传播与推广等特征。实际上，网络主播在进行“直播带货”时，他们就成了广告经营者。网络主播在直播平台基本上都拥有属于他们自己的直播间或直播频道，所有直播内容都是由该主播产生和控制的结果，并且以商业广告为主，他们的身份更符合广告经营者的定位。这些网络直播的产生主要依赖于一些视频传播平台的高速发展，淘宝、天猫、小红书、京东等平台的相继出现，以各种形式为大众网络宣传提供了契机。

有些名气不大的网络主播或者网红人物，一般是以自然人的身份从事商业活动，平时只能利用短视频或简单的直播推介商品和服务，但已拥有较大粉丝量的网络主播和网红，则会通过成立公司或者工作室，去承接商品和服务的推广业务。因此，无论是以自然人身份，还是公司法人身份从事商品和服务的推介，“都属于广告经营者，如果他们在直播时传播虚假信息或者对商品和服务进行虚假宣传，那么情节严重的，根据《刑法》规定，就有可能会构成虚假广告罪”③。

（三）网络直播带货中虚假广告的类型

在如今的网络电商直播中，商品和服务广告已非常之多，这在方便消费者选购的同时，也给虚假广告有了可乘之机。如前文所述，2020 年“双十一”期间，在中国消费者协会进行的舆情监测中，“网络虚假广告宣传成了最严重的问题之一”。④ 这些虚假广告主要有以下四大类型。一是误导型。经营主体在网络广告中运用模棱两可、让人费解的语言进行描述，故意诱导消费者对广告中所提宣传的商品或服务产生期望，以促进销售、获取盈利。二是毁谤型。就是网络广告发布者在宣传自己的商品和服务时恶意毁损其他同类产品，造成竞争对手名誉受损，从而使自己的产品和服务能获得

---

① 中华人民共和国司法部. 法律法规全书［M］. 第十九版. 北京：中国法制出版社，2021（6）：3.

② 黄向. 网络直播中的刑法规制问题研究［J］. 法制博览，2023（15）：79－81.

③ 陈鹏. 主播“直播带货”虚假宣传是否构成虚假广告罪［N］. 民主与法制时报，2019－11－18.

④ 李吉雅，马誉宁. 虚假广告监管存在的问题及治理对策：以电商直播中的虚假广告为例［J］. 西部广播电视，2022，43（13）：58－60.

更多收益。三是欺骗型。商品和服务的宣传内容与实际情况严重不符，或者用价格和虚构销量等进行饥饿营销，以此欺骗消费者上当。四是售假型。就是在直播时宣传和推销假冒伪劣产品，或者将仿冒名牌的产品当作名牌产品进行推介销售。

（四）网络直播带货中虚假广告的特征

网络直播带货中虚假广告的主要特征是“三假”，即虚假的信息、虚假的价格和虚假的服务。一是虚假的信息。就是对商品的服务的宣传推介内容与客观事实严重不相符合，或者通过夸大误导甚至欺骗消费者。二是虚假的价格。由于消费者在网络直播带货的促销活动中无法辨别商品和服务价格的真假，会误以为企业与商家在打折、促销，自己在活动中得到了优惠。尤其是在某些时间节点，企业和商家会将商品价格提前提高，在活动临近时再将商品价格恢复到原位。消费者误以为占到便宜了，进而实施消费行为，实际上这个价格是虚假的。三是虚假的服务承诺。在网络虚假广告中，“企业和商家也会作出某些承诺，如‘货真价实’‘七天无理由退货’‘终身保养’等。然而，当消费者在网上购物后，发现商品的质量存在问题时，企业和商家就会以各种理由推卸责任”①。

（五）网络直播带货中的消费者非理性决策

网络直播带货会营造一种消费冲动，通过夸张、艺术或过度的宣传广告，激发出消费者的购买欲望。中国消费者协会发布的《直播电商购物消费者满意度在线调查报告》显示，“冲动消费比较严重”是网络直播购物中存在的主要问题。冲动消费通常是指那些没有被列入人们消费计划之内、消费者未经过认真考虑就很快实施的消费行为。心理学研究结果显示，人类的大脑主要的两个控制系统，分别是负责情感控制功能的系统和负责认知功能的系统。当个体在受到外界刺激时，由于产生的情感是快速、自动和简单的模式，因此，大脑的情感系统会比认知系统率先发挥作用。而认知系统则比较细致和审慎，所判断和思考的目标更加广泛，虽然反应比较缓慢，但却能够通过意志力来影响和控制情感系统。

案例 11-1

依法治理网络虚假流量

移动互联时代，注意力成为稀缺资源。受利益驱动，一些人片面追求“数据为王”“流量至上”，为了牟取利益不惜铤而走险，甚至走上网络犯罪的道路。

近年来，与数据流量相关的网络犯罪呈高发态势。不久前，一起网络散布虚假信息案引发关注：个人仅花费 760 元，经网络推手“操作”，短短几个小时，就把一条虚

① 刘井英. 墨子“三表论”视野下的网络虚假广告分析 [J]. 视听，2016 (07)：201-202.

假消息炒成5.4亿阅读量的“热搜”。据初步统计，相关不法网络平台涉案资金流水逾2000万元。类似虚假流量“生意”背后，隐藏着规模庞大的网络黑灰产业链，其危害不容小视。

从网上无孔不入的“刷单兼职”小广告，到直播间营造虚假热闹场面，再到炮制网络“爆文”，网络黑灰产业链深入许多领域。通过App收集闲散用户流量，靠“养号控评”虚增流量；运用技术手段模拟人工操作，批量转评赞；利用黑客“暗链”技术非法“引流”，以诱导性方式增加流量……在互联网空间，一些“点赞平台”十分活跃，组织分工细密。虚假流量渗透到人们的日常生活，令人防不胜防。

“网络水军”与流量造假，无疑会破坏公平竞争的市场秩序，侵蚀网络社会空间的信任。比如，被虚假流量“漫灌”的平台，劣质内容充斥其中，优质内容反被淹没。近年来，上海、广州、深圳等地法院审理的涉互联网不正当竞争的多起案件显示，一些互联网公司深受虚假流量之扰。可见，“网络水军”、虚假流量及背后的网络黑灰产业链，以损害用户权益以及平台利益为代价，破坏了互联网生态和经济社会秩序。

维护网络清朗空间，保障公众合法权益，呵护平台经济健康发展，亟待依法加快铲除网络黑灰产业链。从《互联网跟帖评论服务管理规定》《互联网论坛社区服务管理规定》到《网络信息内容生态治理规定》，从反不正当竞争法到电子商务法，法律法规不断完善，监管日益精细化。一段时间以来，相关部门持续开展“净网”行动，猛药去疴、重典治乱。但也应看到，随着大数据、人工智能等技术的发展，网络黑灰产业链的形式更趋多样、手段更加隐蔽、技术更为复杂，给治理监管带来了新挑战。①

打击“网络水军”、治理虚假流量是一项系统工程，无法一蹴而就。各级党委和政府相关部门、互联网平台企业和公众只有携手同行、凝聚合力，努力铲除黑灰产业链及其生存土壤，才能起到治本效果。从法律层面看，可以发布指导性案例、适时出台相关司法解释以及修改法律。在治理过程中，互联网平台企业应担负主体责任，严格审核机制，加强技术创新，以更高效、更精准的方式打击恶意发帖和顶帖软件等；企业与司法机关、监管部门之间要形成紧密联动，建立跨平台、多维度、全方位的机制，网上网下协同治理。对参与数据造假的“刷手”和默许刷单炒作的平台，有关部门应进行依法惩处，提高造假的违法成本。对于公众而言，也应自觉提升法律意识，树立正确的价值观，摒弃“流量至上”“唯流量论”的思维。

互联网经济是诚信经济，其赖以存在的基石是真实活跃的用户和信息。多措并举、精准治理，从源头、交易链条等多方面着手，才能有效打击网络黑灰产业链，不断压缩其生存空间，助力互联网平台经济健康有序发展。

---

① 张向阳. 依法治理网络虚假流量［N］. 人民日报，2021-02-03.

第二节　网络虚假违法广告的法律规制

一、以法律手段应对虚假违法广告

随着市场经济的不断变化，商业广告在市场交易中的作用不可缺少，甚至已成为网络时代商品流通的前奏曲。如今，许多商品是在虚拟空间依赖网络广告信息瞬间完成交易的，消费者没有和在实体店一样检视成品的机会，这就为网络虚假、违法广告欺骗消费者提供了可乘之机。“当消费者发现所购商品与网络广告中的内容不符时，交易已经完成”①。如何通过伦理教育法律手段来规制虚假违法广告，这已成为新闻传播学界、经济界、法学界甚至社会各界必须面对的现实矛盾和治理问题。

二、对直播带货中虚假宣传行为的认定

根据对现有相关法律法规的延伸理解，直播带货并非一个单独的精准概念，它的运用模式主要包含广告和销售两个部分。随着直播带货的不断产业化和专业化，人们平时所说的主播直播带货，实际上就是广告模式下的商品或者服务的销售行为。对于主播直播带货中的虚假宣传现象，应该以“主观的客观解释论”为理论基础，“以法益探析为准线，区别法益保护与行为内容，分析主播直播带货中的虚假宣传行为是否适用虚假广告罪”。对于网络直播营销中虚假广告泛滥等现象，应该从虚假内容、传播范围和社会危害性三个方面入手进行认定。

（一）直播带货营销具有社交性和互动性

虽然直播营销具有社交性、互动性更强等特点，但其中的虚假宣传情况也更加严重。有的直播营销人员经常会利用消费者无法现场观察商品优劣的实际情况，过度夸大商品质量及功效，或者通过隐藏商品缺陷、流量造假等手段，甚至由“水军”做托，让不明真相的消费者产生购买冲动。因此，必须对直播营销中的虚假宣传行为在立法层面进行廓清，明确直播间是否具有“可识别性”、陈述内容是否属于“应当披露”信息、推介形式是否超过消费者广告识别义务来界定直播营销的法律属性。直播带货是一种真实人体的交流互动和销售模式，传统的电视广告由于成本高、审查严格，往往都比较简短、正规，但是较难引起很大广告效应。直播带货则可以通过密集的宣传和对话，形成一种虚拟市场的传播效果。

---

① 宋亚辉．以法律手段规制虚假广告的基本原理［J］．中国市场监管研究，2019（05）：12－17．

（二）直播带货的虚假宣传具有隐蔽性

我们对宣传广告语言的真实性界定存在一定的模糊边界，所以网络直播宣传具有隐蔽性。网络直播带货既促进了商品销售，又方便了广大消费者。但与此同时，也出现了部分主播在带货直播时采用虚假宣传等手段，诱导消费者下单等现象。直播带货行为主体多元、关系复杂，虚假宣传行为有一定的隐蔽性，现有的法律体系难以对其进行有效规制。

（三）直播营销平台应尽的法律义务

中央网信办、公安部、商务部、文化和旅游部、国家税务总局、国家市场监督管理总局、国家广播电视总局联合发布并于 2021 年 5 月 25 日正式施行的《网络直播营销管理办法》第二条规定："直播营销平台应履行相应的法律义务，而违反这些义务就必须承担相应的法律责任，这也是网络直播的刚性约束。"① 这些义务一共十六条，每个直播者和平台都要认真学习，并内化于心、外化于行，否则违背伦理和法规后就要被处罚，轻则被教育训诫，重则被封号罚款。

（四）直播营销平台承担法律责任的依据

在展示商品与服务的过程中，直播营销平台也必须履行实质审查义务并承担相应责任，理由如下。第一，从实际作用看，直播营销平台与商品服务展示之间，不存在直播人员这一中介，在信息传达到消费者这个环节时，直播营销平台发挥着支配性作用。第二，网络直播平台的商品和服务展示与传统的线下广告相类似，根据我国《广告法》第四十六条之规定，平台发布广告"应当在发布前由有关部门（以下称广告审查机关）对广告内容进行审查；未经审查，不得发布"②。根据我国《网络直播营销管理办法》第十一条之规定，"网络直播营销平台直接投放商品和服务展示的，应视其为广告行为"③。在厘清销售行为和广告行为的基础上，最重要的是应该精准判断网络直播带货过程中虚假广告发布行为的认定问题。

（五）合理界定虚假广告和违法广告的犯罪主体

对直播带货这种全新业态中的虚假和违法宣传行为，我国法律法规还存在着有效规制的短板。只有合理界定虚假广告和违法广告犯罪主体的范围，才能对其进行有效监管。在网络时代，虚假广告和违法广告的进入门槛非常低。大量自媒体人在参与广告制作、发布和经营，或者以自身形象推介产品时，他们的行为和作用与广告经营者的性质基本相同。随着网络法律法规体系的不断完善，有必要把虚假广告经营者纳入

---

① 中国政府网. 网络直播营销管理办法（试行）［EB/OL］.（2021 - 04 - 23）［2024 - 02 - 11］https：//www. gov. cn/zhengce/zhengceku/2021-04/23/content _ 5601682. htm.

② 中华人民共和国司法部. 法律法规全书［M］. 第十九版. 北京：中国法制出版社，2021（4）：706.

③ 时延安，郑平心. 网络直播中违法营销食品的刑法问题［J］. 公安学研究，2022，5（03）：20 - 31.

虚假广告罪的适格主体，以立法形式确定虚假广告经营者以及网络平台可以成为虚假广告罪的犯罪主体，“以破坏广告管理秩序罪在刑法上予以量刑，这样才能有力打击不断变化的网络虚假广告犯罪，规范网络平台的商业广告发布行为”①。

三、规制网络虚假广告的法律适用性

网络虚假广告存在着明显的法律适用性困境。一是对治理网络虚假广告的专门立法相对滞后，难以应对网络广告快速发展的现实趋势。规制只能基于既有的原则性规定，却无法制约一些新型的网络虚假广告犯罪行为。二是我国与网络有关的法律法规虽然比较多，如《网络安全法》《电子商务法》《互联网广告管理暂行办法》和《网络直播营销管理办法》等，但《刑法》中对网络虚假广告罪的界定却没有及时进行补充和修正，导致打击网络虚假广告犯罪缺乏法律支持。三是对网络虚假广告行为定性不清。我国《广告法》第二十八条以概念定性＋类型列举的形式对“虚假广告”进行了界定，但由于定义概念比较宽泛，指导性不够强，司法实践对网络虚假广告的实际认定比较困难。四是对网络虚假广告经营者和发布者的立案追诉标准不当，缺乏可操作性。《立案追诉标准（二）》第七十五条规定了虚假广告罪立案标准，但是存在着规定空白、缺乏可操作性等问题。网络虚假广告经营行为中的违法所得、直接经济损失的认定一直存在争议，“再介入网络营销等因素，认定与计算标准的难度更大，尤其是人身伤残与网络虚假广告之间的因果关系在司法实践中更加难以证明，从而提高了虚假广告罪的入罪标准”②。

（一）以行政处罚为主、刑事处罚为辅

我国对网络虚假广告的规制通常以行政处罚为主、刑事处罚为辅，以罚代刑现象严重。一般情况下都是查处以后简单地进行罚款处理，并没有起到很好的警示作用。规制网络虚假广告应当像反腐败工作和贯彻落实“中央八项规定”那样，用一个个的典型案例来推动解决，单靠罚款效果并不好。然而，对虚假广告和违法广告的约束力，行政处罚的效果远远不及刑事处罚，适当的刑事处罚可以有效惩治发布网络虚假广告、违法广告的行为。国家工商行政管理总局于 2016 年发布的《互联网广告管理暂行办法》，对《广告法》的相关条款进行了细化、补充、完善和延伸解释，对网络广告发布行为作了进一步规范：一是对网络广告的概念和范围进行了定义，精确了网络广告发布者的认定标准，划分了网络广告经营者和发布者的权利与义务；二是解决了行政机关对网络违法广告主体的管辖问题，在保护消费者合法权益的基础上维护了市场公平

① 贾园园. 虚假广告罪规制网络虚假广告犯罪的路径探讨［J］. 河北公安警察职业学院学报，2022，22(01)：54－57.

② 同上。

竞争秩序，促进了网络广告业的健康有序发展。

1. 《广告法》对网络虚假广告的界定

我国《广告法》第四条明确规定：“广告不得含有虚假或者引人误解的内容，不得欺骗、误导消费者。广告主应当对广告内容的真实性负责。”① 如果违反这些规定，利用广告对商品和服务进行虚假宣传，误导甚至欺骗消费者，那么此类广告就属于“虚假广告”。网络虚假广告与传统媒体的虚假广告一样，“都具有虚假性、诱导性、违法性等特点，并且比传统媒体的虚假广告影响更广、危害性更大”。②《广告法》第二十八条规定：“广告以虚假或者引人误解的内容欺骗、误导消费者的，构成虚假广告。”③ 具体情形包括以下几个方面：一是商品或者服务不存在的；二是商品的性能、功能、产地、用途、质量、规格、成分、价格、生产者、有效期限、销售状况、曾获荣誉等信息，或者服务的内容、提供者、形式、质量、价格、销售状况、曾获荣誉等信息，以及与商品或者服务有关的允诺等信息与实际情况不符，对购买行为有实质性影响的；三是使用虚构、伪造或者无法验证的科研成果、统计资料、调查结果、文摘、引用语等信息作证明材料的；四是虚构使用商品或者接受服务的效果的；五是以虚假或者引人误解的内容欺骗、误导消费者的其他情形。

2. 《广告法》对网络虚假广告的处罚

我国《广告法》第五十五条规定：“广告经营者、广告发布者明知或者应知广告虚假仍设计、制作、代理、发布的，则由市场监督管理部门没收广告费用，责令广告主在相应范围内消除影响，处广告费用三倍以上五倍以下的罚款，广告费用无法计算或者明显偏低的，处二十万元以上一百万元以下的罚款；两年内有三次以上违法行为或者有其他严重情节的，处广告费用五倍以上十倍以下的罚款，广告费用无法计算或者明显偏低的，处一百万元以上二百万元以下的罚款，并可以由有关部门暂停广告发布业务、吊销营业执照、吊销广告发布登记证件。”④

我国《广告法》第五十六条规定：“发布虚假广告，欺骗、误导消费者，使购买商品或者接受服务的消费者的合法权益受到损害的，由广告主依法承担民事责任。”⑤ 广告经营者、发布者不能提供广告主的真实名称、地址和有效联系方式的，消费者可以要求广告经营者、发布者先行赔偿。关系消费者生命健康的商品或者服务的虚假广告，造成消费者损害的，广告经营者、发布者、代言人应当与广告主承担相应的连带法律责任。

---

① 中华人民共和国司法部．法律法规全书［M］．第十九版．北京：中国法制出版社，2021（4）：703.

② 李定娓．网络广告及其监管：问题与法律规制的完善［J］．哈尔滨师范大学社会科学学报，2015（03）：44－46.

③ 中华人民共和国司法部．法律法规全书［M］．第十九版．北京：中国法制出版社，2021（4）：703.

④ 中华人民共和国司法部．法律法规全书［M］．第十九版．北京：中国法制出版社，2021（4）：706.

⑤ 中华人民共和国司法部．法律法规全书［M］．第十九版．北京：中国法制出版社，2021（4）：706.

3.《刑法》对虚假广告罪的认定

随着网络广告业的快速发展，许多广告在发布之前都会向网络服务商交纳相应的费用，因此，在查处虚假、违法广告时，也应该追究网络服务商相应的连带法律责任。我国虚假广告犯罪的主要特点是案件众多、涉案被害人与潜在消费者数量大、造成的财产损失和人身伤害严重、市场秩序被扰乱。《中华人民共和国刑法》规定，构成虚假广告罪必须要具有“情节严重”这个前提，也就是典型的“结果犯”。虚假广告罪规定的法定最高刑是两年有期徒刑，属于典型的轻罪，本罪是1997年就写入《刑法》的条款，20多年来还没有补充和修正过。面对网络虚假广告日渐增长的态势，“作为最强法律规制手段的刑法体系也应该不断调整和充实，以适应网络化发展趋势”①。

4. 虚假广告罪的认定障碍

在互联网经济迅速发展、物流方便快捷的多重背景下，新的商业模式网络主播直播带货异军突起，但网络主播直播带货现象火爆背后也乱象频出，其中最严重的就是虚假广告和违法广告的大量增加，以及相关标准认定的障碍。我国《刑法》第二百二十二条规定：“广告主、广告经营者、广告发布者违反国家规定，利用广告对商品或者服务做虚假宣传，情节严重的，处二年以下有期徒刑或者拘役，并处或者单处罚金。”② 关于主播带货的虚假广告在法律性质的认定上还存在着三个障碍：一是主播带货虚假宣传行为是否符合虚假广告罪的行为要件；二是主播法律身份是否为本罪适格主体；三是是否侵害本罪保护的法益。要促进网络广告市场的健康发展，首先就是要健全广告监管的法律体系，完善网络广告经营主体的法律责任。尤其是对网络时代不断出现的虚假、违法广告行为，要有针对地制定相对应的法律法规，让违反法律法规的网络广告制作者和发布者承担应有的法律后果，以此来确保网络传播的伦理道德和制度规范。

案例 11-2

芜湖市查办违法互联网广告典型案例

某医院利用微信公众号发布违法医疗广告案

根据互联网广告监测违法线索及消费者举报，2022年10月底，我局执法人员对当事人进行现场检查，发现当事人在微信公众号上的广告中使用“独家专利”宣传用语的行为，但当事人实际未取得专利权，却在广告中谎称取得专利权；当事人在微博账号上的宣传中使用了患者形象；在视频号中使用“一植就美，植回青春”等宣称功效的宣传用语。

当事人上述行为违反《中华人民共和国广告法》《医疗广告管理办法》，分别构成

① 沈燕，张晶．网络虚假广告的规制困境与刑法修正［J］．哈尔滨学院学报，2020，41（07）：78-81.

② 中华人民共和国司法部．法律法规全书［M］．第十九版．北京：中国法制出版社，2021（6）：25.

在广告中谎称取得专利权、在医疗广告中使用患者形象作证明和宣称治疗效果的违法行为，我局依法责令当事人立即停止发布违法广告，在相应范围内消除影响，并给予罚款25400元。

某卫生室利用微信朋友圈发布虚假医疗广告案

2022年7月22日，根据消费者举报，我局执法人员对当事人经营场所进行现场检查，发现当事人负责人于2021年7月4日至2022年6月27日期间在其微信朋友圈擅自发布宣传治疗鼻炎“百分百有效，93%根治率”“军工产品、部队临床、军医研发”“钟南山院士亲自接见产品研发人并开展合作……”等文字，并配有着解放军服装图片和医学科研人员钟南山院士等图片；发布了“急慢性湿疹……联系电话：管医生137＊＊＊＊＊＊＊＊”“严重的下肢静脉曲张……联系电话：X医生137＊＊＊＊＊＊＊＊”“肩周炎……联系电话：X医生137＊＊＊＊＊＊＊＊”等涉及治疗疾病名称的文字图片；在抖音平台发布“患者，女，颈部不适伴头昏三年，经一次治疗明显改善!”等宣传治疗效果的短视频。

当事人上述违法行为违反《中华人民共和国广告法》《医疗广告管理办法》规定，分别构成未经审查擅自发布医疗广告、发布含有“涉及疾病名称，利用患者、医学科研人员的名义、形象作证明的，使用解放军名义的，宣传治愈率、有效率等诊疗效果的”医疗广告等违法行为，我局依法责令当事人停止发布违法广告，在相应范围内消除影响，并给予罚款20000元。①

由此可见，自媒体广告与网络平台广告具有开放性与广泛性、实时性与可控性、双向性与针对性等众多特点，而大量虚假广告和违法广告的出现，则既破坏了广告市场的秩序，又损害了消费者的合法利益，同时也为治理带来了难题。这些虚假广告的制作成本非常低，但是打击成本却非常高。因为自媒体随便发布一个违法广告，从信息查处到追根溯源，再到行政处罚，都需要很长时间，而行政处罚力度又不会太大，所以需要更加合理和完善的治理策略。

第三节　网络虚假违法广告的法规治理

一、治理虚假违法广告面临的问题

网络虚假广告在侵犯消费者合法权益的同时，既会导致广告市场混乱，还会引

① 芜湖市市场监管局．芜湖市查办违法互联网广告典型案例［EB/OL］．（2023－05－26）［2024－01－12］https：//amr．wuhu．gov．cn/xwdt/tzgg/8408273．html．

发经营者之间的无序竞争，并损害同类商品、服务和整个产业的信誉品质，形成劣币驱良币的整体氛围和不良导向，违背公平公正、等价交换和诚实信用等社会主义市场经济的原则。如果是直播带货中的虚假宣传，又会阻碍和制约电子商务的健康发展。

（一）网络广告与网络信息鉴别困难

在报纸、广播、电视三大传统媒体中，广告与非广告相对容易区分，但网络广告内容复杂、形式多样，有些商品和服务信息有很强的隐蔽性，不少广告性内容会植入其他文本和载体中。例如，在抖音、小红书等网络平台中，有相当粉丝基数的博主或者以分享为理由，或者对消费者进行“种草”，都会夹带广告信息，慢慢地培养消费者，变通各种形式来实现销售目的。广告经营者把收取品牌方的推广费转化为粉丝购买量，从而产生丰厚利润。这种营销方式让人一时难以辨别到底是一般信息还是商业广告。

（二）网络广告主体的身份辨别困难

虽然国家工商行政管理总局发布的《互联网广告管理暂行办法》，对网络广告经营者和发布者的权利与义务关系进行了划分，但实际上这两者的身份在网络空间经常会重叠。在许多情况下，网络广告经营者有可能同时为广告发布者。随着网络广告各类新兴运营模式的产生，网络平台在发布广告时还会出现网络广告提供者、经营者和发布者三种主体身份的交织和重合。如果他们同时发布违法广告，就很难给出明确的法律责任划分依据，难以区分和判定虚假和违法广告宣传的责任主体。

（三）网络广告具有竞销性特征

新媒体广告已经出现了竞销性特征。所谓竞销性广告，就是广告经营者的目标开始由“介绍商品信息”转变成“说服消费者”，从希望你买转为说服你买，至于卖什么产品、产品功效如何的介绍就显得次要了，如何宣传和品牌策划才是最重要的。例如前几年流行的“小罐茶”“听花酒”“神草”等产品，就是一种虚假品牌营销，投入大量资金进行网络和电视宣传，反复打造产品的高贵、精致、保健和档次。竞销性广告使信息不对称程度进一步加剧，在传播过程中并没有传递有效的商品和服务信息，只是在努力说服消费者。于是，每一种商品都会被挖掘出或者创设出自身的独特卖点，导致广告的实际信息供给与消费者的信息需求之间很不匹配。在这种情况下，广告已不再只是企业和商家推介商品和服务的营销手段，更是一种具有社会控制功能的经济行为。一方面，商业广告是消费社会的驱动力量，通过消费者的需求和描述反馈，某个行业或者产业可以调整生产与经营策略；另一方面，在广告的传播过程中，消费这种纯属私人性的行为被赋予了社会含义，人们消费与否、消费什么、消费到了什么层次，也成了一种社会观念的表达和社会现象的折射。从信息传递发展到社会控制，商业广告的功能演变之于法律的警示在于：“发布广告的行为具有很强的外部性，其中的虚假、违法广告对社会危害性已大大增强了。”①

(四) 网络广告监管体系有待完善

我国网络广告的监管模式基本上也是以政府为主导的管制，行业协会和社会监督只能起到辅助作用。根据《广告法》的规定，在政府主导的治理中，各级市场监督管理部门与相关部门在自身职责范围内负责监管工作，但《广告法》并没有对各部门的具体职权进行分配，在实际运作中，容易出现职能重叠或者空白的情况。尤其是对同样的网络广告经营与发布行为，不同部门所获取的信息存在差异，如何沟通协调就成了一个现实问题。对网络传播中虚假广告的监管，一般是有举报就处置，多举报就快处置，不举报就不处置，显得比较被动懒散，还没有形成一种主动监管、主动筛查、主动处置的体制机制，形成了监管上的灰色地带。

(五) 网络广告业的自律性差

广告业的自律也就是广告业的自我约束与管理，广告主、广告商和广告发布者通过自行制订章程、公约和会员守则等途径，对自身所从事的广告经营活动进行自我限制、自我协调和自我管理，使之符合国家法律法规、行政规章的规定和职业道德准则、社会公德的要求。然而，现实情况是广告行业协会难以在网络发挥实际作用，导致网络广告行业的自律性比较差。虽然中国广告协会已经颁布了网络广告自律规范，但由于网络广告业内缺乏行之有效的强制手段，惩处措施只停留在伦理批评、口头教育、新闻曝光等层面，威慑作用和社会引导作用不大。正是因为没有很好的警示效果，网络广告行业虚假广告和违法广告铺天盖地。这些广告会误导消费者，也会坑害一些认知偏低的老年人或者病急乱投医者，让消费者产生错误的行为导向，社会影响恶劣，需要执法机关高度重视、全面治理。

二、治理网络虚假和违法广告的实践路径

部分网络广告经营者为了牟取不正当利益，借助网络发布虚假、违法广告，严重损害了网络广告业的信誉。信息海量性是网络媒体区别于传统媒体的最大特征之一，也是网络广告监管的最大难处，治理虚假、违法广告既需要行政和法律等多种措施，也离不开各种技术手段，如信息采集、信息筛选、信息甄别、信息比对等，这样才能找出各种违法信息。

(一) 充分认识网络监管的执法难度

网络的虚拟性、无限性和信息的扩散性，给网络虚假违法广告的治理带来了诸多难题。一是主体的虚拟性。有些广告经营主体在网络平台发布广告时通常故意不标明

---

① 尹亚军. 以社会之名重构广告的规制进路 [J]. 法律科学，2020，38 (05)：159-168.

真实信息，在误导消费者的同时让监管部门和执法机关难以确定违法主体，从而逃避被追究法律责任。二是网络区域的无限性。网络虚假、违法广告的行为主体，即网站注册者、信息发布者、网站经营者可以分处各地，执法机关难以落实属地管辖。三是信息的扩散性。网络信息在传播过程中会持续更新并大范围地扩散，使得监管部门无法在现有技术条件下进行快速应对，及时查处。因此，“利用网络传播优势和裂变效应所发布的虚假违法广告，不但造成的社会影响很大，对市场和社会大众的危害非常严重，而且对其进行监管和执法的难度也更大”①。

（二）完善和优化网络广告平台监控系统

各级市场监督管理部门在贯彻落实上级主管机关“以网治网”的要求时，都纷纷建立并运营了网络广告交易平台监控系统，但监控范围只局限于所管辖区域，数据库的更新频率也不够高，尤其是对指定内容的属地监控，无法及时发现相关主体传播虚假、违法广告的行为。因此，杜绝虚假、违法网络广告，加强对网络广告的监管，营造良好的网络广告传播环境，完善和优化实时高效的网络广告信息采集、过滤与监管系统，已迫在眉睫。

为了杜绝网络空间愈演愈烈的虚假信息传播现象，2018 年 8 月 29 日，中国互联网联合辟谣平台正式上线。“这是治理网络虚假信息、网络谣言、虚假广告的重大举措”②。国家市场监督管理总局修订印发的《互联网广告管理办法》于 2023 年 5 月 1 日正式施行后，全国各地的市场监督管理部门广泛组织开展了针对网络广告的专项整治行动，查处了一批网络虚假、违法广告的典型案件并予以曝光，实行线上线下的一体化监管，有效规范了广告市场的秩序，促进了互联网广告行业的健康有序发展。

（三）加强对网络购物中虚假广告的审理

当前，在以虚假广告为缘由的网络购物合同类案件审理中，争议焦点主要体现在以下几个方面：一是直播带货中经营者与消费者之间的涉案合同怎样认定，是否成立；二是直播带货中的涉案广告是否属于虚假广告，若涉案广告被认定为虚假广告，那么能不能适用惩罚性赔偿；三是带货主播是否为适格被告；四是直播平台是否应当承担赔偿责任。网络新经济正在以其高效便捷的优势展现出巨大的市场影响力，尤其是网络直播带货、微信商务、淘宝京东等，已经渗入商品交易和人们的日常生活，但随之而来的虚假、违法广告频发等行业乱象也必须引起高度重视。自媒体广告与传统媒体广告有着本质区别，对其中的虚假、违法广告，监管和治理的方法与路径也要与时俱进、不断创新。网络营销的日渐红火，致使电商直播广告成为网络虚假、违法广告的

---

① 李韶驰，程文丽．网络广告公信力问题及其治理研究［J］．探求，2016（01）：116－120．

② 曾祥敏．视听传播：主流媒体融合、社交、垂直、智能、沉浸、场景的逻辑演进［M］．北京：人民日报出版社，2023：103．

多发地带。在影响电商企业、直播平台、广告行业信誉、损害消费者合法权益的同时，也造成了电商直播广告市场竞争无序的局面。对此类新型违法行为的治理，现行法律法规还存在着许多有待继续完善的地方。

（四）加强网络虚假、违法广告的司法治理

目前，我国对自媒体虚假广告和违法广告进行治理的既有法律法规依据，主要是《广告法》《刑法》和《互联网广告管理暂行办法》中的相关条款。在行政执法层面，各级市场监督管理部门要加强对网络广告主体的备案登记，并向社会公开备案信息，鼓励网民发现虚假、违法广告后可以随时随地向市场监管执法人员举报；在行业自律层面，要求网络广告从业人员必须依法从事广告经营活动，通过不断健全网络广告行业协会制定行业自律规范的功能，及时纠正虚假广告和违法广告从业人员的不良行为。

1. 网络虚假、违法广告案件的侦查

面对网络虚假、违法广告，重点打击网络虚假广告罪应该成为重要的治理手段。公安机关在侦查普通刑事案件时，可以通过收集线索来确定侦查方向并锁定犯罪嫌疑人，再依据其特征摸底排查重点区域，然后在确定重点嫌疑人后利用讯问、搜查和辨认等措施进一步收集证据。在收集到事实清楚、证据确实充分的目标后就可以终结侦查，把案件移送给检察机关起诉。但是，侦查网络虚假广告犯罪涉及虚拟空间，如果还是按照传统的路径来侦查信息化、技术性特点比较明显的网络虚假广告犯罪行为，就会遇到许多困难，主要表现在以下几个方面：

（1）难以收集线索信息。网络广告传播需要从线上搜索到线下核查的一个证据固定过程。传统虚假广告犯罪案件与其他普通刑事案件的线索信息主要来源于报案、举报、控告和其他部门移送，但此类线索信息收集途径无法满足网络虚假广告犯罪案件的侦查。这是因为网络空间具有很强的虚拟性，公安机关很难找到、分析和确定犯罪行为的网络时间对应点，犯罪行为的持续时间、涉及面和影响人群。此外，网络虚假广告犯罪行为主体通常会借助计算机和网络实施犯罪，有的并没有用实名，甚至把注册地放在国外或境外，这样就增加了侦破难度。由于没有具体、特定的犯罪现场可供公安机关勘查，并且相关犯罪证据和资料会被犯罪嫌疑人随时在电脑、智能手机和服务器中删除，而恢复信息、查找信息、固定证据、建构证据链等环节，都需要非常复杂的处置过程，从而加大了行政处理成本。

（2）难以确定地域管辖权。我国《刑法》第六条和第七条对刑事案件的属地管辖有明确规定："凡在中华人民共和国领域内犯罪的，除法律有特别规定的以外，都适用本法。凡在中华人民共和国船舶或者航空器内犯罪的，也适用本法。犯罪的行为或者结果有一项发生在中华人民共和国领域内的，就认为是在中华人民共和国领域内犯罪。中华人民共和国公民在中华人民共和国领域外犯本法规定之罪的，适用本法，但是按

本法规定的最高刑为三年以下有期徒刑的，可以不予追究。中华人民共和国国家工作人员和军人在中华人民共和国领域外犯本法规定之罪的，适用本法。”① 然而，遇到网络虚假广告犯罪案件时，由于网络没有国界，犯罪嫌疑人能够在国外任何地点操作电脑发布网络虚假、违法广告，犯罪案件的犯罪行为地和犯罪结果地难以确定。

（3）难以统计犯罪所得金额。对于网络虚假广告罪的涉案金额如何认定的问题，我国《刑法》的定罪标准是：“通过虚假广告取得违法所得 10 万元以上；因虚假广告给消费者造成经济损失达到 50 万元以上的；虽未达到上述数额标准，但因利用广告做虚假宣传受到行政处罚 2 次以上后又利用虚假广告做虚假宣传的；造成人身伤残或者其他严重后果的。”② 但网络虚假广告中的交易行为往往也是通过网络来进行的，犯罪嫌疑人和受害者可能距离千里万里，数据式的网络使用行为也难以成为直接证据，同时账号的虚拟性也让犯罪嫌疑人难以在现实生活中被抓获。另外值得注意的是，网络收益不仅仅是广告产品的直接收入，还有网站点击、浏览量获取、粉丝数增加等带来的收益，都是法律上难以界定的内容。

（4）难以保全电子刑事证据。《中华人民共和国刑事诉讼法》第五十条规定：“证据包括物证；书证；证人证言；被害人陈述；犯罪嫌疑人、被告人供述和辩解；鉴定意见；勘验、检查、辨认、侦查实验等笔录；视听资料、电子数据。”③ 网络虚假广告犯罪的刑事证据主要是计算机数据，但这属于电子数据证据范畴，犯罪嫌疑人只要掌握网络技术就能够把证据删除。由于网络的虚拟性导致侦查机关所取得的证据有限，再加上目前还缺乏专门收集网络情报信息的机构，因此对于具有虚假性和容易删除的电子证据来说，要进行完整保全有很大的实际困难。

2. 网络虚假广告罪的入刑范畴

网络虚假广告犯罪是众多网络犯罪中的一种新形式，并且会随着网络媒体的快速发展而不断蔓延扩散，其经济原因是暴利诱惑。网络虚假广告的成本很低，但商品与服务的销售价格却很高，有些还能获得暴利。随着电子商务日渐渗透到人们的消费领域，网络虚假广告获取暴利的机会就更多了。我国《刑法》于 1997 年增设虚假广告罪后，把传播虚假广告的行为纳入了刑事规制范畴，这对规范广告业的有序发展、维护社会主义市场经济秩序起到了非常明显的作用。网络虚假广告与传统媒体广告存在不同点，如信息收集不容易、电子证据保全难、管辖权确定复杂、犯罪认定标准不明确等，这给刑事治理工作带来了严峻挑战，主要如下：

（1）主播在直播带货中是否有着利用广告推介的现象。主播的带货行为是不是属

① 中华人民共和国司法部．法律法规全书［M］．第十九版．北京：中国法制出版社，2021（6）：4.
② 中华人民共和国司法部．法律法规全书［M］．第十九版．北京：中国法制出版社，2021（6）：4.
③ 中华人民共和国司法部．法律法规全书［M］．第十九版．北京：中国法制出版社，2021（7）：5.

于商业广告，其中不断变化翻新的虚假广告能不能被我国《刑法》中所指出的虚假宣传所涵盖，争议较大。这是由于主播在直播带货中，与网民之间的关系，既是网络红人与粉丝的关系，也是销售者和消费者之间的关系。这就是说，直播带货的过程既可以是红人与粉丝之间交流感情的过程，也是销售者向消费者推销的过程。很多主播往往打着言论自由的旗号，自主推荐产品，很难界定其违法性。

(2) 网络异化使主播虚假广告罪入罪主体身份认定产生障碍。进入网络时代后，自媒体制作和发布商业广告简单方便，虚假广告经营主体既涵盖广告主和广告经营者，还涉及广告发布者和广告代言人，因违法犯罪主体法律身份重叠而界限模糊。虚假广告罪于 1997 年入刑以来，对以虚假广告罪规制主播在直播带货时的虚假宣传行为如何认定，还存在着很大的实践探索空间。

(3) 主播直播带货时虚假宣传行为适用虚假广告罪的司法规制困境。如果从网络直播带货商业模式分析，那么主播的直播带货就是主播通过网络平台对商品进行线上推介、展示、咨询和销售的新型营销行为。主体之间经营架构和合作模式的不同，带来的是主播法律身份及其行为的法律性质不同，所应该承担的法律责任也不同，我们必须进行合理的区分。相关的法律条款要有更多案例支撑，尤其是示范性的网络虚假广告处置案例。

三、网络虚假违法广告的综合治理措施

治理网络虚假违法广告应该从宏观和微观两个层面入手。从宏观层面看，就是必须充分认识到广告违法问题的严重性。广告传播在现代社会中具有很强的公共性特征，伦理法规对这种公共风险的规制属于社会性规制，目的是保障消费者的消费安全和合法权益。正是由于虚假、违法广告的社会危害性很大，法律法规应多对其进行单独评价，而不应该被转移或被其他违法行为吸收。从微观层面看，就是制度设计必须体现出对公共利益的有效维护，尤其是对公民权利的合法维护。虚假、违法广告对社会公共利益侵犯的显著特点是其所产生的影响是即时的，争夺的是消费者的注意力资源，并利用这种资源去实现利益最大化。虚假、违法广告在传播过程中，既会对社会产生影响，还会构成对消费者利益的损害，而这种影响在事后难以消除，消费者受到的损害也无法得到全部补偿。以下是几项综合治理措施。

(一) 明确网络广告的法律责任

要有效杜绝虚假和违法广告的网络传播，就应该明确网络广告的法律责任，对违反法律法规的网络广告加重处罚，并追究相关主体的法律责任。只有明确网络广告的法律责任，才能规范网络广告的发布行为。《广告法》第四十四条规定："利用互联网发布、发送广告，不得影响用户正常使用网络。在互联网页面以弹出等形式发布的广

告，应当显著标明关闭标志，确保一键关闭。”①

（二）健全网络广告市场的准入制度

为了有效治理网络虚假、违法广告，当务之急是建立和健全网络广告的市场准入制度。目前，我国对传统媒体广告的市场准入制度已比较完善，但网络广告在这方面还有待加强。只有符合《广告法》的市场主体才有从事广告行业的资格，但网络广告的主体复杂、形式多样，只能以规范的市场准入制度来约束，才能从根本上杜绝虚假、违法的网络广告。

（三）加大对网络广告的审查力度

要维护网络广告市场的正常秩序，就必须加大对网络广告的审查力度。虽然修订后的《广告法》要求不再对广告内容进行重复审查，但对于网络广告则应该区别对待。网络广告原本就缺乏有效的市场监管，再加上发布的门槛相对较低，如果放松审查，就会增加虚假和违法广告进入网络空间的可能性。

（四）建立网络广告的社会监督机制

要充分调动社会监督力量，全方位、立体化地监督网络广告的发布流程，进一步净化网络广告市场。可以开通便捷的举报渠道，类似 12315 一样，鼓励受众、网民和消费者对发布在各网络平台的虚假、违法广告进行举报。监管部门对举报内容进行调查后，如果情况属实，就对举报者给予奖励。这样“既可以降低监管成本，还能够提高监管效率，增强监督效果，消除监管盲点”②。

案例 11-3

大连振汝电子商务有限责任公司涉嫌发布虚假广告案

当事人大连振汝电子商务有限责任公司在淘宝网的店铺名称为“丰儒书屋”，其销售页面上，书籍《勇者的上林（上）》标题宣传中使用了“五省教育局联合推荐”字样，当事人无法提供相关证明材料证明此书籍是由五省教育局联合推荐，违反了《中华人民共和国广告法》第四条“广告不得含有虚假或者引人误解的内容，不得欺骗、误导消费者。广告主应当对广告内容的真实性负责。”第二十八条第一款：“广告以虚假或者引人误解的内容欺骗、误导消费者的，构成虚假广告。”第二十八条第二款第（二）项“广告有下列情形之一的，为虚假广告：（二）商品的性能、功能、产地、用途、质量、规格、成分、价格、生产者、有效期限、销售状况、曾获荣誉等信息，或者服务的内容、提供者、形式、质量、价格、销售状况、曾获荣誉等信息，以及与商

---

① 中华人民共和国司法部. 法律法规全书［M］. 第十九版. 北京：中国法制出版社，2021（4）：706.

② 田星苗. 互联网违法广告治理研究［J］. 网络安全技术与应用，2023（04）：155-156.

品或者服务有关的允诺等信息与实际情况不符，对购买行为有实质性影响的。”规定，构成发布虚假广告的违法行为。

依据《中华人民共和国广告法》第五十五条第一款规定，2023 年 10 月，大连长兴岛经济技术开发区市场监督管理局做出行政处罚，责令当事人停止发布违法广告，在相应范围内消除影响，并对当事人处广告费用三倍罚款合计人民币 1800 元。①

随着数字智能技术的日新月异，势必会促进网络广告的多样化发展，广告主和广告商也会充分利用网络的传播优势，让商品和服务产生最大的宣传与推介效果。由于网络广告具有传播范围大、影响面广、可识别性低、抢占消费者注意力和运作模式多样化等众多特点，监管难度非常之大。无论是在法律规制、行政监管方面，还是执法实践方面，都有一系列的现实问题需要解决。虽然人们的学习、工作和生活已离不开互联网，但普通消费者并不具备足够的媒介素养，对于网络上的广告需要仔细甄别分析。在网络广告绚烂的包装、情感的共鸣、高频的诱导下，一般的消费者基本上无法鉴别它们的真假性质和巧妙包装，也难以去确定发布者所在的地理位置，就算是可以做到，也没有那么多时间和精力去申诉和处置，因为时间成本太高，由此一本本糊涂账受惠一大批既得利益者。只有在建立网络广告主体的准入制度的同时，健全相关的伦理道德与法律法规，不断完善立体化的严格监管体系，才能有效杜绝网络虚假、违法广告的肆意传播，不断净化网络广告市场，给亿万网民一个清朗正气的网络健康空间。

关键词

网络广告；虚假宣传；违法现象；治理策略

思考题

1. 网络广告与传统媒体广告的区别在哪里？
2. 虚假、违法网络广告的特征是什么？
3. 《中华人民共和国广告法》是怎样界定违法广告的？
4. 在网络社会如何杜绝虚假、违法网络广告？

---

① 韩雨．大连振汝电子商务有限责任公司涉嫌发布虚假广告案［EB/OL］．（2023－11－30）［2024－03－27］http：//www.ccxi．gov．cn/info/1028/21998．htm．

扫一扫

拓展数字资源

第十二章　网络传播著作权侵犯的治理策略

著作权是除专利权、商标权外的三大知识产权之一的权利类型，也是网络传播必须应对的伦理风险和法规风险重点。所谓著作权，一般也称为版权，主要是指文学艺术和科学作品的创作者依照法律规定对其所创作产品享有的权利。近几年来，由于大数据技术和智能技术的快速发展，网络传播中侵犯著作权的现象日渐增多。由于1991年6月1日颁布的《中华人民共和国著作权法》（以下简称《著作权法》）已难以规制网络传播中的著作权侵权现象，我国先后对《著作权法》进行了三次修订。最新修订的《著作权法》于2020年11月11日发布，并于2021年6月1日起正式实施，该法对网络传播中著作权行使的限制、著作权侵权的归责等都作出了进一步的明确、补充和完善，加强了网络语境下著作权的法律保护屏障。

第一节　网络传播的著作权侵犯问题

网络传播中的著作权侵权主要是指行为人违反法律法规规定的义务，侵害他人的著作版权，必须依法承担损害赔偿等法律后果。在传统媒体时代，著作权人的作品需要依赖有形载体进行传播，他人在使用时存在着很大的局限性；进入网络时代后，作品传播的速度加快、传播的范围扩大，人们获取作品也更加容易。随着网络技术的快速发展和网络信息的巨量化，著作权作品的内容、形式和载体以及人们接触作品的途径也更加多元，任何人都可以非常便捷地进行低成本复制或传播，随之而来的是侵权现象的不断发生，必须用健全的伦理道德和法律法规进行硬性约束。

一、著作权的主体与客体

所谓著作权的主体，即著作权人，就是依照《著作权法》对文学、艺术和自然科学、社会科学、工程技术等享有著作权的人。《著作权法》第九条规定：“著作权人包括作者；其他依照本法享有著作权的自然人、法人或者非法人组织。"[①]《著作权法》中所指的作者，通常是指自然人，因为只有自然人才能用智力劳动成果对某些观念进行表述，才能创造出作品；但在某些情况下，法人和其他非法人组织也可以被视为作者。

（一）网络著作权的侵权主体

在互联网时代，网络著作权的侵权主体基本上可以分为以下三类。一是网络内容提供商。网络内容提供商为了与其他网站开展竞争，通常会复制粘贴其他网页的信息，或者将传统媒体的作品数字化，甚至对各类网站中的可用信息进行超文本链接。如果这种行为未经著作权人许可，那么就侵犯了著作权人的发行权、复制权和公开传播权，直接损害了著作权人的合法权益，应当承担侵权责任。二是网络服务提供商。网络服务提供商主要经营各类开放性网络，从事信息传播中介服务、技术支持和网络保障。当网络信息进入网络系统后，会在这系统中进行内容的自动复制。如果发生侵权现象，网络服务提供商也要承担一定的法律责任。三是网络用户。网络用户除了传统媒体之外，主要是一般用户。一般用户在对他人作品进行下载和上传时，通常出于个人意愿，取决于个人意志来决定下载和上传内容。如果这些行为具有侵权属性，那么就必须承担直接责任。传统媒体如果未经著作权人许可，擅自刊播版权人作品，那也会构成侵权，应该承担相应的法律责任。相较于传统媒体，网络世界中，侵权行为发生的过程更加难以追溯：在转载过程中，缺乏足够素养的网民往往无法判断自己的行为是否侵权，可能会在无意识行为中造成商业用途使用；在转载行为后，如果已经产生一定影响，那么可能会造成更多的转载侵权行为，侵权主体数量的繁多性导致侵权责任难以追溯，在"法不责众"的处境下让著作权人难以追责。

（二）网络著作权的侵权客体

网络著作权的侵权客体就是著作权所保护的对象，即作者创作出来并在网络中进行传播的文学、艺术、社会科学、自然科学或工程技术等方面的作品。作品是否具有独创性，是作品能否成为著作权客体的法定条件。作品的独创性，就是作品的原创性和初创性，要求作者是独立创作完成的成果，作者在整个创作过程中投入了主观的精神和智力劳动，而这个作品必须有能够与其他作品区别的特质。《著作权法》只保护对思想观念的表述，不保护思想观念本身，"这里所说的思想观念是指客观事实、发现、概念、原理等"[②]。也就是说，某一部作品属于某劳动者的劳动成果，是他通过自主劳动原创出的作品，那么他就拥有这部作品的著作权。

---

① 中华人民共和国司法部．法律法规全书［M］．第十九版．北京：中国法制出版社，2021（2）：83.

② 牛静．新闻传播伦理与法规：理论及案例评析［M］．上海：复旦大学出版社，2016：220－221.

二、著作权侵权现象严重的领域

（一）网络直播

随着网络直播行业的快速发展，经济收益不断增长。截至 2022 年 12 月，我国网络直播用户已有 7.51 亿个，比 2021 年 12 月净增 4728 万，占全部网民总数的 70.3%。在网络直播市场规模扩大的同时，著作权侵权的现象也日渐严重。

1. 侵权特征

由于各种网络直播的内容与方式不同，因此涉及的侵权特征也有所不同，这主要取决于网络主播和直播平台之间不同的关系。当下，许多网络主播基本上属于直播平台的普通用户，他们经过注册后就可以进行直播。在直播过程中，网络主播会通过自主选择直播的内容和形式，吸引用户，积累流量，获取收益。如果发生侵权行为，那么网络主播就是侵权主体，必须承担相应的法律责任。而网络主播可以与直播平台签约，依照直播平台的要求选择直播的内容与形式，并从直播平台获得报酬。“直播平台则应该履行监管义务，对直播内容进行及时审查，如果发生侵权现象，那么直播平台就必须承担连带责任”①。

2. 侵权类型

网络著作权的侵权类型，主要表现在以下两个方面。一是硬侵权，即未经著作权人许可进行内容的盗播。有的网络主播或者直播平台，突破著作权人的权利保护措施，利用各种技术手段，通过采集信号等途径，将电视节目或者其他视听作品在网上进行实时转播，以此获得网民关注，从而吸引流量，获取可观收益。二是软侵权，即未经著作权人许可就在网络直播中擅自使用他人的作品。尤其是在一些专业直播和泛娱乐直播中，有的网络主播或朗读他人的文章，或翻唱他人创作的歌曲，或播放经过剪辑的影视作品，此类行为若未经著作权人的同意，也应该属于侵犯他人的著作权行为。

（二）网络短视频

中国短视频发展报告将播放时长在 5 分钟以内的视频定义为短视频。目前各行各业对短视频还没有统一、完整和权威的界定，长度通常为几秒到几分钟不等。短视频的特点就是“短”，抖音是目前网络上使用率最高的短视频平台。短视频具有即拍即传、实时共享等众多优势，“当然，时长多少并不影响其著作权是否应该得到保护。正由于短视频时长比较短，侵权人通常会以其体量太小为由主张不应该受到《著作权法》的保护”②。网络短视频侵权特征主要体现在以下几个方面：

---

① 朱妤. 网络直播模式下的著作权保护研究［J］. 传播与版权，2024（02）：104－107.

② 牛步军. 短视频著作权合理使用的认定［J］. 上海商业，2023（12）：16－18.

1. 创作主体的全民化

5G 技术的快速发展和智能手机的广泛普及，使任何人都能够成为短视频的创作主体，但随之而来的是著作权的侵权纠纷也日渐增多，如二次创作的短视频就经常会与原作品在著作权方面出现冲突。短视频作品的海量化与创作主体的全民化，使二次创作者与原著作权人之间出现了严重的信息不对称，并凸显了短视频分享平台管理方面的严重不足。一是用户实名认证模糊。短视频平台原初为了吸引用户入驻，通常会简化注册流程，有的甚至无须实名认证，只要凭借身份信息就能够注册多个账号，从而导致被侵权者无法迅速找到直接侵权人进行及时维权，此类现象在一些规模较小的短视频平台更为常见。二是平台缺少预先审查环节。短视频平台作为网络服务提供者，对内容具有预先审查的法定义务，“但实际上不少短视频平台缺乏预先审查程序，或者没有实质性审查，或者审查范围过窄，从而使著作权侵权行为在短视频领域出现多发势头”①。对网络平台来说，难以用人工模式去对每天生产的海量短视频进行审查，目前主要还是依靠各种检测软件，在软件中输入某些关键词，通过关键词自动搜索来进行信息预警。

众所周知，人们在二次创作短视频时使用的素材主要来自网络公共空间，普通创作者在征得原作品著作权人许可并支付相应费用，才不构成著作侵权，但要找到原著作权人却是一件比较困难的事。有些在二次创作时所需要的短视频素材，如动漫、综艺和游戏等，创作者要想直接获得授权几乎是不现实的。许多经过二次创作的短视频在网络上进行传播，其变现需要依靠和用户的互动。《著作权法》的要求是“先授权后使用”，如果创作者是通过拼接、裁剪等手段对原作品进行简单表达，以此来牟取利益，同时又没有获得原著作权人的授权，那么此类行为就不再是合理使用，而是构成了侵权要素。

2. 侵权现象的复杂化

短视频由于具有内容丰富、形式新颖、技术先进、载体多元和分享方便等众多优势，更加契合人们快节奏生活方式下碎片化阅读的需求。作为网络载体的主要传播内容，短视频作品在著作权的利用途径、方式和频率方面与传统著作权的利用存在着明显差异。由于互联网普及了短视频作品，“用户才能够非常便捷地依赖网络获取所需要的信息，从而导致侵权案件的多发与维权难度的加大”②。现如今，网络短视频著作权侵权行为不但复杂多样，还具有很强的隐蔽性，使得在判定短视频是否侵权时，既要综合认定侵权行为，还要分析视频搬运、二次创作等的发布者是否属于合理使用。著作权侵权问题的日渐突出，既严重损害了原作品著作权人的合法权益，又制约了短视频行业的健康发展。短视频领域著作权侵权纠纷的多发，主要原因除了短视频作品的版权归属不清晰、著作权人与使用人权利不对等、版权信息数据库不完整等之外，还

---

① 王颖. 二次创作短视频著作权保护机制研究［J］. 法制博览，2024（02）：39-41.

② 白超伟. 著作权集体管理制度应用于短视频行业的策略探讨［J］. 新闻研究导刊，2023，14（24）：1-4.

在于互联网对作品传统利用方式的改变，导致许可授权方式简单、使用费标准不规范、规则不全和监督不足。

3. 侵权行为的商业化

网络著作权侵权行为可以为侵权人带来流量、粉丝的商业利益。如 2020 年底，抖音用户“楦＊姐”发布短视频后，竟累积了 151.1 万个点赞和 19.6 万个粉丝。有人认为其短视频文案抄袭了其他网络平台用户的作品，其中《2 小时飞机和 5 小时高铁你愿意坐哪个》的文案几乎一字不差地抄袭知乎“飞机 2 小时和高铁 7 小时你愿意坐哪个”的提问与回答。接到侵权通知后，“楦＊姐”立即删除了这个视频，但是实际上其影响已经造成，就算是删除，或者是进行追究，也无法消除既定事实。又如，B 站用户 Ge＊＊＊in_Tz、堂＊＊＊Tz 长期在网上发布电子游戏《原神》尚未公开的游戏内容，包括游戏文案、角色立绘、游戏配乐等，这些视频内容基本上都是通过拆包、解包等非法途径获取。他们把这些内容违法发布在 B 站后粉丝数量得到极大增加，并通过插入广告获取利益。2021 年 7 月初，他们的账号被封禁。接着《原神》项目组要求对他们的侵权行为进行追责，依据是《著作权法》的规定“通过传播未经允许公开的游戏信息，借此获利（流量、广告收益等）属于侵权行为”。上述侵权行为明显存在着侵权成本低、维权成本高、标的额小等特点，属于《著作权法》第五十二条第七款规定的“使用他人作品，应当支付报酬而未支付报酬的侵权行为”①。

如果仅仅依靠“通知—删除”规则来处理，“既无法充分保护著作权人的合法权益，又起不到对侵权人施加惩戒的效果”②。侵权人通过低成本输出侵权内容来获取商业利益，被指出侵权后删除了相关内容，但其获得的收益依然能够保留。如果不用网络伦理和法律法规进行规范，那么这样的侵权行为依然会普遍发生。

4. 合理使用界定的困难化

著作权人的作品独创性程度越高，被依法保护的标准就越严，被认定为合理使用的难度也越大。判断是否合理使用，“可以从量与质两个方面进行综合判断，量是指引用内容的数量；质是指引用内容是否属于实质性内容”③。对短视频著作权的侵权，有的是抄袭视频文案，构成文案侵权；有的是对视频内容进行了部分搬运，构成画面侵权。有的作品侵权发生在个体账号之间，更多的作品侵权是多个账号在搬运内容，从而导致系列性、群体性的侵权现象产生。随着短视频用户的海量化，短视频侵权案件发生的概率非常之大。目前，短视频的商业模式已比较成熟，二次创作的短视频作品应该在原作品基础上增加新的信息，用新的审美视角对内容进行新的转换才构成合理

① 中华人民共和国司法部．法律法规全书［M］．第十九版．北京：中国法制出版社，2021（02）：86.

② 汤天宇．版权网络侵权之“转移”规则研究［J］．黑龙江工程学院学报，2023，37（01）：59－63.

③ 姚薇薇．二次创作短视频著作权问题研究［J］．合作经济与科技，2024（05）：182－185.

使用。然而，许多短视频的二次创作者只是利用“搬运”和“切条”等手段进行“再创作”去获取利益，这样的“再创作”往往是对原文本的形式变通，或者是老瓶装新酒，或者是改头换面做个假样，总而言之，就是以各种变异形式抄袭原作。

（三）算法推荐技术

人工智能技术的广泛应用，使得网络平台在以算法推荐为客户提供服务的同时，也造成了比较突出的著作权侵权问题。2018 年，爱奇艺公司起诉字节跳动公司旗下的今日头条运用算法推荐向用户推送影视剧《延禧攻略》的剧情内容，单片的播放量最高超过 110 万次，严重损害了爱奇艺独家的信息网络传播权。爱奇艺公司认为，今日头条是短视频平台的领军企业，其采用先进的算法推荐技术可以精准识别用户喜好，本来应该采取措施规避版权视频内容侵权的风险，但却未对侵权内容进行屏蔽，同时也没有尽到合理的提醒义务，存在着主观过错行为。算法推荐技术是建立在数学算法基础之上的新领域，通过大数据可以对用户喜好的内容进行分析，在运行过程能够体现网络服务提供者的价值判断，这种价值判断标准又决定了内容的分发。而网民访问的信息则完全依赖于网络服务提供者的算法推荐，他们在接受算法推荐的内容时是被动的，没有自主选择权。今日头条就是根据受众阅读新闻的时间长短，筛选出受众的阅读喜好，然后大数据自动推送相关的视频。如果是一部电视剧，那么就将这些电视剧切割成各种小块，一部分一部分地进行推送，自然就泄漏了剧情。

算法推荐平台的行为是否构成著作权侵权，可以从三个方面分析。首先，最高人民法院《关于审理侵害信息网络传播权民事纠纷案件适用法律若干问题的规定》，“没有直接获取经济利益，是网络服务提供者的免责要件之一”。其次，根据上述《规定》第九条和第十二条的界定，积极主动地选择、编辑、修改和推荐作品，或者通过设定榜单、目录、索引、描述性段落和内容简介等形式推荐热门影视作品，都应被视为明知使用者侵权，从而对其负有高度注意义务。再次，根据上述《规定》第十三条和第十四条的规定：“用户在多次上传相同或相似的侵权网络信息后，网络服务提供者未及时采取措施阻止重复下载，也属于侵权行为，必须承担相应的法律责任。”① 因此，在大数据时代，一些网络公司利用技术优势来进行“洗稿”行为，本质上就是直接或者间接的侵权行为，需要引起我们的高度重视，而不是置之不理，任其发展壮大并获取暴利，损害版权拥有者的切身利益和创造积极性。

（四）网络文学

网络文学作品存在着多重价值，迫切需要受到《著作权法》的有效保护。网络文学作品著作权在被侵权时存在着一定的隐蔽性，再加上侵权行为手法多样，难以被及

① 袁修天．算法推荐机制下著作权侵权责任认定［J］．中阿科技论坛（中英文），2024（01）：144－148．

时有效制止。易观于 2021 年 4 月发布的《中国网络文学版权保护白皮书》显示，“到 2020 年，中国网络文学的市场规模就已经超过 288 亿元，其中盗版损失金额有 60 亿元”①。由于网络空间的无限性和网络终端的多元化，电子阅读目前已成为纸质阅读的重要补充。网络文学作品的传播，不需要依托有形的纸质载体，传播成本低、范围广。文艺作品以网络为载体进行广泛传播，既为受众带来了方便，也对著作权保护带来了挑战。当然，在数字时代，网络文学作品的阅读量有所下降，各种短视频和图片新闻更加适应当前大众的阅读习惯，但是很多网络文学作品也面对被侵权的风险。如今，随着网络文学发展的不断演进，侵权盗版技术也在发展，并且逐渐依托技术迭代，在无线连接著作权人、侵权者的过程中逐渐使盗版市场变得更加产业化、规模化。中国版权协会《2021 年中国网络文学版权保护与发展报告》显示，“2021 年中国网络文学因盗版侵权所蒙受的损失高达 62 亿元，占网络文学整体市场规模的 21%。此外，有 85.4%的作家曾遭遇侵权盗版事件，其中频繁受侵的比例达 42%”②。

（五）网络图片

在网络空间，数字化图片更方便复制，但其作为作品还是受到《著作权法》保护，著作权人在他人授权使用其网络图片时仍然具有获取适当报酬的权利。随着读图时代的来临，像微信公众号之类的网络媒体平台对图片的需求在明显增加。截至 2020 年，微信公众号的内容创作者已达 2 020 万，其中图文内容占总生产内容的 80%以上。版权意义上的图片根据特定用途和不同受众，主要分为编辑图片与创意图片两大类：编辑图片优先考虑真实性与客观性，内容具有新闻价值，主要用于公开报道；创意图片则注重艺术表现与审美鉴赏。与视频、音频等其他形式的版权内容相比，图片的使用成本更低。网络图片作品的著作权保护决定了其经济价值，图片市场的交易需要图片著作人的授权，但是在网络上图片的所有权并没有得到有效保护，很多图片都被随意复制粘贴，用在各个地方，甚至产生不良影响。“如果图片的著作权保护长期处于无序状态，那么其商业价值也就难以实现。正由于网络图片蕴含着重要的经济价值，因此也必须通过法律手段来对其进行保护”。③

（六）网络游戏

近年来，网络游戏的著作权侵权纠纷不但受到了社会各界的广泛关注，还引发了一系列激烈的争论。网络游戏有许多种类型，如剧情类游戏、战术类游戏、策略类游

---

① 王若崴．网络文学作品著作权被侵权的现状和刑事案件办理建议［J］．法制博览，2024（01）：145 - 147.

② 新京报．中国版权协会发布《2021 年中国网络文学版权保护与发展报告》［EB/OL］．（2022 - 05 - 27）［2024 - 01 - 15］https：//news. bjd. com. cn/2022/05/27/10094560. shtml.

③ 刘蕾．网络著作权侵权行为研究：以网络图片侵权为例［J］．河南科技，2023（23）：123 - 127.

戏、体育竞技类游戏和棋牌类游戏等。从著作权法基本理论这个层面分析，网络游戏的著作权主要反映在两个方面：一是网络游戏的基本认知；二是网络游戏著作权的保护路径。对网络游戏来说，有人认为，“网络游戏只能视其为未被著作权法类型化的作品”①，它虽然与“类电作品”有所不同，但应该以适用类电作品进行保护。

（七）人工生成技术

由于网络技术的发展和生成式人工智能技术的广泛应用，涉及自然科学和社会科学研究的学术作品在传播方式上也发生了很大变化，“一是数字化降低了学术作品传播的成本，增强了学术作品的传播效果，提升了学术作品的使用效率；二是数字化进一步丰富了学术作品的内涵，丰富了其表现形态，但也加大了侵犯著作权的法律风险”②。

三、网络著作权侵权的共性与平台责任

虽然网络著作权的侵权行为与传统著作权的侵权行为存在着共性，但又有许多区别于后者的个性特征：一是侵权行为及损害后果具有即时性。网络是开放、虚拟和无限的空间，在全球范围内，只要有网络信号，任何人都可以通过电脑或智能手机上网浏览内容并实施侵权行为，所有网站还都可以设置侵权内容的网页链接，并且能够随意添加、删节、改动，以各种形式进行广泛传播，促使侵权内容迅速扩展和蔓延，但权利人对此却无可奈何。二是侵权案件取证困难。在网络著作权侵权过程中，侵权行为主体有时是多元化的，既包括用户，也包括网络服务提供者，侵权行为主体的多元化，导致侵权案件的取证非常困难。传统侵权行为相对比较容易识别，但网络具有很强的流动性和交互性，侵权行为不但范围广，还具有隐蔽性，而有些内容经过删节和修改后，会让证据失去原始性。三是侵权案件的司法管辖难以确定。对传统侵权行为实行的是属地管辖，但网络是全球性的分布，物理位置在网络空间中已没有实际意义，传统的属地管辖已不再适用于网络。当纷繁复杂的网络著作权侵权案件发生时，人们只得去寻找新的管辖依据。正是因为网络著作权的取证难、处理难、追责难，所以很多受到侵害的作者会主动放弃诉讼权，导致网络侵权行为比比皆是。因此，如何构建维护创作者的劳动成果，坚决用伦理与法规惩戒侵权行为，这是法治中国的重要方向。

案例 12 - 1

AI 生成作品也有著作权！我国首例“AI 文生图”著作权案一审判决生效

近两年 AI 产业迅速崛起，涌现了一堆 AI 创作类产品，包括 AI 文生图、AI 图生

---

① 杨明. 网络游戏著作权保护的裁判逻辑 [J]. 南京社会科学，2024 (01)：75 - 85.

② 覃楚翔，赵陶钧. 学术作品传播视域下生成式人工智能署名的困境与应对 [J]. 当代传播，2023 (06)：71 - 75，107.

文等多种类型。用户只需要输入一些提示词，AI 大模型就可以产出相应的文字、图片、代码等内容。

AI 生成的内容受著作权法的保护吗？相应权利归属于谁？是否可以随便使用网络上 AI 生成的内容？这些问题一直非常困扰大家。

法院经审理认为：涉案图片符合作品的定义，属于作品。

从涉案图片的外观上来看，其与通常人们见到的照片、绘画无异，显然属于艺术领域，具有一定的表现形式。涉案图片系原告利用生成式人工智能技术生成的，从原告构思涉案图片起，到最终选定涉案图片止，原告进行了一定的智力投入，比如设计人物的呈现方式、选择提示词、安排提示词的顺序、设置相关的参数、选定哪个图片符合预期等。涉案图片体现了原告的智力投入，因此涉案图片具备“智力成果”要件。

从涉案图片本身来看，体现出了与在先作品存在可以识别的差异性。从涉案图片生成过程来看，原告通过提示词对人物及其呈现方式等画面元素进行了设计，通过参数对画面布局构图等进行了设置，体现了原告的选择和安排。另一方面，原告通过输入提示词、设置相关参数，获得了第一张图片后，继续增加提示词、修改参数，不断调整修正，最终获得涉案图片，这一调整修正过程体现了原告的审美选择和个性判断。在无相反证据的情况下，可以认定涉案图片由原告独立完成，体现出了原告的个性化表达，因此涉案图片具备“独创性”要件。

涉案图片是以线条、色彩构成的有审美意义的平面造型艺术作品，属于美术作品，受到著作权法的保护。

最终，北京互联网法院作出一审判决，判决被告赔礼道歉并赔偿原告 500 元，双方均未提起上诉，目前一审判决已生效。①

第二节　网络著作权的法规准则

在知识产权保护的法律体系中，著作权与专利权和商标权相比，法律规制的对象更加广泛、内容更加丰富、类型更加多样、关系更加复杂、任务更加艰巨。《著作权法》保护的是“包括文学、艺术及科学作品在内的原创性作品”；《专利法》和《商标法》重点则在于“保护技术发明与创新和商标标识的注册”。进入网络时代后，网络传播中的著作权侵权问题更为突出，从而使得《著作权法》的贯彻落实、维权、监管和

① 快科技．AI 生成作品也有著作权！我国首例“AI 文生图”著作权案一审判决生效［EB/OL］．（2023 - 12 - 20）［2024 - 03 - 25］https：//baijiahao. baidu. com/s? id=1786520134213082434&wfr=spider&for=pc.

治理都面临着前所未有的难题。

互联网对著作权的使用、保护和管理带来了许多新问题。对《著作权法》进行修订，既满足了我国数字经济的现实需要，也顺应了传播环境的不断变化，这对网络时代切实有效保护知识产权起到了重要作用。《著作权法》的修订及配套法规的不断完善，既能够充分发挥法律法规对版权产业的规范、保障、引导和促进作用，还可以进一步推进版权治理体系和治理能力的现代化，在提升版权工作法治化水平的同时，实施创新驱动发展战略，推进社会主义文化强国建设。

一、著作权的内容

在我国，著作权的内容由作者的精神权利和经济权利共同构成。《著作权法》是“先规定作者的精神权利，然后才规定经济权利”①，这两种权利既互相独立又互相联系。精神权利不能够通过合同、继承等途径获得，但经济权利可以通过上述途径转让。因此，就一个作品而言，著作权可以为不同的主体所拥有。

（一）作者的精神权利

作者的精神权利也就是著作权中的人身权，“是指与作者的人身利益紧密相连、体现作者的人格和精神所享有的一切权利，包括发表权、署名权、修改权和保护作品完整权 4 项权利”②。

（二）作者的经济权利

作者的经济权利，即作者的财产权，是指著作权人自己使用或者允许他人在使用作品时而获得的经济利益的权利，包括发行权、出租权、展览权、表演权、放映权、广播权、信息网络传播权、摄制权、改编权、翻译权、汇编权等。③

二、《著作权法》对作品的定义

（一）受到保护和不受保护的作品

根据《著作权法》第三条的规定，受到著作权法保护的作品有九个大类，分别是：

“（1）文字作品；

（2）口述作品；

（3）音乐、戏剧、曲艺、舞蹈、杂技艺术作品；

（4）美术、建筑作品；

（5）摄影作品；

---

① 中华人民共和国司法部. 法律法规全书［M］. 第十九版. 北京：中国法制出版社，2021（2）：83.

② 中华人民共和国司法部. 法律法规全书［M］. 第十九版. 北京：中国法制出版社，2021（2）：83.

③ 中华人民共和国司法部. 法律法规全书［M］. 第十九版. 北京：中国法制出版社，2021（2）：83.

（6）视听作品；

（7）工程设计图、产品设计图、地图、示意图等图形作品的模型作品；

（8）计算机软件；

（9）符合作品特征的其他智力成果。”①

根据《著作权法》第五条的规定，不受著作权法保护的作品有三个大类，分别是：“（1）法律、法规，国家机关的决议、决定、命令和其他具有立法、行政、司法性质的文件及其官方正式译文；

（2）单纯事实消息；

（3）历法、通用数表、通用表格与公式。”②

（二）网络作品的法律认定

网络传播的作品主要有两大类：“一是把原先在传播媒体传播过的各类作品通过数字化技术处理后，重新在网络上进行传播；二是纯粹利用计算机技术或者网络技术进行数字化创作的作品，如数据库、网上电子报刊、多媒体节目等。”③ 关于网络作品的著作权保护，新修订的《著作权法》已作出明确规定。这些受保护的作品，应该具备三个条件：“一是作者自己创作且具有独创性；二是属于文学、艺术和自然科学、社会科学、工程技术等作品；三是其他智力成果。”④ 因此，凡是在网络上传播的此类信息，都属于《著作权法》保护的范畴，这是一种广义的著作权，不是狭义上的文学文本作品，因此，我们并不能因传播载体和传播方式的不同而否定它们的“作品”性质。

（三）新闻作品的法律调整

新修订之前的《著作权法》曾长期将“时事新闻”排除在著作权保护客体的范围之外，如 2010 年版的《著作权法》第二十二条第四款规定：“报纸、期刊、广播电台、电视台等媒体刊登或播放其他媒体已经发表的关于政治、经济、民生、文化、社会等题材的时事性内容时，可以既不用征得著作权人同意，也不用向著作权人支付报酬，但应当标明作品的名称和作者的姓名，同时还不得侵犯著作权人应该享有的其他法定权利，作者不许刊登、播放的除外。”⑤ 如今有些网络媒体自己平时不生产新闻内容，只是做新闻作品的搬运工。尤其是视频新闻作品，它更是包含了作者复杂的智力劳动，但是往往随意被他人使用、剪辑和重构。根据新《著作权法》第三条规定：“本法所称

---

① 人民法院出版社．知识产权法律法规司法解释全编［G］．2023 版．北京：人民法院出版社，2023：215.

② 中华人民共和国司法部．法律法规全书［M］．第十九版．北京：中国法制出版社，2021（2）：82.

③ 中华人民共和国司法部．法律法规全书［M］．第十九版．北京：中国法制出版社，2021（2）：82.

④ 中华人民共和国司法部．法律法规全书［M］．第十九版．北京：中国法制出版社，2021（2）：82.

⑤ 国务院法制办公室编．中华人民共和国著作权法［M］．北京：中国法制出版社，2010：37.

的作品，是指文学、艺术和科学领域内具有独创性并能以一定形式表现的智力成果。”① 新闻报道中的“单纯事实消息”通常是指记者或自媒体人对时间、地点、事件、人物、原因、结果等客观事实的反映，不具备《著作权法》所要求的“独创性”。但时事新闻作品大多是根据“单纯事实”进行采制的，因此不受《著作权法》的保护，“如果原创的新闻作品是以音频产品或视频产品形式出现，那也就应该受到《著作权法》的保护”②。

三、著作权的限制

所谓著作权的限制，又被称为著作权的例外，主要是指《著作权法》规定的对于著作权的各种限制。进行这种设置，目的是平衡著作权保护和社会公共利益之间的关系，主要包括合理使用与法定许可。这两者的区别在于前者不需要向著作权人支付报酬；后者需要向著作权人支付报酬。

（一）合理使用

合理使用是指使用人在《著作权法》规定的范围内使用享有著作权的作品时，不用事先征得著作权人的同意，也不用向其支付适当的报酬。新版《著作权法》第二十四条就明确规定了十二种合理使用的情况：

“（1）为个人学习、研究或者欣赏，使用他人已经发表的作品；

（2）为介绍、评论某一作品或者说明某一问题，在作品中适当引用他人已经发表的作品；

（3）为报道新闻，在报纸、期刊、广播电台、电视台等媒体中不可避免地再现或者引用已经发表的作品；

（4）报纸、期刊、广播电台、电视台等媒体刊登或者播放其他报纸、期刊、广播电台、电视台等媒体已经发表的关于政治、经济问题的时事性文章，但作者声明不许刊登、播放的除外；

（5）报纸、期刊、广播电台、电视台等媒体刊登或者播放在公众集会上发表的讲话，但作者声明不许刊登、播放的除外；

（6）为学校课堂教学或者科学研究，翻译或者少量复制已经发表的作品，供教学或者科研人员使用，但不得出版发行；

（7）国家机关为执行公务在合理范围内使用已经发表的作品；

（8）图书馆、档案馆、纪念馆、博物馆、美术馆、文化馆等为陈列或者保存版本的需要，复制本馆收藏的作品；

---

① 中华人民共和国司法部．法律法规全书［G］．第十九版．北京：中国法制出版社，2021（2）：84.

② 叶红．关于视频新闻是否纳入著作权法保护的探讨［J］．新闻文化建设，2022（09）：18－20.

(9) 免费表演已经发表的作品，该表演未向公众收取费用，也未向表演者支付报酬，且不以营利为目的；

(10) 对设置或者陈列在公共场所的艺术作品进行临摹、绘画、摄影、录像；

(11) 将中国公民、法人或者非法人组织已经发表的以国家通用语言文字创作的作品翻译成少数民族语言文字作品在国内出版发行；

(12) 以阅读障碍者能够感知的无障碍方式向其提供已经发表的作品；

(13) 法律、行政法规规定的其他情形。

前款规定适用于对与著作权有关的权利的限制。”①

合理使用的方式主要是依法复制，在法律允许的范围之内对著作权人的权利进行一定的弱化，其目的是帮助著作权人让作品更加广为流传。在传统媒体时代，作品本身的流通是在一定范围内发生的，而对作品的复制也需要一定的成本，程序复杂且价格高昂，因此私人复制的情况不是很普遍；如今任何人只要拥有一台可以上网的电脑，就可以不受时空条件限制快速、方便地复制并传播作品，并在自身的商业目的之下进行自主的裁剪和剪辑，最终呈现出来的作品，既涉及侵犯原作品的著作权，也改变了原作品的表达思想，影响著作权人的创作激情，严重干扰作品的正常经营秩序，同时也导致著作权人的财产损失。《著作权法》对著作权合理使用的规制，目的是合理配置知识产品创造者与作品使用者之间的权益，保障各方的主体权益。许多国家通过制订法律法规，把私人复制与合理使用变为“法定许可”，就是在向版权所有者支付报酬的基础上允许复制。

(二) 法定许可

法定许可也叫自愿许可，就是指使用人在遵守《著作权法》有关规定的基础上，使用著作权人的作品不用经过著作权人的许可，但应该向著作权人支付相应报酬。《著作权法》第二十五条规定：“为实施九年制义务教育和国家教育规划而编写出版教科书，可以不经著作权人许可，在教科书中汇编已经发表的作品片段或者短小的文字作品、音乐作品或者单幅的美术作品、摄影作品、图形作品，但应当按照规定向著作权人支付报酬，指明作品姓名或者名称、作品名称，并且不得侵犯著作权人依照本法享有的其他权利。”② 法定许可的基本前提是要向著作权的所有人支付一定报酬，经过作品所有人的授权以后才可以进行传播。即使如此，在传播过程中仍然要进行署名和说明。

(三) 著作权的保护期限

著作权的保护期限，既是法律给予著作权人作品保护的期限，也是著作权人对作

① 人民法院出版社. 知识产权法律法规司法解释全编 [G]. 北京：人民法院出版社，2023：217-218.

② 中华人民共和国司法部. 法律法规全书 [M]. 第十九版. 北京：中国法制出版社，2021 (2)：84.

品所专门享有的有效期限。《著作权法》第二十二条规定："作者的署名权、修改权、保护作品完整权的保护期不受限制；"① 第二十三条又规定："自然人的作品，其发表权、本法第十条第一款第五项至第十七项规定的权利的保护期为作者终生及其死亡后五十年，截止于作者死亡后第五十年的12月31日；如果是合作作品，截止于最后死亡的作者死亡后第五十年的12月31日。"② 对著作权实行期限保护，目的是在保护期内使作者能够充分享有作品所带来的精神和经济利益，同时也为了鼓励作品的创作和传播。设置保护期限是为了使作者不能长期占有文化成果，在著作权人的智力成果得到回报的同时，也让全社会能够更加方便地获取和受益于这些文化成果。

（四）著作权的侵权与责任追究

著作权的侵权包括直接侵权和间接侵权。如果侵权成立，那么侵权人就要根据侵害程度的不同承担相应的法律责任，这是网络传播必须遵守的伦理法规。根据《著作权法》第四十八条的规定，著作权的侵权包括民事责任、行政处罚和刑事责任。《著作权法》第五十三条规定，使用人如果有侵权行为，就必须在停止侵害、消除影响的同时、向著作权人进行赔礼道歉和赔偿损失；有损害公共利益的，著作权行政管理部门应该责令使用人停止侵权行为，没收其违法所得，销毁侵权复制品，并对侵权人处以罚款；情节严重的，著作权行政管理部门还应该没收侵权者主要用于制作侵权复制品的工具、设备、材料等；构成犯罪的，依法追究刑事责任，主要情形有8条：

"（1）未经著作权人许可，复制、发行、表演、放映、广播、汇编、通过信息网络向公众传播其作品的，本法另有规定的除外；

（2）出版他人享有专有出版权的图书的；

（3）未经表演者许可，复制、发行录有其表演的录音录像制品，或者通过信息网络向公众传播其表演的，本法另有规定的除外；

（4）未经录音录像制作者许可，复制、发行、通过信息网络向公众传播其制作的录音录像制品的，本法另有规定的除外；

（5）未经许可，播放或者复制或者通过信息网络向公众传播广播、电视的，本法另有规定的除外；

（6）未经著作权人或者与著作权有关的权利人许可，故意避开或者破坏技术措施的，故意制造、进口或者向他人提供主要用于避开、破坏技术措施的装置或者部件的，或者故意为他人避开或者破坏技术设施提供技术服务的，法律、行政法规另有规定的除外；

（7）未经著作权人或者与著作权有关的权利人许可，故意删除或者改变作品、版

---

① 中华人民共和国司法部. 法律法规全书［M］. 第十九版. 北京：中国法制出版社，2021（2）：84.

② 中华人民共和国司法部. 法律法规全书［M］. 第十九版. 北京：中国法制出版社，2021（2）：84.

式设计、表演、录音录像制品或者广播、电视上的权利管理信息的，知道或者应当知道作品、版式设计、表演、录音录像制品或者广播、电视上的权利管理信息未经许可被删除或者改变，依然向公众提供的，法律、行政法规另有规定的除外；

（8）制作、出售假冒他人署名的作品的。”①

在处理网络著作权侵权现象时，还要协调好《著作权法》与《民法典》及其他相关法律之间的关系，既有所融通，又有所侧重。一是要充分顾及《著作权法》的特殊性质和刚性规定，采取有针对性的措施来保护著作权人的合法权益；二是要严格遵循《民法典》的基本原则，有效保障著作权人的合法权益。“只有把专门法与一般法有机地结合起来，才能重点用好法律手段保护著作权不受侵犯”②。

案例 12－2

现代快报告今日头条侵权案胜诉：感觉像秋菊打官司

2015 年 6 月起，现代快报刊发了四名记者署名的 6 篇文章，未获现代快报授权，今日头条即予以转载。同年 9 月，江苏现代快报传媒有限公司以侵害著作权为由，将今日头条所属的北京字节跳动科技有限公司（下称“字节跳动公司”）起诉至无锡市中级人民法院。

字节跳动公司认为，涉案 6 篇文章中，2 篇由用户上传，4 篇是公司从其他合作方获得授权的链接，因此不构成侵权。

无锡中院一审认为，涉案文章属于《著作权法》意义上的作品，属于作者的独创性智力劳动，符合《著作权法》保护的时事新闻，且涉案记者均为现代快报公司聘用的记者，所创作的作品系完成工作任务的职务作品，著作权属于现代快报公司及其无锡分公司。

此外，法院一审认为，对于 2 篇用户上传的文章，字节跳动公司仅作为网络服务提供者提供网络信息存储空间，且尽到合理审查义务，不应承担侵权责任。但对于 4 篇授权链接的文章，字节跳动公司现有证据则不足以证明其仅提供链接服务，即使其仅提供链接服务，也不能完全免责。

综合考虑今日头条的影响力、传播范围及其主观过错等因素，2017 年，无锡中院判决，字节跳动公司赔偿现代快报、现代快报无锡分公司经济损失 10 万元，以及赔偿相关合理费用 1.01 万元。

一审判决后，字节跳动公司不服判决结果，提起上诉。

---

① 人民法院出版社．知识产权法律法规司法解释全编［G］．北京：人民法院出版社，2023：220－221.

② 陈立毅．《民法典》背景下网络著作权侵权治理探究［J］．广西政法管理干部学院学报，2023，38（06）：114－121.

10月8日，江苏省高级人民法院审理认为，一审法院认定的事实清楚，适用法律适当，应予维持。判决认定的事实均有相应证据证明，字节跳动公司在今日头条客户端提供涉案4篇文章构成侵权，其仅提供链接服务的辩解不能成立。据此，江苏省高级人民法院做出终审判决，驳回上诉，维持原判。

现代快报方面称，这是迄今为止网络违法转载传统媒体原创新闻稿件判赔金额最高的案例。①

这个案例引起了全社会尤其是新闻界的广泛议论，许多人认为，这既让非法转载者承担了赔偿性责任和惩罚性责任，也让传统媒体看到了侵权赔付标准提高的希望。早在2021年1月，习近平总书记就指出："坚决依法惩处侵犯合法权益特别是侵犯知识产权行为，引入惩罚性赔偿制度，显著提高侵权代价和违法成本，震慑违法侵权行为。"② 采取惩罚性损害赔偿措施的目的是强化警示性和示范性，这属于一种报复性的赔偿，因此，法院所判定的赔偿数额通常会明显高出实际上的损害数额。我国2020年5月颁布的《民法典》和2021年11月颁布的《著作权法》已明确地把惩罚性赔偿写入了法律条文。"惩罚性赔偿的引入，在新闻版权诉讼中对其恰当应用具有筑牢制度基础的现实意义"③。经过第三次修改后的《著作权法》第五十四条对惩罚性赔偿作出了明确规定，这标志着我国知识产权领域惩罚性赔偿制度已有了法律赋权。为更好地适用这项规则，最高人民法院又于2021年3月出台《惩罚性赔偿司法解释》，对裁判标准和赔偿数额进行了补充规定。在审判过程中，"适用著作权惩罚性赔偿规则能对著作权领域的从业者产生预警作用，为全社会带来规范效应"④。

第三节　网络传播著作权侵犯的法规治理

著作权作为民事权利之一，通常由权利人自己行使，谁主张谁举证，法院对其不告不究。进入网络时代后，由于权利人比传统媒体时代更加广泛、覆盖面更广，因此让权利人自己来维权，不但成本过高，取证难度还很大。制止网络侵权，首先要明确网络著作权的侵权行为，然后有针对性地采取有效措施制止。

① 周世玲．现代快报状告今日头条侵权案胜诉：感觉像秋菊打官司［EB/OL］．（2018－10－17）［2024－01－12］news. sina. com. cn/c/2018-10-17/doc-ifxeuwws5170101. shtml.

② 习近平．全面加强知识产权保护工作 激发创新活力推动构建新发展格局［EB/OL］．（2021－01－31）［2024－02－03］http：//news. cctv. com/2021/01/31/ARTImGCZrGui7NLrTHRYXwQ0210131. shtml.

③ 陈笑春，秦赛一．惩罚性赔偿对新闻版权侵权的治理意义：基于350份侵权诉讼判决书的分析［J］．新闻界，2023（10）：64－73.

④ 王莎．著作权惩罚性赔偿数额计算问题［J］．合作经济与科技，2024（08）：184－187.

一、用法律规制进行治理

治理网络著作权侵权现象的措施最重要的就是必须用足用好法律手段。我国对治理网络著作侵权行为的立法在 21 世纪初就开始了，这与我国网络技术的发展基本上是同步的。新修订的《著作权法》对著作权进行了扩充和延伸解释，把“信息网络传播权”纳入了著作权的内容范围。为了与这次修订的《著作权法》相适应，2006 年国务院出台了《信息网络传播权保护条例》，首次对网络侵权通知规则作出细致规定。原《侵权责任法》于 2010 年施行后，又对网络侵权行为通知规则进行了创造性立法。“通知规则”初始是用来规制网络著作权侵权行为的，而在原《侵权责任法》中则拓展成了在所有网络侵权类型中认定网络服务提供者过错的基本规则。为了完善和细化网络侵权的通知规则，最高人民法院曾经出台《关于审理侵害信息网络传播权民事纠纷案件适用法律若干问题的规定》和《关于审理利用信息网络侵害人身权利民事纠纷案件适用法律若干问题的规定》，同时为了弥补原《侵权责任法》在立法上的不足，又于 2020 年 12 月 19 日继续公布《关于审理涉及计算机网络著作权纠纷案件使用法律若干问题的解释》，“进一步确立了网络知识产权侵权的通知规则”①，规定网络服务提供者如果在收到著作权被侵权人的通知后仍不作为，那么要与网络用户承担共同的侵权责任。2021 年 1 月 1 日正式施行的《民法典》第一千一百九十五条对权利人的通知权、网络服务提供者的义务与责任、权利人错误行使通知权的责任及如何与其他特别法中权利人通知规则的衔接这四个问题做出了规定，“明确了当权利人发现使用人在借助网络服务进行著作权侵权时，可以通知网络服务提供者立即采取删除措施，并实行屏蔽和断开链接，以停止网络用户侵权行为的权利”②。

相关法律法规基于技术发展与理念变迁的规范调适是一个利益分配、法律选择和价值整合的复杂过程。在网络发展初期，发现侵权行为的义务主要是由著作权人承担，平台方仅仅采取删除措施就可以免责。随着网络传播平台方服务类型的日趋复杂化，依然只需承担被动删除义务，就会严重影响著作权人与网络服务提供者之间的关系平衡。因为在流量经济时代，如果注意义务过低，势必会导致更多“侵权激励”现象的发生。一般说来，法律上的注意义务是义务主体谨慎地为自己一切行为（包括作为和不作为）的法律义务，其核心内容包括行为致害后果预见义务和行为致害后果避免义务。注意义务的产生依据包括制定法、技术规范、习惯和常理、合同或委托、在先行为。“当利益的天平严重倾斜于网络服务提供者时，平台方通常是缺乏主动治理用户侵

---

① 最高人民法院关于审理涉及计算机网络著作权纠纷案件适用法律若干问题的解释［J］. 科技与法律，2000（04）：10－11.

② 郑二为，蔡碧洲.《民法典》对网络侵权通知规则的完善［J］. 法制博览，2023（11）：48－50.

权行为的积极性的。只有促使其主动采取技术措施来预防侵权，才能有效调适业已失衡的利益配置模式"①。根据《著作权法》的有关规定，不断强化互联网背景下的利益平衡理念，改进合理使用制度，是治理网络著作权侵权现象多发的有效举措之一。"合理使用制度能够平衡著作权人的合法权益与社会公众之间的利益，在保护著作权人智力成果、激发创作积极性的基础上，允许社会公众接触作品并进行再创作，以推动科学、文化、艺术、设计、工程技术等领域的发展与繁荣"②。

二、用行政手段进行治理

从 2005 年开始到 2022 年底，我国已连续开展了 18 次打击网络侵权盗版的"剑网"专项行动，保持了网络著作权治理的常态化，在治理对象、治理手段、治理程度等方面都在不断改进完善。

（一）治理对象的细分

在先后 18 次的"剑网"专项行动中，著作权侵权治理对象经历了一个由宽泛到逐渐细分的治理过程，这既契合了互联网发展趋势和产业形态的变化，也反映出我国网络著作权侵权现象治理的日渐专业化和精准化。"剑网"专项行动可以分为以下两个阶段。第一个阶段是从 2005 年到 2014 年。在这个阶段，基本上都是以"非法网站"和"网络非法传播音乐、电影、软件等作品的侵权行为"作为首要治理对象。第二个阶段是从 2015 年到 2022 年。在这个阶段，治理对象开始具体化，每次都确立治理重点对象，如网络影视和新闻作品版权、网络文学版权、网络音乐版权以及短视频版权、网络转载版权、动漫版权、媒体融合发展版权、院线电影网络版权、流媒体软硬件版权、图片市场版权、电商平台版权等，反映出我国治理网络著作权侧重于突出问题。

（二）治理手段的多元

从 18 次的"剑网"专项行动看，我国治理网络著作权侵权的手段已经多元化。为了施行综合治理，既列举分类监管与重点监管、发布版权保护黑名单与白名单，又分别采取约谈、责令整改、公开通报、行政处罚、刑事打击等覆盖多个环节的措施，同时还通过设立网站版权信息库、开通权利人维权绿色通道、创建全国版权示范基地和单位、健全版权领域信用体系、完善督办协调机制，通过不断发动网络主体实施主动监管、发动行业组织自查自律等措施，充分调动起相关利益主体的积极性，对构筑常规化治理机制起到了促进作用。

---

① 胡自源. 网络版权侵权领域必要措施认定的实践省思及路径纠偏：以 1276 份裁判文书为研究样本 [J]. 西南知识产权评论，2023（01）：168－190.

② 王贵娇. 互联网背景下著作权合理使用制度研究 [J]. 湖北经济学院学报（人文社会科学版），2024（02）：94－97.

（三）治理程度的加深

随着各级党委和政府对网络平台治理措施的不断推进，我国治理网络著作权侵权行为的程度也更加深入。尤其是2018年以后，在“剑网”专项行动的通知中经常出现“整治”“坚决整治”“着力整治”“严厉整治”“重点打击”和“严厉打击”等词语，“较之以前使用的‘规范’‘引导’‘完善’和‘加强’等比较温和的词语，反映出了监管部门治理网络著作权侵权现象的严厉态度和坚定立场”①。

三、用社会力量进行综合治理

治理网络著作权侵权现象，离不开全社会的齐心协力。著作权人、网络服务提供者与用户都应该是治理网络著作权侵权现象的重要力量，尤其是作为网络服务提供者的平台方，更应该发挥综合技术优势，主动承担治理网络著作权侵权行为的主体责任，在法律法规的框架内根据自身服务类型、用户侵权风险特征采取有针对性的预防措施，畅通用户维权渠道、健全侵权处罚机制，通过构建以平台自治赋能网络版权保护的生态，既可以弥补法律法规治理相对滞后的不足，又能够为法律法规的调适打下实践基础。

在治理网络著作权侵权现象中，平台应该充分发挥自身优势，主动管理版权内容。平台在内容分享时，实际上是在起到联结权利人与网络用户的中枢作用，能够平衡网络版权主体间的利益。一是平台可以从制度上进行兜底，建立基于平台版权的保护机制，帮助著作权人和侵犯者之间实现良性沟通，或者是通过搭建创收模式，让二者实现互利共赢；二是平台可以基于作品的使用性和传播力度，帮助著作权人和使用者之间形成合作，既帮助版权产业在互联网上实现知名度和影响力的扩散，也帮助互联网产业借助优质内容实现整体形象的塑造，进一步帮助产业由对立走向合作；三是平台利用新兴技术进行主动识别，对平台上的每一个作品都做到数据录入，进行数据比对，从根源上帮助著作权人维护好自身权益。这三种方法都是互联网时代的新探索，我们需要根据实际情况进行不断修改完善，更加地保护好网络著作的合理权益，提升创作者的积极性和有利行为。

四、用综合措施重点治理网络直播中的侵权

直播是当下网络著作权侵权的多发地带，要有效治理网络直播中的著作权侵权现象，就必须采取综合措施，重点可以从完善相关立法、健全司法保护、加强平台监管、建立协调机制等方面入手。

---

① 任晓敏，赵鑫莹. 我国网络版权治理的影响变量、运作模式与核心逻辑［J］. 中国编辑，2023（03）：20-25.

（一）完善相关立法

如果从适用法律来分析，需要界定好网络直播应该适用广播权还是信息网络传播权。《著作权法》第十条第十一款对广播权的范围界定是："以有线或者无线方式公开传播或者转播作品。"① 简言之，网络直播行为应该属于广播权范围。但修订后的新《著作权法》对作品类型进行了调整，将所有在线上与线下传播的电影等作品和以类似摄制电影的方法创作的作品都改成了视听作品。因此，网络直播形成的作品不再归属于其他智力成果，应该属于视听作品。重要的是，网络直播的著作权保护仍然有赖于完善相关立法，并通过司法实践公布一些典型指导性案例或者精品判例，以解释的形式进行说明，从而探析统一标准，更好地做到著作权保护的公平公正，平衡各方利益。

（二）健全司法保护机制

网络直播是在虚拟空间发生的行为，其对著作权的侵权行为具有一定的隐蔽性，许多侵权行为不容易被人所发现，著作权人举报和维权的难度都很大。网络平台上一系列案例证明，著作权人起诉的对象大多集中于直播平台，希望在认定被侵权后能够获得侵权赔偿金，要求直播平台履行监督责任，防止再次发生侵权行为。但是，直播平台实际上通常不承担法律责任或承担有限责任。只有著作权人在追究直播平台法律责任的同时追究侵权用户的法律责任，才能有效地从源头制止网络直播中著作权侵权行为的发生。而对那些构成刑事犯罪的著作权侵权行为，则必须依法追究用户的刑事责任，从而进一步强化司法保护。

（三）加强平台监管

加强平台监管非常有必要，因为只有完善一系列管理机制，加大平台监管力度，健全风险防控体系和侵权投诉体系，才能减少网络直播中的著作权侵权行为。直播平台要在提高用户注册门槛的基础上，对网络主播进行不定期的语音监控和截屏，发现有侵权行为就第一时间予以制止，督促网络主播停止侵权并对网络主播进行处罚。对有严重侵权行为的网络主播还应该列入侵权黑名单，禁止他们再从事类似的活动。与此同时，直播平台还可以统一处置在直播活动中出现的著作权问题，如申请相关著作权人授权、简化授权程序、提高授权效率等，帮助化解潜在的著作权侵权风险，使网络主播在直播过程中能够合法地使用相关作品。

（四）使用科技手段

要有效治理网络传播中的著作权侵权现象，除了利用法律法规、行政措施，落实平台责任外，还应该动用现代高科技手段，如大数据监测、人工智能、区块链等，全方位地打击网络直播中的著作权侵权行为。例如，引进技术识别作为互联网平台登记的基

---

① 中华人民共和国司法部. 法律法规全书［M］. 第十九版. 北京：中国法制出版社，2021（2）：83.

础，标注每一个网络作品的关键要素，并进行实时扫描识别，谨防相似作品的出现。

（五）建立协调机制

解决网络直播中的著作权侵权问题，需要建立各方共同努力的协调机制，通过多元化途径解决争端。一是直播平台可以设置争端解决机构，及时受理侵权投诉，并有针对性地提供解决方案。二是通过行业协会成立侵权纠纷解决部门，常年聘请专家和法律顾问，遇到疑难和复杂的影响范围很大的侵权纠纷或者跨平台侵权案件时，及时介入处置，以平衡各方利益。三是司法机关可以增设相关的仲裁机构，对各种复杂的侵权纠纷进行仲裁。四是通过成立业内管理组织，统一著作权授权程序，“提高著作权授权效率，实施著作权保护，以促进网络直播行业的健康有序发展”①。

案例 12-3

歌曲曲调过于相似，是否构成著作权侵权？

随着互联网技术的迅速发展和普及，数字内容的创作与传播变得日益便捷和高效。然而，这种进步也伴随着一系列版权保护问题的出现，其中“文字洗稿”和“洗歌”等黑灰产业尤为引人关注。“洗歌”行为不仅损害了原创者的合法权益，也破坏了市场的公平竞争秩序，对互联网行业的健康发展构成了严重威胁。

具体而言，“洗歌”是指音乐产业中的一种“山寨”现象，通常表现为在保留歌曲框架结构、原旋律的基础上，保留关键乐句，对不关键的乐句进行表达形式的替换，编曲和声几乎照搬原作的歌曲创作模式。对于“洗歌”行为是否侵害他人著作权，应以怎样的著作权侵权标准予以评判？近日，浙江省高级人民法院审结的一起著作权侵权案，为业界提供了参考。

该案的原告为杭州某读科技有限公司（以下简称 A 公司），被告为广州某狗计算机科技有限公司（以下简称 B 公司）。原告 A 公司诉称：其经独家授权取得《错位时空》歌曲（艾辰演唱版本，以下简称涉案歌曲）的著作权。2021 年 1 月 1 日，涉案歌曲于网易云音乐平台发行后保持极高播放量和热度，是当时最热门的歌曲之一。同年 2 月 4 日，被告经营的 B 音乐平台上线了同名歌曲《错位时空》（韩可可、夏文娜演唱版本，以下简称被诉侵权歌曲），并向公众提供播放和付费下载服务。

被诉侵权歌曲上线以来长期占据 B 音乐平台各大榜单，是该平台最热门的歌曲之一。经比对分析，被诉侵权歌曲的词、曲与涉案歌曲高度近似。另外，被告在歌曲名称上使用与涉案歌曲相同的名称并特别注明“女版”“正版”等字样。故原告请求判令被告停止侵犯著作权及不正当竞争行为，并要求赔偿经济损失 500 万元。

---

① 朱好. 网络直播模式下的著作权保护研究 [J]. 传播与版权，2024 (02)：104-107.

被告B公司辩称，原告主张权利的涉案歌曲与被诉侵权歌曲存在较大差异，两首歌曲仅有一句乐句相同，所占篇幅极小，且副歌歌词有案外人的在先发表记录，并非原告独创，故被诉侵权歌曲与涉案歌曲是不同的音乐作品，不构成著作权侵权。另外，仅凭歌名无法定位识别歌曲版本，被告未实际参与作品创作，不存在故意仿冒、混淆行为，不构成不正当竞争。

记者在梳理中发现，一审法院于2022年10月25日判决，B公司立即停止侵害A公司涉案歌曲《错位时空》信息网络传播权的行为，删除B音乐平台（包括电脑客户端、手机客户端等对接端口）词曲作者为夜半空寂凉的《错位时空》歌曲[包括韩可可演唱的《错位时空（女版）》]；B公司于判决生效之日起10日内赔偿A公司经济损失及为制止侵权支出的合理费用共计5万元；驳回A公司的其他诉讼请求。[①]

互联网技术的日渐成熟和数智化时代的来临，使网络传播突破了时空壁垒，增强了各类信息的互动交流，这使得著作权的维权形势变得更加严峻，治理侵权行为也更加困难。从全球范围来看，著作权既是一个国家参与国际竞争的核心要素，也是一个国家综合实力的重要反映。基于我国的现实国情，加大对网络著作权侵权现象的治理力度，是国家治理体系和治理能力现代化的重要组成部分。只有进一步明晰著作权的合理使用标准，厘清合法与违法的边界，把知识产权与公众利益保护之间的关系调适恰当，才能在保障著作权人合法利益的基础上促进智力成果的高效产出，促进中国式现代化建设各项事业的健康有序发展。

关键词

网络传播中的著作权；主体与客体；合理使用与法定许可；侵权现象；治理措施

思考题

1. 网络时代著作权的主体与客体分别是什么？

2. 合理使用著作权人作品的前置条件有哪些？

3. 在法定许可即自愿许可的情况下，使用著作权人的作品需要向其支付相应的报酬吗？

4. 时事新闻是否纳入了修订后《著作权法》的保护范围？

5. 如果使用人未经著作权人许可擅自将影视作品上传网络后获取经济利益，这种行为是否构成侵权？

---

① 朱丽娜. 歌曲曲调过于相似，是否构成著作权侵权？[N]. 中国新闻出版广电报，2024-01-25.

参 考 文 献

［1］ 毛泽东. 毛泽东选集（1～4 卷）[M]. 北京：人民出版社，1991.

［2］ 邓小平. 邓小平文集（1～3 卷）[M]. 北京：人民出版社，2014.

［3］ 习近平. 习近平著作选读（1～2 卷）[M]. 北京：人民出版社，2023.

［4］ 习近平. 论党的宣传思想工作 [M]. 北京：中央文献出版社，2020.

［5］ 中央网络安全和信息化委员会办公室. 习近平总书记关于网络强国的重要思想概论 [M]. 北京：人民出版社，2023.

［6］ 魏永征，周丽娜. 新闻传播法教程 [M]. 第 7 版. 北京：中国人民大学出版社，2022.

［7］ 陈绚. 新闻传播伦理与法规教程 [M]. 北京：中国人民大学出版社，2016.

［8］ 黄瑚. 网络传播法规与伦理教程 [M]. 上海：复旦大学出版社，2018.

［9］ 陈绚. 广告伦理与法规 [M]. 北京：中国人民大学出版社，2015.

［10］ 戴元光，等. 美国新媒体法律与规制研究 [M]. 上海：上海交通大学出版社，2023.

［11］ 陈笑春. 网络视听版权规制论 [M]. 北京：社会科学文献出版社，2021.

［12］ 陈道英. 网络安全法教程 [M]. 北京：法律出版社，2023.

［13］ 隋岩，等. 网络语言与社会表达 [M]. 北京：科学出版社，2021.

［14］ 徐敬宏，侯彤童，胡世明. 新媒体传播伦理与法规 [M]. 北京：清华大学出版社，2023.

［15］ 顾理平. 新媒体传播中的法规与伦理 [M]. 北京：中国传媒大学出版社，2021.

［16］ 彭兰. 网络传播概论 [M]. 第 5 版. 北京：中国人民大学出版社，2023.

［17］ 邵国松. 网络传播法导论 [M]. 北京：中国人民大学出版社，2017.

［18］ 邱泽奇. 重构关系：数字社交的本质 [M]. 北京：北京大学出版社，2024.

［19］ 甘绍平. 伦理学的当代建构 [M]. 北京：中国发展出版社，2015.

［20］ 宋吉鑫. 网络伦理学研究 [M]. 北京：科学出版社，2021.

［21］ 刘艳红. 网络犯罪的法教义学研究 [M]. 北京：中国人民大学出版社，2021.

［22］ 王志刚，程乐．网络犯罪学［M］．北京：中国政法大学出版社，2023.
［23］ 万俊人．万俊人集［M］．长沙：岳麓书社，2022.
［24］ 刘海明．公共卫生事件中的社会伦理心态［M］．北京：商务印书馆，2023.
［25］ 张欣．人工智能时代的算法治理：机制与方案［M］．北京：法律出版社，2022.
［26］ 赵汀阳．人工智能的神话或悲歌［M］．北京：商务印书馆，2022.
［27］ 何怀宏．伦理学是什么？［M］．北京：北京大学出版社，2015.
［28］ 陈汝东．传播伦理学［M］．北京：北京大学出版社，2006.
［29］ 蔡元培．中国伦理学史［M］．北京：人民出版社，2008.
［30］ 李泽厚．伦理学新说［M］．北京：人民文学出版社，2021.
［31］ 王海明．伦理学原理［M］．第三版．北京：北京大学出版社，2009.
［32］ 江国华．法治政府要论：基本原理［M］．武汉：武汉大学出版社，2020.
［33］ 王世雄．网络舆论场与社会舆论场的互动机制研究［M］．杭州：浙江大学出版社，2021.
［34］ 尚恒志．网络与新媒体广告［M］．北京：北京大学出版社，2018.
［35］ 林华．网络谣言的法律治理研究［M］．北京：中国政法大学出版社，2021.
［36］ 徐英瑾．人工智能哲学十五讲［M］．北京：北京大学出版社，2021.
［37］ 杨明刚．人工智能时代的风险治理［M］．深圳：海天出版社 2022.
［38］ 王泽应．伦理学原理［M］．北京：中国人民大学出版社，2021.
［39］ 孙国华，朱景文．法理学［M］．北京：中国人民大学出版社，2021.
［40］ 姚建华．数字劳动：理论前沿与在地经验［M］．南京：江苏人民出版社，2021.
［41］ 吴世文．网事绵延：社会记忆视角下的中国互联网历史［M］．北京：中国社会科学出版社，2022.
［42］ 张文祥．传播法与伦理评析［M］．济南：山东大学出版社，2023.
［43］ 张治中．网络空间意识形态安全治理体系研究［M］．北京：社会科学文献出版社，2022.
［44］ 贾哲敏．移动政府：政务新媒体的传播图景与效果［M］．北京：人民出版社，2021.
［45］ 喻海松．网络犯罪十二讲［M］．第二版．北京：法律出版社，2022.
［46］ 吴登华．音乐版权［M］．北京：法律出版社，2022.
［47］ 中央网络安全和信息化委员会办公室，国家互联网信息办公室网络法治局．网信部门常用法律法规［G］．北京：法律出版社，2023.
［48］ 张保平，李世虎，张璇．犯罪心理学［M］．北京：中国人民公安大学出版

社，2020.
[49] 边玉芳，钟惊雷，周燕，等. 青少年心理危机干预 [M]. 上海：华东师范大学出版社，2010.
[50] 《伦理学》编写组. 伦理学 [M]. 第二版. 北京：高等教育出版社，2021.
[51] 王迁. 网络著作权专有权利研究 [M]. 北京：中国人民大学出版社. 2022.
[52] 赵云泽，王靖雨，藤沐颖，等. 中国社会转型焦虑与互联网伦理 [M]. 北京：中国人民大学出版社，2017.
[53] 孙慕义，边林. 医学伦理学 [M]. 北京：高等教育出版社，2022.
[54] 童谨. 中国语境下的网络公共交往伦理研究 [M]. 北京：中国社会科学出版社，2022.
[55] 亚里士多德. 尼各马可伦理学 [M]. 苗力田，译. 北京：中国社会科学出版社，1990.
[56] [英] 弥尔顿. 论出版自由 [M]. 吴之椿，译. 北京：商务印书馆，1958.
[57] [英] 亚当·斯密. 道德情操论 [M]. 蒋自强，钦北愚，朱钟棣，等，译. 胡企林，校. 北京：商务印书馆，2020.
[58] [英] 弗里德里希·奥古斯特·哈耶克. 自由宪章 [M]. 杨玉生，冯兴元，陈茅，等，译. 北京：中国社会科学出版社，2012.
[59] [英] 约翰·B. 汤普森. 意识形态与现代文化 [M]. 高铦，等，译. 南京：译林出版社，2019.
[60] [法] 卢梭. 社会契约论 [M]. 李平沤，译. 北京：商务印书馆，2011.
[61] [法] 孟德斯鸠. 论法的精神 [M]. 欧启明，译. 南京：译林出版社，2011.
[62] [法] 埃米尔·涂尔干. 社会分工论 [M]. 渠敬东，译. 北京：生活·读书·新知三联书店，2017.
[63] [法] 让·鲍德里亚. 消费社会 [M]. 刘成富，全志钢，译. 南京：南京大学出版社，2014.
[64] [德] 康德. 判断力批判 [M]. 邓晓芒，译. 杨祖陶，校. 北京：人民出版社，2022.
[65] [德] 恩斯特·卡西尔. 人论 [M]. 甘阳，译. 上海：上海译文出版社，2003.
[66] [德] 伯恩·魏德士. 法理学 [M]. 丁晓春，吴越，译. 北京：法律出版社，2013.
[67] [德] 马克斯·韦伯. 新教伦理与资本主义精神 [M]. 马奇炎，陈婧，译. 北京：北京大学出版社，2012.
[68] [意大利] 恩里科·菲利. 犯罪社会学 [M]. 郭建安，译. 北京：商务印书馆，2018.

[69] [瑞士] 卡尔·荣格. 寻找灵魂的现代人 [M]. 方红，译. 北京：中国人民大学出版社，2017.
[70] [加] 戴维克·劳利. 传播的历史：技术、文化和社会 [M]. 第六版. 董璐，何道宽，王树国，译. 北京：北京大学出版社，2018.
[71] [加] 哈罗德·伊尼斯. 传播的偏向 [M]. 第三版. 何道宽，译. 北京：中国大百科全书出版社，2021.
[72] [澳] 尼古拉斯·凯拉. 媒介与社会：权力、平台和参与 [M]. 第二版. 任孟山，陈文沁，译. 北京：中国传媒大学出版社，2023.
[73] [荷兰] 斯宾诺莎. 伦理学 [M]. 贺麟，译. 北京：商务印书馆，1983.
[74] [荷兰] 何塞·范·迪克. 连接：社交媒体批评史 [M]. 晏青，陈光凤，译. 北京：中国人民大学出版社，2021.
[75] [荷兰] 何塞·范·迪克. 平台社会 [M]. 孟韬，译. 大连：东北财经大学出版社，2023.
[76] [日] 松井茂记，铃木秀美，山口淑子. 网络法 [M]. 周英，马燕菁，译. 北京：北京大学出版社，2023.
[77] [美] 保罗·戈斯汀. 著作权之道：从印刷机到数字云 [M]. 金海军，译. 北京：商务印书馆，2023.
[78] [美] 雅克·蒂洛，基思·克拉斯曼. 伦理学与生活 [M]. 第11版. 程立显，刘建，译. 成都：四川人民出版社，2020.
[79] [美] 约翰·罗尔斯. 正义论 [M]. 修订版. 何怀宏，何包钢，廖申白，译. 北京：中国社会科学出版社，2009.
[80] [美] 亚伯拉罕·马斯洛. 动机与人格 [M]. 第三版. 许金声，等，译. 北京：中国人民大学出版社，2007.
[81] [美] 尼古拉·尼葛洛庞帝. 数字化生存 [M]. 胡泳，范海燕，译. 北京：电子工业出版社，2017.
[82] [美] 沃尔特·李普曼. 舆论 [M]. 常江，肖寒，译. 北京：北京大学出版社，2018.
[83] [美] 安娜·伦布克. 成瘾：在放纵中寻找平衡 [M]. 赵倩，译. 北京：新星出版社，2023.
[84] [美] 埃弗里特·E. 丹尼斯，梅尔文·L. 德弗勒. 数字时代的媒介：连接传播、社会和文化 [M]. 傅玉辉，卡清，刘琛，等，译. 北京：中国人民大学出版社，2019.
[85] [美] 曼纽尔·卡斯特. 网络社会的崛起 [M]. 夏铸九，王志弘，等，译. 北京：社会科学文献出版社，2006.

［86］［美］玛丽萨·金．社交算法：解码人际关系的底层逻辑［M］．纪一鹏，王珏欣，译．北京：中信出版集团，2022.

［87］［美］约翰·杜翰姆·彼得斯．对空言说：传播的观念史［M］．邓建国，译．上海：上海译文出版社，2017.

［88］［美］南希·K．拜厄姆．交往在云端：数字时代的人际关系［M］．董晨宇，唐悦哲，译．北京：中国人民大学出版社，2020.

［89］［美］彼得·L．伯格，托马斯·卢克曼．现实的社会建构：知识社会学论纲［M］．吴肃然，译．北京：北京大学出版社，2019.

［90］［美］P．W．辛格，艾伦·弗里德曼．网络安全：输不起的互联网战争［M］．中国信息通信研究院，译．石现升，审校．北京：电子工业出版社，2015.

［91］［美］托马斯·斯特里特．网络效应：浪漫主义、资本主义与互联网［M］．王星，裴苒迪，管泽旭，等，译．上海：华东师范大学出版社，2020.

［92］［美］布莱恩·麦卡洛．互联网进化史：从地下室革命到上帝手机［M］．桂曙光，译．北京：中信出版社，2023.